신자유주의 시대 한국경제와 민주주의

신자유주의 시대 한국경제와 민주주의

초판 1쇄 발행 2010년 12월 22일
초판 2쇄 발행 2011년 10월 10일

기 획 ㅣ 이건범 · 김명진
편 자 ㅣ (사)한국사회경제학회 · 안현효
발행인 ㅣ 윤관백
발행처 ㅣ 선인

편 집 ㅣ 이경남 · 김민희 · 하초롱 · 소성순 · 주명규
표 지 ㅣ 김현진
제 작 ㅣ 김지학
영 업 ㅣ 이주하

인 쇄 ㅣ 대덕인쇄
제 본 ㅣ 광신제책

등록 ㅣ 제5-77호(1998.11.4)
주소 ㅣ 서울시 마포구 마포동 324-1 곶마루 B/D 1층
전화 ㅣ 02)718-6252 / 6257   팩스 ㅣ 02)718-6253
E-mail ㅣ sunin72@chol.com
Homepage ㅣ www.suninpub.com

정가 18,000원
ISBN 978-89-5933-400-1(세트)
ISBN 978-89-5933-405-6 94300

· 잘못된 책은 바꿔 드립니다.

민주화운동기념사업회 4월혁명 50주년 기념 연구총서 5

신자유주의 시대 한국경제와 민주주의

(사)한국사회경제학회
안현효 편

발간사

　50년 전 무너진 이 땅의 민주주의를 지키기 위해 싸웠던 수많은 젊은이가 있었습니다. 그 해의 4월, 180여 위의 희생자와 6천여 명의 부상자라는 크나큰 희생을 치른 끝에 한국사회는 부정과 부조리에 물든 이승만 권위주의체제를 무너뜨리고 민주주의를 시대적 가치로 각인시킬 수 있었습니다.

　부정선거에 대한 학생들의 항의시위로 시작되어 시민혁명으로 발전한 4월혁명은 형식과 제도로서의 민주주의를 만들어냈을 뿐 아니라, 진정으로 국민을 주인으로 나서게 하는 민주화운동의 시원이자 거대한 분수령이라는 의의를 지니고 있습니다. 4월혁명은 국내적으로는 모든 지역에서 전개된 전국적 수준의 혁명이었으며, 국제적으로도 아시아는 물론 세계의 민주화운동에 있어 선도적인 모범을 보인 혁명입니다.

이 극적인 사건은 한국적 상황에서뿐만 아니라 국제적 상황에서도 참으로 유일무이한 독특한 사건입니다. 우리는 현대역사에서 4월혁명과 비교 가능한 권력과 사건 사이의 상호작용 형태를 알지 못합니다.

4월혁명 50주년을 맞아 열렸던 국제학술대회에서 고트프리드 킨더만 뮌헨대 명예교수가 했던 이 말은, 4월혁명의 특징과 함께 세계사에서 지니는 위상을 잘 보여주고 있습니다.

반세기의 시간 동안 질곡의 역사를 헤쳐오면서, 4월혁명은 대부분의 사람들에게 '미완의 혁명'으로 인식되고 있습니다. 하지만 '현재진행형'인 4월혁명의 의미는 50년이라는 시간의 흐름 속에서 기억이 흐려지는 과정을 겪고 있기도 합니다.

때문에 민주화운동기념사업회는 4월혁명 50주년을 맞이하여 4월혁명의 정신을 재조명하고 계승함으로써 민주화운동의 역사성을 규명하고 민주주의의 성숙을 함께 고민하고 모색하기 위해 일련의 작업들을 진행해왔습니다. 4월혁명 관련 사료를 집대성한 사료총집을 만드는 작업이 그 한 축이라면, 지역별로 진행된 4월혁명의 구체적 역사를 복원하고, 오늘의 시각에서 4월혁명을 재조명하는 다양한 연구들을 수행하는 것이 다른 한 축이었습니다. 모두 6권으로 발행되는 4월혁명 50주년 연구총서는 이 같은 연구 결과들을 모은 것입니다.

우선 다양한 연구자들과 함께 반세기가 지난 현시점에서 4월혁명을 재조명하는 종합적인 연구서『4월혁명과 한국민주주의』를 발간하였습니다. 둘째, 제주를 포함한 전국 10개 지역에서 "지역에서의 4월혁명과 한국민주주의의 지역적 과제"라는 주제하에 학술토론회를 개최하여 4월혁명이 각 지역에서 어떻게 전개되었는지, 민주주의와 관련해서 각 지역이 안고 있는 문제점이 무엇인지를 고찰하고, 그 결과물을 바탕으로 『지역에서의 4월혁명』을 발간하였습니다. 셋째, 한국여성문학학회·여성사학회·한국여성철학회, 한국사회경제학회, 한국역사연구회, 한국정치연구회, 현대매체연구회, 비판사회학회 등 여러 진보적 학술단체들과 함께 4월혁명 50주년을 기념하는 학술토론회를 공동으로 개최하고, 그 결과물을 4권의 책으로 발간하였습니다.

어려운 과제를 맡아 훌륭한 연구를 수행해 주신 많은 연구자들, 각 지역에서 4월 정신을 되살려 민주주의 발전을 위해 애쓰고 계신 벗들에게 감사의 인사를 전합니다. 민주주의와 정의를 향한 1960년 4월의 웅장한 기념비 위에, 5월과 6월의 찬연한 역사를 새겨온 모든 분들께도 진심으로 감사드립니다.

4월혁명 50주년의 의미를 다시 한 번 깊이 성찰하면서 이 연구 성과들이 민주화운동의 역사와 의미에 대한 연구를 더욱 풍부하게 하고, 한국 민주주의의 지속적인 발전에 이바지하는 단단한 주춧돌이 되기를 기대합니다.

2010년 11월
민주화운동기념사업회 이사장 함세웅

책머리에

『신자유주의 시대 한국경제와 민주주의』는 2010년 7월 2일 부산의 부경대에서 한국사회경제학회가 민주화운동기념사업회의 지원을 받아 추진한 학술대회에서 발표한 논문과 이후 종합토론의 내용을 재편집한 결과다.

2008년 금융위기는 미국에서 출발하였지만 우리는 그러한 위기를 1997년에 이미 겪었다. 우리나라 경제가 1997년을 계기로 그 이전과 이후로 나뉜다는 것은 세간에 많이 알려져 있다. 현재의 경제는 양극화 성장이라는 특성을 띠고 있다. 우리는 1997년 이후에 정착된 한국경제의 이러한 구조적 특징을 신자유주의라고 칭하고 신자유주의의 한국적 특징을 여러 차원에서 분석 평가하였다. 발표자를 섭외하여 발표를 요청할 때 지나치게 어려운 학술적인 부분 대신 현재의 한국경제의 특징을 조감할 수 있는 측면을 포괄적으로 서술하여 비전공자도 읽을 수 있게 해주기를 요청했다.

이 책의 제1부는 1997년 우리나라의 금융위기 이래 신자유주의가 정착된 후 한국경제의 경과와 향후 전망을 거시경제학적으로 예상해

보는 세 개의 글로 구성되어 있다. 첫째 글에서 김윤자 교수님은 급격히 전진된 민영화를, 홍인기 교수님은 신자유주의 시기 한국의 조세·제정 정책의 특징을 분석하였으며 마지막으로 제갈현숙 박사님이 신자유주의 시기 한국의 노동복지 정책을 분석하였다.

제2부에서 우리는 한국 경제가 가진 대표적 현안 세 개를 뽑아 집중적으로 살펴보았다. 그것은 재벌과 중소기업, 그리고 비정규직 문제다. 재벌에 대해서는 오랫동안 재벌문제를 연구해 오신 김상조 교수님이, 중소기업 문제에 대해서는 역시 중소기업과 산업구조를 연구해 오신 홍장표 교수님이, 마지막으로 비정규직 문제에는 한국노동사회연구소를 만들어 이 문제에 매진해 온 김유선 소장님이 발표해주셨다. 이 세 문제가 해결되지 않으면 한국경제의 선진화는 물론이고 유지 가능한 발전 자체가 문제가 될 것이라는 점이 대다수 경제학자들의 우려다.

제1부의 전망과 제2부의 문제점 진단에 이어 제3부에서는 대안을 모색해보았다. 하지만 그 대안은 우리에게 분명한 형태로 제시된 것이 아니라 우리가 찾아가야 할 답일 것이다. 따라서 다양한 견해를 들어보고 그 수렴점을 찾아보기로 했다. 김상조, 김윤자, 김형기, 이정우, 장상환, 조원희 교수님께서 수고해주셨다. 다만 시간 제약을 고려하여 대안 모색의 전략을 나름대로 세웠는데, 그것은 세계 경제 속에서의 한국경제, 그리고 한국경제의 단기전망, 한국 사회에서 양극화 성장이 야기한 복지담론의 등장, 정치적 민주주의와 경제민주주의의 연관 고리 등의 주제를 중심으로 살펴보는 것이었다.

이 책에 기여한 모든 연구자들은 짧은 기획기간에도 불구하고 집필 의뢰에 흔쾌히 동의해주셨다. 또 제3부의 집담회 토론에서는 시간이 너무나 아쉬울 만큼 열정적인 토론이 이어졌다. 그만큼 우리 사회의 경제민주화에 대한 관심과 열망이 크다는 증거라고 생각한다. 지금 당장 답이 구해지지 않더라도 탐구하는 자세로 계속 찾아가다 보면 분명히 진전이 있을 것으로 믿는다.

　이 책이 나오기까지 수고하신 분들이 많다. 책에 기고하시고, 토론문을 싣도록 허가해주신 집필자, 토론자들이 우선 감사의 대상이다. 이분들이 이 책에 수록한 여섯 가지 주제에 대한 한 한국에서 최고가는 연구자의 일원이라는 점은 모두가 동의하실 것이다. 그리고 본 학술대회를 공동주최하고, 물심의 지원을 해주신 민주화운동기념사업회의 함세웅 이사장님과 정근식 연구소장님께도 심심한 감사를 표한다. 학술대회 이후 초고를 검토하고 집필자들과 같이 원고를 수정해준 이건범, 김명진 편집위원의 수고에도 감사를 표한다. 마지막으로 본 학회의 연구위원장을 맡아 학술대회를 기획하고, 본 책자가 나오기까지 끝까지 책임을 다해준 안현효 교수님에게 심심한 사의를 표하고자 한다.

한국사회경제학회 회장 김형기
2010년 12월 1일

차례

발간사   5
책머리에   9

제1부　신자유주의 시기 한국경제의 현재와 미래

제1장 외환위기 이후 한국의 민영화
　　　관치논쟁에서 복지담론으로 | 김윤자 ·······························19
　1. 서론 : 글의 문제의식 · 19
　2. 민영화의 경과와 시기별 특징 · 22
　3. 민영화 논란의 이론적 쟁점 · 31
　4. 공공부문 개혁과 민영화의 한계 · 38
　5. 결론 : 복지거점으로서의 공공부문 · 44

제2장 신자유주의 시기 한국의 조세 · 재정 정책
　　　이원적 내부 작동원리를 중심으로
　　　　　　| 나아정 · 박승준 · 정지은 · 홍인기 ··················51
　1. 문제제기 · 51
　2. 세제개편안 내부의 상충하는 정책목표 · 55
　3. 선전도구로만 활용된 중기재정운용계획 · 64

4. 비과세·감면의 끈질긴 생명력·74

5. 맺음말·86

제3장 신자유주의 시기 한국의 노동 유연화와 사회복지체제의 특징
ㅣ 제갈현숙 ·····················93

1. 서론·93

2. 신자유주의의 특징과 복지국가의 변화·95

3. 노동의 유연화와 사회적 양극화의 심화·101

4. 한국의 복지체계와 특성·113

5. 결론 : 한국의 신자유주의 사회복지의 성격과 과제·123

제2부　한국경제의 쟁점 : 성장의 이면

제1장 재벌 중심 체제의 한계
경제력 집중 심화 및 폐쇄적 지배구조의 폐해와 극복 방안
ㅣ 김상조 ·····················131

1. 서론 : 재벌, 야누스의 두 얼굴·131

2. 재벌의 독점적 지배력 : 경제력 집중의 현황 및 폐해·134

3. 재벌의 폐쇄적 지배구조 : 개혁 실패의 원인·160

4. 결론을 대신하여 : 재벌개혁을 위한 대안 모색·175

제2장 제조업 대-중소기업 양극화에 관한 이중구조론적 검토
ㅣ 홍장표 ·····················181

1. 문제제기 : 기업 간 양극화와 중소기업의 성장 둔화·181

2. 기업 간 양극화의 원인에 대한 두 접근·184

3. 대기업 위주의 불균등 발전과 양극화 성장체제·188

4. 기업규모별 이윤율과 생산성 변화 추이·194

5. 1997년 외환위기 이후 중소기업 구조조정의 성과 부진과 성장둔화

의 원인 · 203
6. 맺음말 · 212

제3장 비정규직 규모와 임금불평등 추이 | 김유선 ·····················217
1. 머리말 · 217
2. 비정규직 규모 · 217
3. 임금불평등 확대 · 228
4. 맺음말 · 234

제3부 집담회 : 대안 모색과 민주주의적 전망

|기조발제| 신자유주의의 후퇴와 한국경제의 대안 | 이정우 ········241
|토론| 대안 모색과 민주주의적 전망
| 황한식 · 김형기 · 이정우 · 장상환 · 조원희 · 김윤자 · 김상조 ···255
주제 1. 세계경제의 전망 : 2008년 위기 이후 · 256
주제 2. 한국경제의 단기 전망 : 2012년 어떻게 될까? · 263
주제 3. 복지사회의 이념적 기초 : 보편적 복지제도 · 269
주제 4. 지방선거와 풀뿌리 민주주의 : 지방선거 평가 · 272
주제 5. 전략과 전망 · 278

찾아보기   287

제1부

신자유주의 시기 한국경제의 현재와 미래

제1장 외환위기 이후 한국의 민영화

관치논쟁에서 복지담론으로

김윤자

1. 서론 : 글의 문제의식

이 글의 목적은 외환위기 이후 한국의 민영화 논의를 국가기구의 상대적 비대화라는 역사적 특수성과 관련지어 정리하고 향후 한국의 공공부문 역할을 보편적 복지의 거점이라는 관점에서 전망해 보는 것이다.

이를 위해 글의 문제의식을 정리하는 1절에 이어 2절에서는 외환위기 이후 민영화의 경과를 시기별 특징과 함께 개괄한다. 3절에서는 민영화 논란의 이론적 쟁점을 경쟁의 효율성 및 연성예산제약 등을 중심으로 정리한다. 4절에서는 공공부문 개혁과 관련하여 민영화의 한계를 한국의 근대화 과정의 특수성과 그에 따른 공공부문 형성경로의 특징과 관련지어 정리한다. 5절에서는 향후 한국 공공부문의 개혁 혹은 발전의 방향을 최근 확산되고 있는 복지담론 속에서 전망함으로써 결론에 갈음한다.

이 글에서 우리는 공공부문과 민영화의 의미를 다음과 같이 사용한다.

첫째로, 공공부문은 가장 포괄적인 의미로는 민간부문과 대비하여 입법·행정·사법을 망라하는 중앙정부 및 지방정부, 정부의 투자 및 출자로 운영되는 공기업, 정부로부터 재정적 보조를 받는 각종 산하기관 등을 총칭하는 개념이다. 이하에서 우리는 지배구조를 중심으로 공공부문을 구분하여, 정부의 재정적 지배 외에 임원임명 등 행정적 영향력이 의사결정을 좌우하는 기관 일반을 공공부문으로 통칭한다. 이 중에서 국가의 정책목표를 추구하는 정책적 목적과 아울러 수익성 원칙이 요구되는 경우를 통상 공기업으로 분류한다.

둘째로, 민영화(privatization)의 의미와 내용은, 논자에 따라 다양하지만, 그동안 우리는 다음과 같이 정리해 왔다. 우선 가장 넓은 의미로 민영화를 정의하는 경우, 그것은 '한 국민경제에서 민간부문의 경제활동이 증가'하는 것으로 받아들여지며, 이러한 정의는 시장경제로의 체제전환을 모색하던 소련-동구의 연구자들 사이에서, 그리고 우편·교도소행정 등 기존의 국가행정 서비스를 민간에 위탁시키고 있는 미국에서 널리 받아들여지고 있다.

구체적으로 민영화는 (1) 경영권을 실질적으로 민간에 이양하는 경우, (2) 정부소유지분을 국내외 민간자본에 매각하는 경우, (3) 사업부문 혹은 조직 일부를 민간에 이양하는 경우 등으로 유형화된다. 그 밖에 공적 운영원리와는 다른 상업적 원리가 들어온다는 점에서 공공부문의 상업화(commercialization)나 혹은 기업화·공사화(corporatization) 등도 넓은 의미에서 민영화의 일종, 혹은 초보적 민영화라고 할 수 있을 것이다.

이 글에서 우리는 민영화의 핵심이 소유권의 배치, 그리고 그것과 불가분인 의사결정과정의 지배력으로서의 경영권에 있다고 보고 이를 중심으로 민영화 개념을 이해한다.(김상곤, 1995, 257쪽 ; 김윤자, 1999, 35쪽)[1]

---

[1] 축어적 의미에서 민영화란 경영의 민간화를 의미하는 것이고 소유를 민간에게

근대 이후 공공부문은 일반적으로 국가와 시장 간의 상호관계 속에서 발전했다. 그러나 1930년대 대공황이 시장의 한계를 극적으로 드러내면서 공공부문은 양적으로 그리고 질적으로 확대되는 추세적 경향을 보여왔다. 1980년대 이후 이른바 신자유주의의 역사적 경향은 일견 이러한 추세를 반전시키는 계기로 나타났으나 '작은 정부'라는 구호에도 불구하고 각국의 공공부문 비중이 감소하지는 않았다. 다만 정부지출의 양태변화, 정부 기능과 역할의 조정과 변화가 나타났을 뿐이다.[2]

이는 '지구촌'이라는 말이 시사하듯이, 물질적 발전과 더불어 산업과 정치사회적 네트워크가 강화되는 데 따른 일종의 사회화 효과로서, 일국 안팎에서 양적 질적으로 증대하는 네트워크의 조정자로서 국민국가의 공적 기능이 확대되고 있음을 반영하는 것이다.

나라마다 국유화와 민영화는 기본적으로 각국 자본축적의 리듬에 따라 전개됐으며 대체로 민간자본의 축적이 원활할 때에는 민영화가, 민간자본이 상대적으로 미성숙하거나 축적조건이 극도로 파괴되거나 피폐해졌을 때에는 국유화가 전개되었다. 그런 점에서 공기업을 비롯한 공공부문은 일견 그것이 민간자본의 부정 혹은 대행으로 보일지라도 궁극적으로는 민간자본의 축적을 지원하기 위한 사회적 총자본의 성격을 갖는다. 흔히 회임 기간이 긴 투자, 민간자본 일반의 축적조건을 결정하는 사회간접자본의 투자가 공공부문에 의해 진행되는 것은 이 때문이다.

이전하는 것은 엄밀하게 표현하면 민유화, 혹은 사유화가 될 것이다. 그러나 관행상 민영화란 표현이 이 모두를 표현하는 개념으로 통용되고 있어 이 글에서도 이 용례를 따른다.

2) 이른바 신자유주의의 '작은 정부'는 대체로 통화안정을 위한 균형예산, 즉 재정긴축으로 특징지어지고 이는 플러스의 실질금리를 요구하는 금융자본가집단의 이해관계와 무관하지 않다.

국가와 시장의 관계는 각국의 역사적 특수성 속에서 다양한 모습으로 전개되었다. 유럽은 국가권력을 둘러싼 계급갈등의 역사가 길고 치열하였던 데다가 제2차 세계대전 이후 체제경쟁 속에서 전후 복구 사업을 신속히 추진하기 위해서도 국가의 폭넓은 개입이 요구되었다. 따라서 유럽에서는 국유화, 국가의 직접적 규제 등 정부의 직접적인 경제개입의 전통이 상대적으로 강하다.

반면 미국은 태생적으로도 유럽의 자영 소생산자들의 이민에 의해 건국되었거니와 국가의 경제적 역할은 직접적인 소유나 경영권 행사보다는 시장운영의 규제자적 역할을 통해서 나타나고 있다. 미국에서 경제학을 공부한 연구자들이 많은 한국에서는 민영화를 둘러싼 논의 과정에서도 미국식의 규제자적 개입을 주장하는 논의가 적지 않으나, 한국과 미국은 공공부문 형성과정의 역사적 경로가 각각 다르다는 점이 고려되어야 할 것이다.

이하에서 우리는 각국의 이러한 역사적 특수성을 유념하면서 한국의 민영화 과정 및 그 이론적·정책적 쟁점을 정리하고자 한다.

2. 민영화의 경과와 시기별 특징

한국의 현행 '공공기관의 운영에 관한 법률'은 공공기관을 각각 공기업과 준정부기관으로 나누고 전자는 다시 시장형 공기업과 준시장형 공기업, 그리고 후자는 기금관리형 준정부기관과 위탁집행형 준정부기관으로 나누고 있다. 이들 공공기관 중 상당수는 각종 경제정책과 사회정책을 추진하는 과정에서 설립된 것들이다. 또 공무원의 순환보직 인사제도하에서(김광호, 2008)[3] 전문성이 떨어질 수 있는 정부 인력운용을 보완한다는 측면에서 정부가 기능을 위탁하는 산하기관들도 적지 않다.

특히 한국의 공기업은 경제개발을 지원하는 과정에서 재화 및 필수 서비스를 공급하기 위해 설립되거나(대한석유공사, 석탄공사, 포항제철, 광업진흥공사, 한국전력공사, 대한항공, 한국통신 등), 공공수요를 충족하기 위한 사회간접자본 건설(도로공사, 주택공사, 토지개발공사, 수자원공사, 농업진흥공사 등), 재정수입 목표(담배인삼공사), 그 밖에 전략적 특수목적(산업은행, 수출입은행, 무역진흥공사, 농산물유통공사) 등 다양한 목적으로 설립되어 왔다.(김윤자, 2001, 376쪽)[4]

외환위기 이전까지 한국의 민영화는 주로 경제개발시대 여러 가지 목적으로 설립된 공기업들을 민간자본에 '불하'하는 과정으로 전개되었기 때문에 공기업 민영화는 당시의 재벌판도를 결정짓는 과정이기도 하였다.

한국에서 민영화 논의는 외환위기 이후 본격화되었다. '민간주도 경제로의 이행'이나 세계화 등의 기치를 내걸기도 하였으나 외환위기 이전의 민영화 논의가 기본적으로 정부의 주도적인 경제관리를 전제하면서 주로 해당 공기업의 민간 '불하'를 둘러싼 논의였다고 한다면 외환위기 이후 민영화 논의는 한국사회 전반의 작동원리를 시장규율에 맡겨야 한다는 근본적인 방식으로 전개되었다.

외환위기 이후 민영화는 구제금융과 연계된 IMF와 IBRD 등의 시장친화적 정책권고 외에 국내외 자본의 이해관계 속에서 진행되었다. 공공부문 운영원리에는 성과중심의 경영혁신 등 시장원리가 광범위하게 도입되었고 민영화도 폭넓게 진행되었다. 김대중정부 아래에서 11개 대상 모기업 중에서 포항제철, 한국중공업, 한국통신 등 굵직한

---

[3] 순환보직제도는 전문성을 떨어뜨린다는 점에서 여러 가지 개선책이 제시되고 있다. 그러나 순환보직제도가 정착된 배경에 연고주의와 부패사슬을 막는다는 문제의식이 있었음을 감안하여 이에 대한 방안도 함께 고려해야 할 것이다.

[4] 〈표 1〉 참조.

공기업들을 포함하여 국정교과서, 종합기술금융, 대한송유관, 한국종합화학, 담배인삼공사 등 8개 공기업이 민영화되었다. 한국전력공사는 발전부문을 6개 자회사로 분할하였으며 한국가스공사는 천연가스도입부문에 민간기업 진입을 허용하는 직도입을 확대하였고 그 밖의 공기업들도 정부지분의 민간매각을 통하여 이미 상당 부분 실질적인 민영화가 진행되었다.

당시 사회적 안전망이 취약한 가운데 민간부문의 구조조정과 함께 인력감축과 예산감축 등 양적 성과를 중심으로 공공부문 구조개혁이 진행됨으로써 이른바 '97년체제'로 불리는 사회양극화가 본격적으로 전개되었다.

특기할 것은 외환위기 이후 김대중정부의 민영화 정책이 단순히 IMF의 구제금융 등 외부변수 때문만은 아니었으며 관료주의와 관치의 극복이라는 자유주의적 개혁방침이 함께 작용하고 있었다는 점이다.

한국은 식민지지배를 경험하면서 근대 시민사회를 이루는 양대 축으로서 노동자계급과 자본가계급 모두 조직화가 지체되었고 상대적으로 관료집단의 조직화가 우세하였다. 이 때문에 적어도 1987년 이전까지, 그리고 일정 정도는 그 이후에도 한편에서는 국가관료 주도의 산업화가, 다른 한편에서는 억압된 노동운동을 대신하여 학생운동과 지식인운동이 주도하는 민주화운동이 한국사회의 두 축을 이루었다.

그 과정에서 한국의 공공부문은 종종 관료주의로 희화화되어 나타났고 공기업 역시 역대 독재정권의 비자금 창구로 역할 하기도 하였는데, 그 때문에 외환위기 이후는 오히려 관료주의 혹은 관치에 대한 비판이 때로는 공기업과 공공부문에 대한 사회적 거부감으로 나타나기도 하였다. 이러한 거부감이 외환위기 이후 시장주의적 공공부문개혁에 대한 기대를 낳았고 일부에서 말하는 "한국에서 이른바 신자유주의의 이례적인 이데올로기적 성공"으로 비쳤을 것이다.

노무현 정부는 기간산업을 포함하는 과도한 민영화 시도에 대한 일정한 점검 속에서 출발하였고 특히 망산업에 대해서는 대통령직인수위원회 당시부터 민영화 신중론을 견지하였다. 따라서 노무현정부 기간에 민영화는 소강상태를 보이는 대신 공기업을 비롯한 공공부문의 경영혁신, 지출 효율성 제고 등이 강조되었다. 따라서 균형성과표(BSC), 6시그마, 전사적 자원관리시스템(ERP), 관리회계시스템, 위험관리시스템 등 민간경영기법의 과감한 도입을 시도하였다.

김대중정부가 인력감축과 조직축소 등 양적 성과를 강도 높게 주문하였다면 노무현정부는 소유구조보다는 운영구조의 질적 혁신을 강조하였다. 이에 따라 24개 공기업에서 연봉제 도입, 목표관리제, 직무성과제, 균형성과표 등의 기법을 확대하였다. 다른 한편 정부의 주요 정책을 위해서는 공기업을 주요 정책의 집행자로 적극적으로 활용하였다. 이에 따라 국토균형발전과 복지정책 등을 담당했던 토지공사, 주택공사, 국민연금관리공단 등 관련 기관의 사업과 인력은 증가하였다.

〈표 1〉 외환위기 이후 민영화의 경과와 특징

시기	민영화 전개과정과 특징
김대중정부	〈신공공관리론적 시장화 전략 도입〉 -1998.7. 제1차 공기업 민영화 및 경영혁신계획 = 11개 공기업과 21개 자회사의 민영화 계획. 포철, 한국중공업, 한국종합화학, 한국종합기술금융, 국정교과서의 5개 모기업(21개 자회사)은 완전 민영화. 한국통신, 담배인삼공사, 한전, 한국가스공사, 대한송유관공사, 한국지역난방공사 등 6개 기관은 단계적 민영화(정부지분 매각), 철도청의 상하 분리(시설은 공단 유지, 운영부문 민영화) 구조개혁 -1998.8. 제2차 공기업 민영화 및 경영혁신 계획 = 19개 모기업의 자회사 55개 구조조정 및 민영화, 자회사 55개 중 40개는 완전 또는 단계적 민영화, 6개는 통폐합, 8개는 구조조정

노무현정부	〈민영화유보, 소유구조개편보다 운영구조 혁신을 강조〉 - 정부산하기관관리기본법 시행(2004.4.)=83개 정부산하기관의 경영감독 및 통제 일원화 - 동 법에 따른 산하기관, 정부투자기관관리기본법 대상 공기업 15개, 공기업 경영구조개선 및 민영화에 관한 법률 대상 공기업 3개를 대상으로 '공공기관 운영에 관한 법률'제정(2007.7.) - 이사회 운영, 기관장 및 임원 임명과정 일원화, 경영평가, 경영공시, 혁신평가, 경영계약 등 경영혁신 장치 마련 - 공공기관운영위원회 구성과 공기업 임원 추천 등에 노조 및 시민사회단체의 참여 *2007.7. 남동발전, 지역난방공사, 한전KPS, 인천공항공사 등의 주식 상장(지분 매각)은 노조의 반발과 부처 간 이견으로 지연
이명박정부	〈시장주의와 개발주의의 혼재〉 - 기관들의 통폐합, 기능조정, 민영화를 중심으로 6차례에 걸쳐 공공기관 선진화계획 발표(1차 2008.8.11, 2차 2008.8.26, 3차 2008.10.10일, 4차 2008.12.2일, 5차 2009.1.29, 6차 2009.3.30. - 민영화 대상 24개 기관 중 2개 매각(농지개량, 안산도시개발), 3개 상장(그랜드코리아레저, 한전기술, 지역난방공사), 4개는 매각공고(한국토지신탁, 뉴서울CC, 88CC) - 35개 공공기관의 정리대상 출자회사 131개 중 54개 출자회사의 정리 완료, 77개 매각공고 - 통폐합대상 36개 기관 : 대한주택공사와 토지공사 통합, 근로복지공단과 산재의료원 통합, 노동교육원 등 5개 기관 폐지

이명박정부는 '공공기관 선진화'를 내세워 다시 민영화정책을 강하게 추진하고 있다. 그간 이명박정부는 6차례에 걸쳐 공공기관 선진화계획을 발표하였다. 1차는 2008년 8월 11일, 2차 계획 2008년 8월 26일, 3차 계획 2008년 10월 10일, 4차 계획 2008년 12월 22일, 5차 계획 2009년 1월 29일, 그리고 6차 계획은 2009년 3월 30일에 각각 발표되었다. 특히 2009년 4월 18일과 2009년 11월 28~29일, 두 차례에 걸쳐 대통령이 직접 공공기관 워크숍을 주재하면서 추진을 독려하였다.(기획재정부 보도자료, 2010.2.24)

<표 2> 이명박정부의 공공기관 선진화계획

• 2008.8.~2008.10. 민영화, 통폐합 등을 중심으로 1~3차 계획 발표

선진화 계획	민영화	통합	폐지	기능조정	경쟁도입	효율화	계
1차　('08.8.11)	27	2→1	–	12	–	–	41
2차　('08.8.26)	1	29→13	3	7	–	–	40
3차　('08.10.10)	10	7→3	2	1	2	8	30
계	38	38→17	5	17*	2	8	108*

* 3개 기관(한전, 정보통신국제협력진흥원, 근로복지공단)은 2개 유형에 중복

• 2008.12.22. 4차 계획 : 69개 기관에 대해 경영효율화 계획 발표

	현황	효율화 방안	비고
정원	150천 명	△19,383명	△12.9%
수입	218.2조 원	+8.5조 원 (자산매각 65건)	+3.9%
지출	218.2조 원	△1.7+α 조 원	△0.8%

• 2009.1.13. 5차 계획 : 132개 출자기관의 지분매각(113개), 청산·폐지(17개), 모기업 흡수·폐합(2개) 계획 발표

	정비 전(A)	→	정비 후(B)	증감(B-A)
출자회사 수	273개		141개	△132개
출자액	58,380억 원		27,019억 원	△31,361억 원
매각가치(추정)	46,127억 원('07 순자산가치 기준)			

• 2009.3.31. 6차 계획 : 4차 경영효율화 및 통폐합 기관 등을 제외한 기관에 대한 효율성 10% 이상 향상을 목표로 경영효율화 계획 추진 (기획재정부 보도자료, 2009.3.31)

【민영화추진현황(24개)】 (기획재정부 보도자료, 2009.7.31)

• '09년 매각 예정기관(9개)

부처	기관명	매각주체	방안 발표	이사회 의결	매각 심사위	주간사 선정	자산평가 완료	매각 공고
국토부	1. (주)한국토지신탁	토지공사	08.8.11	09.2	08.12	09.3	09.4	09.6
농림부	2. (주)농지개량	농어촌공사	08.10.10	09.3	08.12		09.2	09.4
문화부	3. 한국문화진흥(주)	문화예술위	08.8.11	'09.4	'09.4	09.8 예정	09.6	
	4. 그랜드코리아레저*	관광공사	08.10.10	09.3	09.1	09.6	09.6	
지경부	5. 한국지역난방공사*	지경부	08.10.10	08.12		09.3	09.4	
	6. 안산도시개발(주)	지역난방	08.10.10	08.12	08.12	09.3	09.4	09.4
	7. 한국전력기술(주)*	한전	08.10.10	09.3	09.3	09.5	09.6	
금융위	8. 한국자산신탁	캠코	08.8.11	09.4	09.3	09.4	09.6	09.7
보훈처	9. 88관광개발(주)	보훈처	08.10.10	09.2	08.12	09.5		

*상장추진기관(위 4, 5, 7 표시내용입니다)

• '10년 이후 매각 예정기관(8개)

부처	기관명	매각주체	방안 발표	이사회 의결	매각 심사위	주간사 선정	자산평가 완료	매각 공고
국토부	1. 인천국제공항공사	국토부	08.8.11		선진화 추진 위원회			
	2. 한국공항공사	국토부	08.8.26					
	3. 대한주택보증(주)	국토부	08.10.10					
	4. 한국건설관리공사	도공	08.8.11	09.3	09.5			
문화부	5. 경북관광개발공사	관광공사	08.8.11	09.3	09.1	09.5		

부처	기관명	매각주체	방안발표	이사회의결	매각심사위	주간사선정	자산평가완료	매각공고
지경부	6. 한전KPS(주)	한전	08.10.10	09.3	09.3			
	7. 인천종합에너지(주)	지역난방	08.10.10	08.12	08.12			
금융위	8. 한국기업데이터주)	신보등	08.10.10	09.6	09.7			

• 기타 산은, 기은 및 5개 자회사(7개)

부처	기관명	매각주체	방안발표	이사회의결	매각심사위	주간사선정	자산평가완료	매각공고
금융위	1. 한국산업은행	금융위	08.8.11					
	2. 산은자산운용(주)	금융위	08.8.11					
	3. 산은캐피탈	금융위	08.8.11		매각일정 준비 중			
	4. 중소기업은행	금융위	08.8.11					
	5. (주)기은캐피탈	금융위	08.8.11					
	6. 아이비케이시스템	금융위	08.8.11					
	7. 기은신용정보(주)	금융위	08.8.11					

이에 따라 통폐합은 36개 대상기관 가운데 2010년 4월 근로복지공단과 산재의료원이 통합되면서 34개 기관이 완료됐으며 마지막 대상기관인 청소년수련원과 청소년진흥센터도 8월 중 통합기관으로 출범하였다. 폐지 대상인 정리금융공사와 노동교육원 등 5개 기관의 폐지작업도 이미 끝낸 상태다.

민영화는 24개 대상기관 가운데 6개 기관이 매각 또는 상장을 마쳤으며 대한주택보증은 2010년 5월 공적기능 수행을 위해 민영화가 유보됐다. 나머지 민영화 대상 17개 기관 가운데 인천국제공항공사와 한국공항공사, 경북관광개발공사, 한전KPS, 한국기업데이터, 한국건설관리공사는 자산평가 중이며 한국토지신탁과 뉴서울CC, 88관광개발, 인천종합에너지는 매각공고를 내 사전 절차가 이뤄지고 있다는 것이 기획재정부의 발표이다.

기능조정의 경우, 4대 보험 통합징수는 2011년 시행을 위해 건강보험공단과 국민연금공단, 근로복지공단의 인력재배치 방안을 마련하고 있으며 다른 기관들도 2012년까지 끝낼 수 있도록 추진 중이다. 정원감축은 129개 대상기관 모두 정원조정이 끝나 2만 2,000명이 감축됐으며 정원조정에 따른 초과 현원이 2012년까지 해소될 수 있도록 관리하기로 했다.

출자회사 정리는 35개 기관의 출자회사 131개 중 54개사에 대한 매각과 청산, 통폐합을 끝냈으며 나머지 77개 기관도 자산평가와 매각공고 등을 진행 중이다. 또, 기획재정부는 개정 노동조합법에 따른 타임오프제도를 공공기관에도 적용하고 경영평가와 공시제도에 반영할 예정이라고 밝혔다.

그러나 이명박정부의 공공기관 선진화계획은 공적 서비스의 질 개선과 같은 공공기관의 역할에 대한 점검이 부족하고 경쟁정책이나 규제정책 등 대안 마련도 매우 부실한 것으로 보인다. 6차례에 걸친 공공기관 선진화계획 대부분이 가시적인 양적 성과에 치우쳐 있고 지배구조나 운영원리의 개선은 단편적인 언급에 그치고 있다.

예컨대 이명박정부가 성과로 내세우는 대한주택공사와 한국토지공사의 통합은 통합 이후 총 부채가 2009년 말 현재 109조 2,000억 원으로 전체 공기업 부채의 절반을 차지하는 등 유동성 곤란에 빠진 상태다. 이처럼 '공공기관 선진화'의 로드맵만을 내세워, 해당 공공기관의 매각이나 통합이 바람직하고 가능한 것인지 아닌지, 매각이나 통합 이후의 경영정상화 방안, 민영화 이후 사회적 부담 가능성 등에 대한 세밀한 검토가 부족했던 것으로 평가된다.(김윤자 · 홍장표 · 김태승 편저, 2010 ; 강남훈, 2010 ; 홍장표, 2008)5)

---

5) 그 밖에 인천공항공사의 민영화 방침에 대한 비판은 김윤자 · 홍장표 · 김태승 편저(2010) 참조. 또한 전력산업구조 개편의 퇴행에 대해서는 강남훈(2010)을 각각

또한, 이명박정부의 공공기관 선진화 정책은 표면적으로는 시장주의적 지향에 따른 공공부문의 민간화를 주장하는 측면이 있지만, 실질적인 내용을 보면 개발국가의 국가주도적 경제성장을 위한 거점으로 공공기관을 배치하는 측면이 강하게 드러나고 있다. 환경파괴라는 비판과 함께 '건설족만을 위한 삽질 경제'라는 논쟁을 일으키는 4대강 사업은 22조 원의 예산 중 8조 원을 수자원공사가 부담하고 있다.

그뿐만 아니라, 잇달아 해임취소 판결이 나온 바 있는 KBS 사장과 문화체육관광부 산하 기관장들의 강제 해임사태는 공공기관의 사물화(私物化)가 아니냐는 우려를 불러일으켰다. 이전 정부에서 추천절차 등을 거쳐 임명된 공공부문 기관장들을 임기가 남아있는데도 불구하고 검찰과 감사원이 동원되어 배임 등 여러 가지 무리한 혐의를 내세워 밀어내기 식으로 강제 교체함으로써 공공기관 길들이기, 혹은 정권 입맛에 따른 공공기관의 사물화가 아니냐는 비판을 불러왔다. (김기원, 2008)

3. 민영화 논란의 이론적 쟁점

근대화과정을 식민지지배 속에서 경험한 한국사회는 민간자본과 시민사회 등 민간부문의 미성숙을 대신하여 국가(정부)의 비중이 조기부터 비대해지는 역사적 과정을 겪었다. 그리고 이러한 비대화는 종종 개발독재의 정치적 억압과 결부되어 나타나서 관료주의와 관치의 오랜 폐습을 각인시켰다.

흔히들 '역사상 상대적으로 가장 청렴한 대통령'이 역설적이게도 비

참조. 또 천연가스도입부문의 경쟁도입이 가져온 수급실패의 문제점에 대해서는 홍장표(2008) 참조.

리혐의로 수사를 받는 과정에서 서거함으로써 이른바 '정치검찰'의 문제점이 적나라하게 드러났다고 이야기하는데, 이것은 그간의 매우 힘들었던 민주화 과정에도 불구하고 한국사회 기득권세력의 강고함을 보여주는 것이면서 권력형 국가기구의 질적인 비대함을 상징적으로 보여주는 것이다.[6] 앞에서 보았듯이 검찰과 감사원이 동원되어 배임 등 여러 가지 무리한 혐의를 내세워 밀어내기식으로 임기를 남겨둔 공공기관 기관장들을 강제 교체하는 과정은 다시 한번 그러한 예를 보여주었다고 하겠다.

또한 민주화를 통해 등장한 김대중정부하에서 오히려 공공부문 구조조정과 민영화정책이 강도 높게 전개된 것을 두고 일부에서는 이를 역사적 아이러니라거나 외환위기 직후의 상황적 특수성으로 설명하기도 한다. 그러나 그것만으로 충분히 설명되지 않는 한국 근대화과정의 특수성과 한편으로는 개발독재하에서 국가기구의 이상 비대화라는 배경, 다른 한편으로는 관치에 대한 시민사회의 저항이라는 측면들이 함께 고려되어야 할 것이다.

한국에서 민영화 논의는 한편으로 공공부문의 비효율성에 대한 때때로 선험적이고 과장된 문제의식, 그리고 관료주의 및 관치의 폐해를 시장주의적 해법으로 해결하려는 다분히 관념적인 기대, 다른 한편으로 국가주의와 변별되지 않는 추상적인 공익담론 사이에서 전개되어 왔다.

이제 이러한 논의를 가로지르는 이론적 쟁점들을 다음과 같이 정리해 볼 수 있다.

---

[6] 우리가 이를 상대적 비중 혹은 질적인 비대함이라고 지적하는 것은, 후술하듯이, 한국 공공부문의 양적인 비중이 여전히 OECD 평균에 크게 미달하기 때문이다.

1) 민영화는 경쟁과 효율을 가져오는가?

민영화의 논거는 대체로 "시장에서의 경쟁을 통해 공공부문의 효율을 증진시켜야 한다"는 것이다. 이러한 주장이 타당해지려면 민영화가 시장에 경쟁을 가져온다는 전제가 성립해야 한다.

일반적으로 시장경쟁이 효율적 균형에 도달하기 위해서는 시장이 완전경쟁적이고 외부성이 존재하지 않으며 공공재가 존재하지 않는다는 조건이 충족되어야 한다.(K.J.Arrow, 1951 ; G.Debreu, 1959) 이밖에도 정보경제학에서는 이와 같은 시장의 자동균형 기제가 작동하기 위해서는 정보의 불완전성이 존재하지 않는다는 조건을 추가한다.(B.Greenwald and J.E.Stieglitz, 1986)

이러한 조건들이 충족되지 않는다면 시장경쟁을 통한 효율은 기대할 수 없기 때문에 "시장에 맡기면 효율적 결과가 보장된다"는 주장은 이론적으로 정당화될 수 없다.(J.E.Stieglitz, 2008a, 2쪽 ; J.E.Stieglitz, 2008 b ; Amartya Sen, 2009)[7]

더욱이 생산규모의 확장과 사업다각화를 통해 각각 규모의 경제(economy of scale)와 범위의 경제(economy of scope)를 추구하는 현대경제에서는 역사적으로나 구조적으로나 이러한 조건이 성립하기 어렵다. 특히 규모의 경제와 범위의 경제가 큰 망산업, 사회간접자본 등 기간산업에서 국내외를 막론하고 민영화가 민간독점의 폐해와 서비스의 질 저하 논란에 휩싸이는 것은 이 때문이다.

민영화론자들이 주장하는 공기업의 X-비효율(X-inefficiency)이나 에버치-존슨효과(Averch-Johnson effect)는 공기업에 고유한 것이 아

---

[7] 시장의 자동균형이란 그런 점에서 마치 계획 당국의 최적배분처럼 유토피언이즘에 가깝다. 노벨 경제학상 수상자인 아마티야 센 역시 정의(Justice)를 가리켜 이상적인 정의를 추구하는 것이 아니라 줄일 수 있는 부정의(injustice)를 줄여나가는 것이 정의라고 말하고 있다.

니라 독점기업 일반에 해당하는 사항이다.[8] 이 때문에 각국은 다양한 형태의 독점규제법을 가지고 이를 규제하지만, 현대경제의 특징상 규모의 경제와 범위의 경제가 독점의 폐해 못지않게 존재한다는 점에서, 독점의 규제는 규제기관 운영 등 높은 비용에도 불구하고 규제의 효과에 한계를 지닌 것이다.

이와 마찬가지로 공기업을 예로 들어 주인-대리인 문제가 복잡하여 방만경영에 빠지기 쉽다는 주장 역시 반드시 공기업만의 문제는 아니다. 기업규모가 커지는 현대경제에서 주인-대리인 문제는 민간 대기업에도 일반적으로 발생하고 있다. 따라서 민영화가 주인-대리인 문제의 해법이 될 수는 없다. 이것은 현대경제에서 감시 기제(monitoring system) 및 유인 기제(incentive system)를 어떻게 작동시킬 것이냐의 문제로서 공공부문과 민간부문 모두에 해당하는 문제이다.

2) 연성예산제약은 공공부문에만 고유한 것인가

공공부문, 특히 공기업은 부실이 발생해도 그 도산위험을 정부가 최종 책임지는 이른바 연성예산제약(soft-budget constraint)(Janos Kornai, 1992, 142~145쪽)의 특성상 민간기업과 같은 경영의 효율성을 강제할 내적 동기가 부실하다는 비판이 있다. 경제주체의 지출이 수익에 크게 제한받지 않는 경우 시장경쟁에서 낙오되어 파산할 위험, 즉 시장규율이 부재하기 때문에 비용절감노력과 예산의 효율적 관리가 느슨해지는 비효율이 방치된다는 것이다. 공공부문을 둘러싼 이 오랜 쟁점에 대해서는 두 가지로 문제를 짚어볼 필요가 있다.

---

[8] X-비효율이란 경쟁의 압력이 없을 때 최대한의 효율을 추구할 유인이 없으므로 해서 생기는 비효율을 말한다. 에버치-존슨효과란 경쟁의 압력이 없기 때문에 요소를 과다투입함으로써 비용극소화의 요소결합비율을 포기하게 되는 것을 지칭한다.

첫째, 공공부문의 존재 이유 혹은 경영목표 자체가 수익성 외에 공익성을 지향하고 있어서 연성예산제약의 문제는 공공부문의 한계 혹은 약점이라기보다 하나의 특성이라고 볼 수 있다. 예컨대 공기업의 흑자가 종종 정부의 예산지원에 기인하는 것처럼 공기업의 적자 역시 국책사업의 대행과 원가 이하의 가격책정을 요구하는 정부의 산업정책 혹은 사회정책에서 비롯되는 경우가 적지 않다. 경영책임 소재가 이렇게 불분명한 것은 한국처럼 공공기관에 경영자율성이 주어지지 않을 때 더욱 심해질 수 있다.

이처럼 공기업을 비롯하여 공공부문의 효율성은 민간기업처럼 개별 기업의 수익성만으로 평가하기 어려운 측면이 있다. 예컨대 프랑스의 국영가스공사(GDF)는 1980년대 이후 남북관계 개선이라는 상위 정책 목표로 인하여 아프리카 등 저개발국의 에너지를 국제 평균가격보다 13.5% 높은 가격으로 구입한 바 있다. 이는 개별기업의 수익성을 훼손하는 것이지만 1차 에너지 수입국의 위치에 있는 프랑스로서는 에너지 수입선 다변화 및 저개발국과의 관계 개선 등 프랑스 국민경제 전체의 효율성 증진에 기여하였다고 평가된다.(Dominique Finon, 2003, 253쪽)

또 다른 예로, 1982년에서 2006년에 걸쳐 한국의 소비자물가는 178.8% 상승하였으나 한국전력공사의 전기요금은 불과 9.4% 상승하는 데 그쳤다.[9] 이 역시 공기업이 개별 기업 차원의 효율이나 수익성이 아니라 전체 국민경제 차원에서 효율성, 수익성을 지향할 수밖에 없다는 점을 보여주는 예이다.

---

[9] 이렇게 낮은 전력요금이 에너지 과소비를 부추겨 고유가시대에 역행하는 반환경적 경제체질을 자초하였다는 비난도 있다. 혹시 환경보호와 에너지효율화를 위해 전력요금을 인상하자는 산업계 및 일반 소비자들의 합의가 이루어질 수 있다면, 요금인상에 따른 공기업의 수익으로 다시 친환경이라는 공익적 정책목표를 추구할 수도 있을 것이다.

공공부문의 무사안일과 관료주의를 둘러싼 공방도 공공부문 특유의 경영스타일과 관련이 있을 수 있다.(김윤자, 1999, 44쪽)[10] 공기업의 담당 영역이 주로 공익적 보편서비스이므로 민간기업과 같이 위험을 무릅쓰는 과감한 혁신투자를 감행하기 어려울 것이기 때문이다.(김윤자, 2008, 308쪽) 특히 한국은 공기업을 비롯하여 공공부문은 예산이나 임금 관련 사항이 법으로 정해져 있고 기관장이나 사장의 임기도 대부분 단임이어서 경영자가 창의성을 발휘하기 어렵다.[11]

둘째, 이와 관련하여 좀 더 근본적인 문제를 제기하자면, 현대경제에서는 대마불사(too big to kill 혹은 too interconnected to kill)라는 표현이 시사하듯이, 연성예산제약 자체가 반드시 공공부문에만 고유한 것이 아니라는 점이다.

2008년 금융위기 당시 미국정부가 민간 금융회사에 대규모 공적 자금을 투입한 것에 대해, 월가 금융 대자본의 도덕적 해이를 미국 납세자들의 희생으로 지원한다는 비판이 일었다. 그러나 국내외 경제에서 독점 대기업의 비중이 압도적으로 높은 현대경제의 구조적 특성상 이들의 도산은 국민경제 혹은 세계경제에 심각한 위기를 초래하기 때문에 정부가 이를 방치하기는 어렵다.

따라서 연성예산제약의 문제는 규모의 경제와 범위의 경제를 추구하는 현대경제의 속성상 공공부문과 민간부문 모두를 포괄하는 문제이며 그런 점에서 일정 정도 현대경제 자체의 속성이라고 할 수 있을 것이다. 민간부문이든 공공부문이든 각 조직의 지배구조에서 감시 기

---

[10] 다른 연구에서도 여러 번 강조한 바이지만, 관료주의는 반드시 정부와 공공부문에 국한된 특성이라고 볼 수는 없다. 총수의 전횡을 견제하지 못하는, 서열화 된 사기업조직의 경영관료적 경직성도 정부조직의 관료주의 못지않게 심각하기 때문이다.

[11] 공공기관 경영자들이 노동조합과 적당히 타협하여 임기를 넘기려는 경향도 이와 무관하지 않다는 지적이다.

제와 유인 기제의 설계를 강조하는 배경도 여기에 있을 것이다.

한국의 경우, 공공기관의 연성예산제약을 부추기는 것으로 정권과 유착한 논공행상식 낙하산인사, 유관 부서 퇴직 공무원의 자리보전 등 전근대적 인사 관행이 특히 문제가 되고 있다. 정권이 바뀔 때마다 `코드 인사`라는 비판이 단골 메뉴로 등장하지만 전직 국회의원이나 선거 당시의 낙천·낙선 인사 등이 공공부문의 기관장, 감사, 이사 등으로 옮겨가는 관행이 여전히 반복되고 있다.

다만 낙하산인사 시비는 종종 정쟁과정에서 당파적으로 과장되는 경우가 적지 않고 그 자체로 공기업만의 문제라고 말하기도 곤란하다. 관료출신들의 유관 분야 민간기업 진출이나 법조계의 전관예우 관행, 연고주의적 특채 등 민간부문에도 유사한 한국사회의 구조적 문제이기 때문이다.(「끊이지 않는 낙하산」『이데일리』2010년 7월 15일자)[12] 또 낙하산인사 시비는 아직은 분야별로 전문경영인 풀이 천박한 한국의 구조적 문제와 맞닿아 있어서 민간부문과 공공부문 모두 다양한 분야의 인적 자원을 찾는 추천과정의 투명성과 민주성을 통해서 해소해 나가야 할 문제이다.

3) 민영화와 비가역성 문제

민영화를 둘러싼 또 다른 쟁점은 민영화의 비가역성이다. 관치의 폐해나 관료주의적 경직성을 바로잡을 필요가 있는 경우에도 그 대답이 반드시 민영화라고 할 수 없는 이유는 민영화의 비용, 특히 그 비

---

[12] 2009년 국감에서는 2004년 이후 5년간 퇴직한 4급 이상 환경부 공무원 49명 중 45명이 산하 공공기관과 단체에 재취업한 사실 등이 확인되기도 했다. 산하 기관이나 단체로 자리를 옮긴 퇴직 공무원의 대부분은 '친정' 격인 행정부처에 인맥을 내세워 감사 기능을 약화시키거나 예산을 따오는 로비스트로 활동하고 있다는 것이다.

가역성 때문이다. 민영화는 경쟁을 활성화하는 수단일 뿐이고 경쟁은 효율을 향상시키는 수단일 뿐이다. 그리고 모든 수단이 그러하듯 거기에는 일정한 비용이 따른다. 때로는 그 비용이 민영화나 경쟁의 도입으로 예상되는 편익을 상회할 수도 있다.

또한 민영화의 비용이 그 편익을 상회할 수도 있다는 점과 관련하여 민영화의 비가역성은 심각한 후유증을 낳는다. 때로는 그 후유증을 치유하느라 막대한 공적 자금을 들여 다시 공영화하는 사례도 나온다. 전력산업구조개편의 후유증으로 2000~2001년 미국 캘리포니아에 전력 대란이 발생했을 때 캘리포니아주는 송전망을 사들이느라 막대한 예산을 들여야 했다. 영국 역시 전력민영화의 후유증으로 원자력발전부문의 브리티시 에너지(British Energy)가 도산했을 때 막대한 예산을 들여 이를 다시 공기업화한 바 있다.

민영화의 대상으로 거론되는 공공부문 중 특히 망산업이나 기간산업을 담당하는 공항, 철도, 전력, 수도, 가스 등은 그 후유증이 회계상의 비용에 그치는 것이 아니라 사회시스템 전반에 회복하기 어려운 혼란을 야기할 수도 있다.

4. 공공부문 개혁과 민영화의 한계

2009년 말 현재 '공공기관운영에 관한 법률'의 대상이 되는 공공기관의 인원은 242,810명, 자산은 610.9조 원에 달한다. 이들 공공기관에는 단일 공공기관 최대의 자산을 보유한 한국산업은행(122.6조 원) 등 3개 국책은행이 제외되어 있고 한국은행과 일부 금융기관, KBS 등의 언론기관은 동 법에 의한 경영공시 대상에서 제외되어 있다.

〈표 3〉 공공기관 임직원 수(정원기준) 현황(기획재정부, 2010)

2010년 3월 말 기준(단위 : 명, %)

	'05	'06	'07	'08(A)	'09(B)	'10.3	증감 (B-A)	전년대비 증가율	연평균 증가율
합계	241,103	247,711	257,812	261,995	242,810	244,667	△19,185	△7.3	0.2
공기업	84,357	85,523	88,090	87,284	76,697	77,186	△10,587	△12.1	△2.4
준정부기관	65,340	66,089	68,172	68,723	65,564	65,331	△3,159	△4.6	0.1
기타 공공기관	91,406	96,099	101,550	105,988	100,549	102,150	△5,439	△5.1	·2.4

〈표 4〉 공공기관 유형별 자산 규모 현황

2009년 말 기준(단위 : 조 원, %)

	'05	'06	'07	'08(A)	'09(B)	증감 (B-A)	전년대비 증가율	연평균 증가율
합계*	399.9	435.5	473.4	524.5	610.9	86.4	16.5	11.2
공기업	213.8	239.5	266.2	308.6	350.9	42.3	13.7	13.2
준정부기관	129.6	136.0	140.9	144.7	182.6	37.9	26.2	8.9
기타공공기관*	56.5	60.0	66.3	71.2	77.4	6.2	8.7	8.2

* 산은, 수은, 기은, 정책금융공사, 산은금융지주 등 제외

한국의 공공부문 비중은 재정지출 규모를 기준으로 하거나 인구 대비 공무원 숫자를 기준으로 하거나 OECD 회원국 중 매우 낮은 수준에 머물러 있다.(김윤자, 2008 ; 한국조세연구원 기획조정실, 2010.8.6)[13] 한국의 국가재정규모는 2009년 현재 GDP의 33.8%로 OECD 평균인 44.8%에 크게 뒤떨어져 있다.

그러나 시민사회 형성의 상대적 지체로 사회적 의사결정과정 일반

---

[13] 최근 한국 공기업의 자산가치가 OECD 국가 중 2위이며 반면 고용비중 등 경제기여도는 최하위라는 기사가 논란이 되었으나 관련 기관이 이는 사실과 다르다고 해명한 바 있다. 이에 따르면, 당해 OECD 설문조사는 아직 진행 중이어서 공공규모가 큰 나라들이 아직 포함되어 있지 않고, 또 OECD 국가의 공기업은 고용이 많은 통신, 우정사업 등의 서비스업에 집중되어 있는 데 반하여 한국의 공기업은 SOC 산업 위주의 자본 집중형 기업으로 구성되어 있어 상대적으로 자산 규모가 크고 고용규모가 낮다는 것이다.

에서 국가기구가 차지하는 질적인 비대함은 한국 공공부문의 비중을 실제보다 부풀리는 경향이 있다. 특히 검찰, 국정원 등 권력형 국가기관의 압도적 영향력, 공공부문에 남아있는 권위주의와 관료주의 등은 사회적 의사결정 과정에서 한국 공공부문의 질적인 비중을 비대하게 만들고 있다. 외환위기 이후 시장주의적 개혁에 대한 사회적 기대는 이른바 신자유주의 공세와 겹쳐 나타나는 바람에 그것이 시사하는 바가 오히려 제대로 전달되지 않은 측면이 있었다.

그동안 한국에서 민영화는 관치를 대신하는 민간부문의 활성화, 즉 '시민사회의 성숙 혹은 민주주의의 확대'로 등치 되는 역사적 배경을 가지고 있다. 이 점은 서구의 민영화가 주로 재정건전성과 관련하여 제기되었던 것과 다른 점이다.

한국은 일제의 식민지 지배를 거치면서 근대적 공업화 과정을 경험하였다. 이 때문에 민간 상공업의 발전과 이에 바탕을 두는 시민사회의 성숙은 지체되었고 대신 식민지지배를 담당하는 행정조직은 상대적으로 비대할 수밖에 없었다. 이러한 역사적 각인이 다시 시민사회의 등장을 저지하는 힘으로 작용하면서 한국의 경제발전은 국가주도의 사회적 동원(social mobilization) 방식을 밟아가게 된다. 특히 전후 한반도가 냉전체제의 대리 전장이 되면서 해방공간은 이념 과잉의 좌우대립으로 얼룩졌는데, 이 과정에서 사상과 집회의 자유 등 민주주의의 인프라들은 부실해질 수밖에 없었다.[14]

해방을 거쳐 1960년대 이후 군사정권의 경제개발은 이러한 과정을 더욱 강화하였는데, 이에 따라 한국에서 민간 자본가의 역할은 종종 정부 경제관료에 의해 대행되었다. 다른 한편 반공법으로 지체된 노

---

[14] 흔히 한국사회에는 이른바 '노블레스 오블리주'(noblesse oblige)가 존재할 수 없다는 말을 한다. 3대만 거슬러 올라가면 친일경력이 나오거나 좌익경력이 나온다는 것이다. 강대국 틈바구니에서 식민지 지배와 좌우대립을 거쳐 온 지난한 한국의 현대사를 압축하는 말이다.

동자들의 조직적 발언은 종종 동일 시간대에 동일 장소에서 생활하는 학생, 그리고 종교인과 지식인 등에 의해 대행되었다. 이러한 예는 공업화와 민주화가 진행 중인 동남아나 중동에서 지금도 비슷하게 볼 수 있다.

군사정권 주도의 경제개발 과정은 정경유착과 그에 따른 비리, 특혜를 수반하고 있었으므로 민영화는 이러한 '관치'의 폐해를 척결하고 시장의 자유경쟁에 경제를 맡긴다는 "선진적" 논리로 받아들여질 수 있었다.

문제는 한국의 민영화가 재벌 등 국내외 대자본에 의한 경제력 집중과 불가분의 관계에 있다는 점이다. 한국에서 민영화를 '민간' 주도로 이해할 때 그 민간은 주로 재벌이었으며 그 결과 민영화는 재벌로의 경제력집중을 심화시키는 계기가 되어 왔다. 민영화에 따라 유력 공기업을 인수한 재벌의 재계 순위가 변동하는 등 그간 민영화는 재벌형성과정과 밀접한 관련이 있었다. 이처럼 한국에서 재벌에 의한 독점 형성은 서구의 역사에서 효율성 경쟁에 따른 독점의 형성과는 그 경로가 다른 것이었다. 이에 따라 정경유착의 오랜 폐습은 시장경쟁이 본래 내장하는 효율성 경쟁을 무의미하게 만들어 왔다.

특히 외환위기 이후 확대되어 온 사회양극화(김윤자, 2008, 312쪽)[15]는 재벌 대기업과 중소기업의 격차를 통해 확대 재생산되어 왔다는 점에서 민영화와 경제력집중의 상관관계는 진지하게 조명되어야 한다. 비정규직 증가, 내수부진과 소득격차 등 사회양극화의 실제적 행태들은 모두 대기업과 중소기업의 양극화 속에서 구체화되었기 때문이다.

한편, IMF의 구조조정으로 시장규율이 강조되는 외환위기 이후에는 재벌과 함께 외국자본이 민영화의 이해당사자로 부상하였고 이에 따

---

[15] 한국의 지니계수는 1985년 0.3114에서 1997년 0.2829로 낮아져 불평등이 감소하는 추세를 보였으나 2005년 다시 0.3104로 상승하였다.

라 포항제철과 한국통신은 민영화 이후 외국자본의 지분이 70% 안팎을 차지하고 있다.

이 때문에 수도 전기 가스 등 기본재의 성격을 가진 산업에서 민영화가 이들 국내외 독점 대자본에 의한 사적 독점으로 귀결되는 경우 경제력 집중뿐 아니라 필수재의 요금 폭등과 공적 서비스의 질 저하 등 국민경제의 기초가 흔들릴 수 있다는 우려가 제기되고 있다.

따라서 한국 공공부문의 개혁은 첫째, 재벌개혁과 시민사회의 위상 제고 등 상대적으로 지체된 민간부문의 자기정립과 둘째, 공공부문의 위상 재정립 및 지배구조 개선이라는 작업을 동시에 요구한다. 이를 차례로 살펴보자.

첫째, 공공부문의 개혁과 관련하여 민간부문 혹은 시민사회의 성숙은, 우선 정치경제적 의사결정이나 사회문화적 의사결정에서 압도적으로 한국의 '민간'을 대표하는 재벌체제의 민주적 개혁과 불가분이다. 재벌로의 경제력 집중이 심화되는 한국의 상황, 그리고 민영화 대상으로 거론되는 공기업 대부분이 공적 독점의 지위를 가진 상황에서, 민영화는 공공부문 개혁의 대안이 되기 어렵다.

다음으로, 공공부문의 민주적 지배구조를 위하여 전제되는 시민사회의 참여와 감시를 위하여 시민사회의 사회적 연대성과 책임성이 제고되어야 한다. 이와 관련하여 특히 시민사회를 대변하여 집단적 발언을 준전문적으로 하는 시민단체들의 정치적 자율성이 요구되는데 이는 이들의 재정적 자립도와 밀접한 관련이 있다. 이들의 자율성이 전제되지 않을 때 시민단체와 관변단체의 경계는 모호해지고 정권의 성향에 따라 시민단체의 '정권 들러리' 시비가 끊이지 않을 것이다.

둘째, 사회의 보편적 이익에 들어맞는가를 기준으로 공공부문의 위상을 재정립하여야 한다. 특히 경제개발시대 이래 한국 공공부문에 강하게 남아있는 개발주의적 행태에 대해 생태적 관점에서 지속가능한 균형발전으로 방향을 바꿔야 한다는 시민사회의 요구가 강도 높게 이어져 왔다. 당연한 명제이지만 공공부문의 보편적 공익성이란 정부의 지배력이나 집행력으로 자동 담보되는 것이 결코 아니다. 그 존재근거는 사회구성원의 보편적 이익에 기여한다는 것이다.

따라서 관료주의로부터 공공부문 본래의 보편적 공익기능을 지키기 위한 지배구조의 개선이 이루어져야 한다. 이에 대해서는 이해관계자와 공중의 참여를 보장하는 한편 효율적인 책임경영의 장치를 아울러 마련하도록 '공공참여적 전문책임경영' 모델을 도입하자는 방안 등이 광범위하게 논의되어 왔다.(김윤자, 1999 · 2001)

이러한 요구 속에서 2007년 이후에는 공공기관의 운영에 관한 법률에 따라 노동조합과 시민단체의 참여 등 민간위원이 과반을 차지하는 공공기관운영위원회가 구성되기도 하였다. 그러나 300여 개에 달하는 공공기관 전체를 하나의 총괄적 위원회에서 다루는 것은 형식에 불과하다는 점에서 개별 공공기관에 그 목적사업과 수요자에 걸맞은 국민대표자들을 개별 공공기관의 성격에 맞춰 참여시켜야 한다는 주장이 제기되고 있다.(박주현, 2009, 3쪽)

또한 현재의 공공기관 경영평가제도는 공공기관 각각의 특수성을 반영하지 못한 채 주로 수익성 등 양적 지표를 중심으로 서열 평가에 치우치고 있어서 기관 간 비용 삭감을 둘러싼 과당 경쟁이 오히려 공적 서비스를 후퇴시키고 있다는 비판이 많다. 따라서 해당 공공기관을 통해 혜택을 받는 쪽과 피감기관, 정부관계부처 등이 협의해 개별 공공기관의 특성에 맞는 목표를 설정해서 평가하는 등 공공기관 각각의 특수성에 맞는 다양한 기준의 종합적인 평가가 요구되고 있다.

구체적인 제안으로는 매년 실시되는 공공기관평가를 2년마다 실시하는 것으로 바꾸고 기관장 길들이기로 전락한 기관장평가를 기관평가와 별도로 할 필요가 없다는 지적도 나오고 있다.(박용석, 2010, 31쪽이하)

5. 결론 : 복지거점으로서의 공공부문

한국사회는 식민지 지배와 군사독재를 거치면서 '시장'으로 표상되는 근대 시민의 창발성과 개인성, 다원성에 대한 천착이 상대적으로 소홀할 수밖에 없었다. 그런 점에서 한국사회에서 공공부문과 민간부문을 막론하고 관료주의와 조직이기주의에 대한 비판적 성찰, 민주주의적 절차의 확대, 공공성과 개인적 권리와의 긴장에 대한 천착 등은 여전히 요구되는 과제이다.

1997년 수평적 정권교체 이후 민주정부 10년을 거쳤음에도 검찰과 국정원 등을 통한 국가기구의 통제는 여전히 강력하며 공공부문 일반에 대한 국민의 신뢰도나 참여도는 여전히 매우 낮다. 한편 한국의 민간부문이 전근대적 조기독점에 가까운 재벌에 의해 주도되고 있는 상황에서 공공부문의 개혁을 민간으로의 이전으로만 접근할 수도 없다.

21세기 지속가능한 균형발전을 위해 한국의 공공부문에 대한 요구는 경제개발시대의 그것과는 매우 다른 것이다. 압축적인 경제성장 이후 사회통합과 경제적 문화적 격차 해소 등 사회구성원들의 요구는 개발을 넘어 교육, 복지 등 구체적인 생활개선의 방향으로 빠르게 확산되고 있다.

이러한 변화를 획기적으로 보여준 것이 2010년 6.2지방선거였다고 할 수 있다.

첫째, 천안함 사건으로 불거진 이른바 '북풍'이 이번에는 영향을 미치지 못해서 역대 선거마다 한국의 담론수준을 저열하게 만들어 온 색깔논쟁이 퇴색하고 있음을 보여주었다. 특히 일부 언론들이 집요하게 이를 대서특필하면서 선거국면을 이끌었다는 점에서 한국사회 보수언론의 사회적 의제 주도 능력이 빠르게 퇴조하고 있음을 보여주었다는 평가도 나온다. 정부의 종합편성채널 정책과 맞물려 일부 언론들이 선거국면에서도 무리수를 둔 것이 자충수가 된 측면도 있겠지만 이제 한국사회가 어느 정도는 일방적 여론조작에 휘둘리지 않게 되었다고 볼 수도 있을 것이다.

둘째, 마찬가지로 많은 언론이 미리부터 교육감선거는 '로또선거'가 되리라고 국민의 선거 수준을 폄하한 것과는 달리, 정당선거와 무관한 교육감선거에서 상당히 정확하게 표가 행사되었다는 점이다. 이는 국민의 교육에 대한 높은 관심, 무상급식논쟁이 촉발한 복지에 대한 높은 관심 등을 보여주는 것이다.

셋째, 천안함 정국으로 선거 자체가 뒤로 밀렸다는 우려에도 불구하고 야당의 '보편복지로서의 무상급식'과 여당의 4대강 사업, 세종시 수정안 등 '건설경기부양'이라는 정책대결의 선거구도가 일정하게 작동했다는 점이다.

보편적 복지의 담론은 2009년 경기도교육감선거에서 범민주연합후보로 추대된 김상곤 후보가 무상급식을 공약으로 내걸고 나옴으로써 촉발되었다. 당선 이후 김상곤 교육감의 무상급식예산은 한나라당이 다수를 차지한 도의회의 반대로 번번이 좌절되었는데, 당시 논란은 김상곤 교육감의 전체 학생을 상대로 하는 보편적 무상급식 안과 저소득층 학생을 대상으로 하는 한나라당의 선별적 무상급식 안을 둘러싸고 전개되었다. 이 과정에서 보편적 복지와 선별적 복지가 국민적 이슈로 부상하였다.(안현효, 2010)[16]

6·2지방선거에서 무상급식을 주요 공약으로 내건 야당 후보들이 압승을 거두면서 복지에 대한 사회적 관심이 빠르게 확산되어 가고 있다. 일부에서는 진정성을 의심한다고 하지만, 부자감세와 한반도대

---

[16] 당시 논란과정에서 경기도교육청은 무상급식이 소득재분배 효과와 국민소득증대 승수효과 외에도 공교육비 사부담 절감 효과, 수입대체효과와 고용 효과 친환경 효과 등 농업에 미치는 편익, 인적 자본의 증대로 인한 국가경쟁력 향상 등의 효과가 있다는 연구결과를 내놓았다.

운하 건설 등 개발이슈를 내걸고 당선된 이명박대통령이 '공정한 사회'를 집권 후반의 정책기조로 발표하고 이어서 보건복지부를 통해 보육 및 교육 지원에 75조 8천억 원을 투입하겠다고 발표하는 일련의 상황은 이명박정부 역시 복지담론의 확산을 수용할 수밖에 없는 상황으로 우리 사회의 복지담론이 빠르게 확산하고 있음을 의미하는 것이다.(정두언, 2010)[17]

따라서 외환위기 이후 심화된 사회양극화를 보정하는 공공부문의 역할이 매우 중요해지고 있다. 이른바 "민생 5대 불안"이라고 이야기되는 일자리불안, 보육 및 교육불안, 주거불안, 노후 불안, 의료불안 등은 경제개발시대와는 다른 공공부문의 적극적 역할을 주문하는 것이다.(이상이, 2009, 5쪽)

한국의 재정규모가 OECD 평균에 크게 못 미친다는 점은 앞에서도 지적했거니와 그중에서도 정부의 공공복지 지출 규모는 2005년 현재 GDP의 약 6.9% 수준으로 OECD 평균인 GDP 대비 20.5%에 크게 뒤떨어져 있다. 이 때문에 복지관련 지출이 OECD 수준에 도달할 때까지 집중적으로 복지재정을 확충하기 위해서 한시적으로 '복지확충 특별회계'를 설치하자는 제안도 나오고 있다.(오건호, 2010, 39쪽) 이러한 복지확충과 관련하여 기본재 공급과 기간산업을 담당하는 기존의 공기업 등 공공부문의 역할을 한층 제고할 필요가 있다.(박주현, 2009, 5쪽)[18]

---

[17] 그런가 하면 최근 한나라당 최고위원 정두언 의원은 "신자유주의 경제학자들의 감세가 투자와 소비를 증대시킨다는 주장은 통계적으로 검증된 이론이 아니며 특히 우리나라에서는 효과가 없다"며 이명박정부의 감세정책 철회를 주장하고 나섰다.

[18] 일부에서는 시대의 변화를 반영하여 공공서비스의 범위가 확대되어야 한다는 전제하에, 휴대폰과 인터넷 등 보편적 서비스가 되고 있는 통신관련 서비스를 감안하여 KT의 공영화를 검토할 필요가 있다고 주장하기도 한다.

〈표 5〉 GDP대비 사회복지 비중 (2005)

(단위 : %)(오건호, 2010, 157쪽 인용)[19]

	스웨덴	프랑스	독일	영국	미국	일본	한국	OECD 평균
공공복지(a)	29.4	29.2	26.7	21.3	15.9	18.6	6.9	20.5
법정민간복지(b)	0.4	0.4	1.1	0.8	0.3	0.5	0.6	0.7
총사회복지 (c=a+b)	29.8	29.5	27.9	22.1	16.3	19.1	7.5	21.2

주 : 법정민간복지는 질병수당, 의무적 민간보험료 등 법으로 정해진 민간부문 복지지출. 우리나라의 법정퇴직금은 제외됨.
출처 : OECD.Stat (http ://stats.oecd.org/wbos/Index.aspx?datasetcode=SOCX_AGG, 2009.7.7).

보편적 복지는 "모두가 인간답게 살 수 있도록 '사회적 기본소득을 보장'하는 제도적 장치들(아동수당, 고용보험과 실업수당, 국민연금과 노후소득보장, 국민기초생활보장제도 등), 보편적 의료보장, 보편적 보육과 교육, 보편적 주거복지, 그리고 아동/노인/가족/장애인 복지 등의 대인서비스 확립"을 포함하는 개념이다. 여기서 더 나아가 사회 구성원의 잠재능력을 개발하여 인적 자본과 사회적 자본을 확충하는 적극적 복지는 공교육시스템을 강화하여 아동, 여성, 노인, 장애인 등 의 대상별 능력개발시스템을 확보하자고 제안한다.(이상이, 2009, 8쪽 이하)

이처럼 경제발전에 따른 평균수명의 증가와 빠른 속도로 진행되는 한국사회의 고령화는 여성의 사회활동 증가와 저출산문제, 노인문제 등과 함께 각종 돌봄노동에 대한 수요를 증가시키고 있다. 그런데 사 회서비스부문의 노동은 대부분 노동집약적 성격이 강해서 금융세계 화와 외환위기 이후의 '고용 없는 성장'을 일정하게 보정할 수 있을 것 으로 기대된다.(강혜규, 2008)

---

[19] OECD의 복지관련 수치는 사후 결산 및 검증작업을 거쳐 3~4년 늦게 공개되므로 현재 구할 수 있는 최근 자료는 2005년 수치이다. 같은 글 참조.

다만, 사회서비스 분야는 제조업과 달리 기술혁신이 적용되기 어려워 고부가가치를 생산하지 못하므로 대부분이 저임금 일자리일 가능성이 크다는 우려가 있다. 따라서 이를 시장에만 맡겨두어서는 사회서비스부문의 수급불균형을 초래할 것이므로 공공부문의 적극적 역할이 요구된다. 이것은 21세기 지속가능한 균형발전의 새로운 성장동력을 확보하는 것이기도 하다.

실제로 복지를 통한 성장은 지난 30여 년간 민영화, 규제 완화, 작은 정부 등을 모토로 하는 이른바 신자유주의 정책이 국내외적으로 양극화의 심화, 성장의 둔화, 금융위기의 반복 등 경제적 성과가 매우 취약해진 것과 비교되고 있다. 보편적 복지를 내거는 나라들의 경제적 성과가 상대적으로 양호하며, 양극화와 금융불안 등의 문제도 다른 나라에 비해 심각하지 않기 때문이다. 핀란드, 노르웨이, 스웨덴, 덴마크 등은 높은 경제성장률과 함께 국가경쟁력 순위에서도 상위를 차지하고 있고 2008년 글로벌 금융위기 등 위기 대응 능력도 모두 10위 안에 들어 있다.(김득갑, 2009, 6~7쪽)

따라서 향후 공공부문 개혁의 방향은 공공부문이 본래의 보편적 공익과 사회적 서비스에 충실하도록 지배구조를 개혁하고 경제개발시대의 개발 위주의 기능에서 보편적 복지를 확산시키는 사회적 서비스 중심으로 그 기능을 재편해 나가야 한다.

무상급식 논쟁 이후 확산되고 있는 보편적 복지의 요구는 이와 같은 공공부문의 능동적 개혁과 방향을 같이하고 있다. 그동안 관치논쟁을 중심으로 수동적으로 전개되어 온 공공부문 개혁은 이제 관치냐 시장이냐를 벗어나 사회의 보편적 이익에 부합하도록 민주적 참여와 사회적 효율을 지향하는 방향으로 나아가야 할 것이다.

▣ 참고문헌

강남훈, 2010 「발전연료의 개별구매와 통합구매」『기로에 선 전력산업구조』, 민주당지경위 토론회 자료집.

강혜규, 2008 「사회서비스정책과 고용창출정책」『보건복지포럼』10월호, 한국보건사회연구원.

기획재정부, 2010.4.30 「2009년도 공공기관 경영정보 주요내용」.

김광호, 2008 「공무원 순환보직에 관한 연구」『한국개발연구』Vol. 30, No. 2, 한국개발연구원.

김기원, 2008 「공공기관도 후진화를 추진하나」, 한겨레.

김득갑, 2009 『금융위기로 명암이 엇갈리는 유럽 강소국 경제』, SERI경제포커스 제264호, 삼성경제연구소.

김상곤, 1995 「공공부문의 경영합리화와 민영화에 대한 비판적 고찰」, 『산업노동연구』제1권 제1호, 산업노동학회.

______, 2009 「사회공공성과 공공기관 선진화계획」, 『경제위기와 현 정부의 경제정책 평가』(서경연), 한울.

김윤자, 1999 「공기업 민영화 : 비판과 대안」, 『진보평론』제2호.

______, 2001 「한국자본주의와 공기업 구조조정」, 『한국경제, 재생의 길은 있는가』(이병천 · 조원희 편), 당대.

______, 2008 「이명박정부의 공기업 민영화에 대하여」, 『황해문화』제60호, 가을호.

______, 2009 『자본주의, 빛과 그림자』, 한신대학교 출판부.

______, 2010 『동북아 항공산업과 한국 허브공항의 발전 전망(홍장표 · 김태승), 도서출판 한마음.

박용석, 2010 「공공기관 경영평가제도의 한계 및 문제점」, 『올바른 공공부문 혁신을 위한 공공기관 대안평가 토론회』, 사회공공연구소 자료집.

박주현, 2009 「공공기관 민영화 정책의 문제점과 대안」, 시민사회경제연구소.

안현효, 2010 「무상급식의 경제적 효과」, 한국사회경제학회 봄학술대회 발제문.

오건호, 2010 『대한민국 금고를 열다』, 래디앙.

이동원 외, 2007, 「한국의 정부규모 진단 : 정부지출과 규제」, 『CEO information』589호, 삼성경제연구소.

이상이, 2009 「역동적 복지국가의 논리와 전략」, 사회경제학계 발제문.

정두언, 2010 「감세철회의 필요성」, 정두언블로그.

홍장표, 2008 「천연가스산업 구조개편정책의 문제점과 대안」『국가에너지정책과 한국의 천연가스산업 연구』(김상곤·김윤자·홍장표), 도서출판 노기연.

Arrow, K.J., 1951 "An Extension of the Basic Theorems of Classical Welfare Economics", *Proceedings of the Second Berkeley Symposium on Mathematical Statistics and Probability*, J.Newman ed., Berkeley University of California Press.

Debreu, Gerard, 1959 *The Theory of Value*, Yale Univ. Press.

Finon, Dominique, 2003 "The French Gas Industry in Transition : Breach in the Public Service model", Maarten J. Arentsen and Rolf W. Kunneke ed., *National Reform in European Gas*, Elsevier.

Greenwald, Bruce and Stieglitz, J.E., 1986 "Externalities in Economies with imperfect information and incomplete markets", *Quarterly Journal of Economics*, Vol. 101, No.2.

Kornai, Janos 1992 *The Socialist System : The Political Economy of Communism*, Princeton University Press.

Ostrom, Elinor 2009, "A general framework for analyzing Sustainability of Social — Ecological Systems", *Science*, Vol. 325., 24. July.

Paulson, Henry 2009 "Reform the architecture of regulation", *Financial Times*, March 17.

Sen, Amartya 2009 *The Idea of Justice*, Harvard University Press.

Stiglitz, Joseph E, 2008a "Government Failure vs Market Failure : Principle of Regulation", working paper for the Tobin Project's conference on "Government and Market : Towards a New Theory of Regulation", held February 1~3, in Yulee, Florida.

______, 2008b, "The market can't rule themselves", *New York Times*, Dec.31.

제2장 신자유주의 시기 한국의 조세·재정 정책

이원적 내부 작동원리를 중심으로

나아정 · 박승준 · 정지은 · 홍인기

1. 문제제기

본 논문은 외환위기 이후 신자유주의와 보편적 복지로 상징되는 거대 담론 간 대결의 장으로 변모한 우리 사회가 직면한 현안들을 해결하는데 국제 경제사회를 휩쓰는 신조와 이념만큼이나 국내 차원에서의 제도적 특성과 국가재정에 내재한 작동원리가 제약하는 바를 제대로 인식해야 한다는 문제의식에서 출발한다. 그런 의미에서 '보이는 것이 전부가 아니다'라는 표현이야말로 조세·재정 정책을 논하는 경우 특히 타당한 표현이 될 것이다. 본 논문에서는 이를 조세·재정 분야에서 오랫동안 끈질기게 주목받아 온 주제들(perennial topics)을 세 가지 예를 중심으로 짚어본다.

첫 번째 예는 중산층·서민과 개인사업자·법인을 위한 세부담 감면이라는 세제개편의 주요 메뉴가 집권여당의 이념적 성향 또는 공식적인 선호 표시와 무관하게 어떻게 되풀이되어 왔는지를 보여준다. 두 번째 예는 선진 산업화 국가로의 도약과 복지사회의 장밋빛 미래를 함께 꿈꾸는 우리나라가 재정적 측면에서 미래를 설계하는 데 있어서 얼마나 무능했는지를 『중기재정운용계획』의 성적을 증거로 보여준다.

그리고 마지막으로 보이지 않는 보조금인 조세지출(tax expenditures) 또는 비과세감면조항들이 어떻게 경제사회적 사조와 무관하게 꾸준히 명맥을 유지하는지를 보여준다.

조세·재정정책을 포괄하는 재정이란 정부가 수행하는 경제활동을 총칭하여 화폐단위로 표시될 수 있는 수입·지출 활동 전반을 뜻한다.(국회예산정책처, 2009) 정부는 가계 및 기업과 함께 국민경제를 운용하는 주체로, 가계와 기업으로부터 거둬들인 조세수입을 사용하여 가계와 기업에 공공재와 공공서비스를 제공한다. 재정의 3대 기능으로는 효율적인 자원배분, 공평한 소득분배, 그리고 국민경제의 안정적 성장을 들 수 있다. 효율적인 자원배분을 위해서, 정부는 무임승차나 외부성의 문제로 시장경제에서 효율적으로 공급되지 못하는 재화 및 서비스를 직접 공급하거나, 이러한 문제를 해결하기 위해 조정 역할을 수행한다. 소득 재분배 기능을 수행하기 위해서 정부는 누진적 소득 세제를 운영하는 한편 다양한 차원에서 열위에 놓인 국민의 복지를 유지·향상시키기 위해 현금이나 현물을 제공한다. 또한 정부는 경기를 조절하고 고용·물가·국제수지 등을 안정적으로 유지함으로써 경제의 안정적 성장을 추구하는 동시에 교육·연구개발투자·사회 인프라 구축을 통해 성장잠재력 향상에 힘쓴다. 이때 재정지출과 조세수입은 재정활동이라는 동전의 앞과 뒤처럼 작용하면서 재정활동을 이룬다.

하지만 재정지출과 조세수입은 각각의 고유한 특성도 지닌다. 소수 이익집단은 대중에게 비용을 전가하면서 자신들만의 이익을 챙길 수 있고,(Olson, 1965) 재정관련 기관 또는 관료는 자원과 영향력을 극대화하기 위해서 재정활동을 이용할 수 있다.(Niskanen, 1971) 또한 이념적 편향성도 재정활동의 결과에 중대한 영향을 미칠 수 있다.(송원근, 2010) 보편적 복지를 추구하는 과정에서 수요가 증대하기 마련인 지출수준은 외생적으로 주어진 세입구조를 초과하는 경향이 높아진다. 반대로 작은 정부에 천착한 세수 동결 또는 감소를 통해 과다한 재정지출의 고삐를 잡으려는 시도(starving the beast) 역시 이익집단의 지대추구행위를 차단할 수 없으므로 재정적자의 함정에 빠지게 될 뿐이다.(Niskanen, 1996) 여기에 덧붙여 수급권 보장제도(entitlement programs)의 성격을 띠는 다양한 복지제도가 시행되면서 의무지출의 비중이 증가하는 경우, 재정지출에 대한 압력은 더욱 거세지게 된다.(Steuerle, 2002)

그럼에도 불구하고 우리나라는 여러 OECD 국가들과 비교하였을 때 상당히 낮은 조세부담률을 보여 왔으며, 이는 전통적으로 양입제출 원칙 아래에서 재정운용을 해 온 결과라는 것이 널리 받아들여지고 있다.(고영선, 2008) 그 이유는 고도성장에 힘입은 빠른 세수증가가 재정지출의 급증을 뒷받침하기에 충분하였을 수도 있고, 군사정권기를 거치면서 산업화를 목표로 자원투입의 집중을 위해서 사회복지 분야의 재정지출이 의도적으로 억제된 결과 의도적이지 않게 재정의 전반적인 건전성이 유지되었을 수도 있다. 근대화와 경제발전 과정에서 육성된 고도로 전문화된 경제관료집단의 재량적인 정책 수립과 실행능력이 빛을 발한 것일 수도 있다. 또는 여타 경제학 세부전공과 비교할 때 상대적으로 국가재정과 더 밀접한 친연관계를 형성하는 우리나라 재정학계가 제1세대 재정학자들에 이어 꾸준히 재정건전성에 대한 파수꾼 역할을 충실히 그리고 성공적으로 해온 결과일 수도 있다. 하지만 이 모든 요소가 한데 어울려 결과적인 재정건전성을 이룩했다고 보는 편이 적절할 것이다.

그러나 1997년 외환위기 이후 우리나라의 재정 상황은 크게 달라졌다. 60조에 달하는 공적자금이 대부분 재정 측면에서의 적극적인 지원으로 이루어지는 과정에서 재정건전성이 악화되었다. 다행히 외환위기 극복을 위한 기업회생 · 구조조정 등에 초점을 맞춘 경제회복 정책이 효과를 발휘하였고, 각종 비과세·감면의 축소를 통한 재정수입 확보, 현금영수증제도 도입, 신용카드사용 활성화 및 음성탈루소득에 대한 세무조사 강화로 전문직·자영업 고소득층의 세부담이 매우 증가하면서 재정건전성은 더 악화되지 않거나 소폭 개선되고 있었다. (한국조세연구원, 2001)

하지만 2008년 서브프라임 금융위기가 글로벌 경제위기로 확대 전파되면서 조세·재정 측면에서의 적극적인 정책개입이 각국 정부에 의해서 시행되었고, 그 과정에서 우리나라는 2008~2010년 기간 중 큰 폭의 재정수지 적자(6.1%)를 겪게 되었다. 이는 OECD 국가 중 최대 규모로, 세수부족에 대한 우려로 2009년 12월 국회에서 통과된 증세 및 감세유보조치를 감안하더라도 적자폭이 GDP 대비 5.3%에 이르러 OECD 국가 중 미국(5.9%)과 호주(5.4%)에 이어 세 번째로 큰 규모이다. 우려할 점은 지출증가와 감세로 인한 재정수지 악화 규모가 OECD 국가 중 가장 높은 수준에 속할 만큼 컸을 뿐만 아니라, 이명박 정부에서 2008년 단행한 GDP 대비 2.8% 규모에 달하는 감세정책이 영구적 세율 인하의 형식을 취했기 때문에 대규모 세수손실을 이른 시일 안에 복구하기 어려울 수도 있다는 점이다.(신영임·이영환, 2010)

이렇게 예기치 못했던 거대한 외부 충격으로 야기된 최근 1~2년간의 재정상황이 앞으로 어떻게 전개되어 나갈 것인지에 대해서는 섣불리 예단하기 어렵다. 하지만 겨우 10여 년에 불과한 짧은 기간에 겪은 두 차례에 걸친 외부충격하에서 드러난, 그러나 널리 알려지지 않은 재정환경과 조세·재정정책 사이의 반응과 반작용에 대한 기록을 살펴봄으로써 향후 재정과 관련된 국가 경제의 주요 현안들에 대해서 중요한 정책적 시사점을 얻을 수 있을 것이다. 또한 이러한 시도는 신자유주의 시기 우리나라의 분야별 정책의 특성이라는 난해한 주제를 이해하는 과정에서 이념적 경도에 앞서 사실에 근거한 경제학적 이해와 판단이 주는 가치를 환기시키는 데에도 도움이 될 것이다. 이는 특히 교육에서 의료와 복지에 이르기까지 사회경제정책 전반을 아우르는 재정관련 연구가 파편화되고 부분균형적인 분석의 한계로 인하여 내용과 의도 상의 장점을 제대로 인정받지 못한 채 한정된 현안 목록 내에서 다양한 안건 간의 경쟁을 통해 이루어지는 공공의사결정과정에서 비교우위를 차지하는 데에도 기여할 수 있을 것으로 판단된다.

본고에서는 필자들이 독립적으로 작성한 최근 연구결과들을 종합적인 차원에서 검토하여 새로운 함의를 끌어내고자 시도한다. 그러므로 본 논문은 새로운 사실내용들을 발굴하고 추가하지 않는다. 인용 및 요약정리 수준을 뛰어넘는 한 가지 새로운 사실내용이 있다면, 그것은 정부가 매년 하나의 묶음으로 제시하는 세제개편안이 겉보기에 서로 상충하는 정책수단들을 내포하고 있으며 이는 다양한 층위의 조세원칙들이 세수확보라는 가장 기본적인 재정의 목적에 충실하게 봉사하는 과정에서 벌어지는 현상이라는 진술이다. 그러므로 본 논문에서는 이미 제기된 사실 관계들을 이용하여 외피(envelope)를 씌움으로써 국가의 재정활동에 내재한 보이지 않는 특성을 환기시키는 데 집중하고자 한다.

2. 세제개편안 내부의 상충하는 정책목표

조세정책의 주요 원칙은 효율성·형평성·간편성·성장잠재력확충·경기안정화 등을 꼽을 수 있다. 여기에 개별 정부가 추구하는 지역균형발전이나 녹색성장 등과 같은 특정 정책목표가 추가될 수 있으며, 때에 따라서는 근로장려세제(EITC)나 고령화·은퇴 대비와 같은 사회정책적인 요소가 부가될 수도 있다. 특히 1990년대 이후 여러 나라에서는 조세정책을 산업정책 및 사회정책적 영역에까지 확대하려는 추세가 강해지고 있다.(Steuerle, 2008)

조세정책상의 다층적인 목표들을 아우르기 위해서는 다양한 정치적 수사가 동원된다. 이러한 수사는 국민의 정부로부터 참여정부를 거쳐 이명박정권에 이르기까지 매우 흡사한 패턴을 보여준다. 법인부문의 세감면을 성장잠재력 확충이나 기업하기 좋은 환경으로 묘사하고, 다양한 비과세감면조치를 미래 성장동력 확충 지원으로 포장하기도 한다. 고도성장기와는 확연히 다르지만 여전히 제한적으로 통용되는 산업정책의 일환으로는 기업구조조정을 촉진하기 위하여 제공되는 인수합병에 대한 과세이연을 해 주거나, 정보통신 서비스산업을 활성화하기 위해서 임시투자세액공제를 허용하기도 한다. 또한 국토개발정책의 일환으로도 조세정책은 활용된다. 지역균형발전을 위해서 수도권에서 지방으로 이전하는 기업들에 대한 소득세·법인세 감면이 주어지고, 새로 조성되는 행정중심 복합도시 수용 공장 등에 양도차익 과세이연이 허용된다. 신도시 건설이나 4대강 사업 등의 개발사업을 조속히 추진하기 위해서 공공목적의 토지수용에 양도소득세 혜택 등을 제공하기도 한다. 세제의 효율성을 제고하기 위하여 저세율 구조로 전환할 필요를 역설하면서 법인세율을 인하하고, 종합소득세율을 낮추거나 여러 공제제도를 확대한다. 때로는 국회에서의 심의·의결절차를 거쳐야 하는 보조금 성격의 유가환급금을 세부담 완화로 범주화하여 조세정책으로 실행하기도 한다. 출산장려 및 보육지원을 위해 다자녀추가공제제도를 만들고, 상속·증여세 감세나 종합부동산세의 무력화와 같이 정치적으로 포장하기 어려운 사안에 대해서는 선진조세체계 확립이나 국제기준에 맞는 과세제도라는 전제하에 조세체계의 정상화·단순화라는 설명을 달기도 한다. 비과세·감면 축소는 세입기반 확대이기도 하지만 조세중립성 제고이기도 하

다.[1]

특히 단 한 해도 빠지지 않고 등장하는 대표적인 정책으로는 서민 · 중산층 세금 경감을 들 수 있다. 경제적으로 상대적 약자 계층에 대한 세부담 경감은 조세제도의 누진성을 확보함으로써 경제적 능력이 나은 이들이 세금을 더 부담하게 한다는 조세원칙인 수직적 형평성(vertical equity)을 도모하게 한다. 세부적으로 차별화된 공제제도의 활용을 통해 동일한 경제적 능력과 처지에 놓인 이들은 동일하게 취급하여야 한다는 수평적 형평성(horizontal equity)을 달성할 수도 있다. (아래 〈표 1〉을 볼 것)[2]

그러나 여기에는 한 가지 중요한 문제가 은폐되어 있는데, 서민 · 중산층 세금 경감을 경제환경의 변동에 따른 시차 없이 그리고 가장 확실하게 달성할 수 있는 방법인 물가연동제(indexing)를 과세당국이 수용하고 있지 않다는 점이다. 물론 전승훈(2007)이 밝힌 바와 같이, 과세당국이 세율과 공제제도를 재량적으로 변경해 온 실적이 소비자물가지수(CPI)를 이용한 소득세 물가연동제 채택이라는 가상적인 경우와 비교했을 때 놀라울 만큼 유사한 실질 세부담을 보여줄 수도 있다. 그러나 안종범 · 임병인(2002)에 따르면 현실의 소득세제가 물가상승을 반영하지 않아 형평성이 악화되고 있다. 또한 성명재 · 박상원(2008)은 1996~2007년 기간 중의 가계조사 미시자료를 이용하여 실증분석한 결과, 재량적인 연도별 세제개편의 결과가 물가연동제에 비해서 연도별 · 계층별로 변동성을 크게 할 뿐만 아니라 불확실한 실질 세부담 행태를 초래할 위험성이 있음을 밝혔다.

---

[1] 기획재정부, 세제개편(안), 각 연도.

[2] 본고에서 논의하는 행정부의 세제개편(안)은 국회의 심사 의결결과를 거쳐 확정된 사안들이므로 세게개편으로 바꿔 표현하는 것이 맞겠지만, 자료의 출처를 알기 쉽게 인용하기 위해서 확정되기 이전의 명칭인 세제개편(안)을 그대로 사용하기로 한다.

<표 1> 연도별 서민·중산층 세부담 감면 관련 세법 개정 내용

연도	주요 세법 개정 내용
2001	• 종합소득세율 인하 • 근로소득공제 확대 • 노인·장애인, 교육비에 대한 소득공제 확대
2002	• 장기주택저당차입금 이자상환액에 대한 소득공제 확대
2003	• 특별소비세율 인하
2004	• 근로자 표준공제 확대 • 퇴직연금 도입에 따른 연금소득 과세제도 정비 • 근로자 직업훈련비용 소득공제 • 국민주택 규모 초과 공동주택 일반관리용역 및 경비용역에 대한 부가가치세 면제시한 1년 연장 • 정기저당담보 주택에 대한 1세대 1주택 양도소득세 비과세 특례 • 생계형·세금우대종합저축 가입대상 확대 • 소득세 비과세하는 기타소득의 과세최저한 금액 상향조정 • 일반과세와 간이과세를 적용받는 사업장을 동시에 영위하는 사업자에 대한 간이과세 적용 배제제도 보완
2005	• 퇴직연금 불입액에 대한 소득공제 허용 • 퇴직연금 및 퇴직일시금 수령시 소득공제한도 조정
2006	• 취학전아동 교육비공제 대상 확대 • 혼인 및 장례비 소득공제 사유 확대 • 무주택 근로자를 위한 주택보조금 과세특례 • 장기주택마련저축 이자·배당소득 비과세 • 우리사주 배당소득 비과세시한 연장 • 성실사업자 표준공제 확대 및 세부담 상한제 • 자영업자 수입금액 증가 세액공제
2007	• 종합소득 과세표준구간 조정 • 초중고생 자녀교육비 공제범위 확대 • 성실자영업자 의료비 교육비 공제 허용 • 소매업 등 간이과세자 부가가치율 일몰연장 • 소득금액 상한배율제도 적용기간 연장 • 유류비비중 높은 업종·불황업종 등의 단순경비율 인상
2008	• 종합소득세율 인하 • 자녀 1인당 공제 확대 및 교육비 공제 확대 • 부양가족 의료비 공제확대 • 유가환급금 지급
2009	• 성실개인사업자 의료비·교육비 공제 일몰 3년 연장 • 간이과세자 낮은 부가가치세율 적용 특례 2년 연장 • 저소득 무주택 근로자 소형주택 월세 소득공제 신설 • 주택청약저축 불입액 소득공제 신설

자료 : 기획재정부(재정경제부), 세제개편(안), 각 연도.

게다가 성명재·박상원(2008)은 분석기간인 1996~2007년 기간에 과세자 비율이 현저하게 낮아졌음을 지적하면서, 효율성과 형평성을 모두 충족시킬 수 있는 보기 드문 기준인 '넓은 세원·낮은 세율'의 정책목표가 과세당국의 재량적인 세율 및 공제제도 변화로 인하여 저해되고 있음을 지적하였다. 이는 또한 과세당국이 미시납세자료를 독점하고 있는 현실에서, 경제주체들의 의사결정에 세제 측면에서의 불확실성을 방치하거나 증폭시킬 뿐만 아니라 조세정책상의 공적인 논의를 가로막는다는 측면에서 결코 바람직하다고 할 수 없다.

매년 반복되는 세제개편 작업에서 빠지지 않고 등장하는 또 다른 대표적인 정책으로는 기업의 투자활동에 대한 세제혜택을 들 수 있다. 기업의 투자활동을 활성화하고자 조세혜택을 부여하는 것은 이론적 차원에서 생산에서 고용 그리고 소비로 이어지는 선순환구조를 강화할 수 있다는 의미에서 성장에 도움이 된다. 또한 위험부담이 큰 투자나 최첨단기업의 투자활동과 같이 정(+)의 외부성을 자아내는 경우에는 시장기능이 미처 제공하지 못하는 효율적인 수준의 투자를 국가 차원의 도움을 통해 도모함으로써 경제의 동태적 효율성을 달성할 수 있다. 게다가 투자에 대한 세제혜택이 가능성 있는 중소기업 등에 차별적으로 적용될 경우에는, 수직적 형평성까지도 달성할 수 있다.(아래 〈표 2〉 참조)

문제가 있다면 그러한 다양한 정책효과가 과연 존재하는가, 존재한다면 얼마나 큰가, 효과의 크기를 알 수 있다면 산업부문에 어떤 식으로 작용하는가를 실증적으로 알아내는 작업이 매우 까다롭다는 점이다. 이 문제에 대해서 이계원(2006), 김유찬·김진수(2003), 오원선(2003) 등의 다양한 연구는 공통적으로 세제혜택이 투자증가를 유발하는 효과가 통계적으로 유의하지 않거나 유의하더라도 크지 않고, 기업의 크기·산업유형·재원조달방법 등과 같은 기업 각각의 이질적 특성에 따라 그 효과가 크게 다르다는 점을 밝혀냈다. 전방위적이고 포괄적인 세제혜택보다는 오히려 기술이전이나 대출보증 등의 미시적인 접근을 통해 개별 기업의 자본조달비용을 절감해주는 정책이 더욱 효과적일 수 있다는 것이다. 특히 대표적인 투자관련 세제혜택인 임시투자세액공제는 매년 2조 원이 넘는 세수손실을 초래하면서도 혜택의 80% 이상이 대기업에 집중된다는 비판을 받아 오다가 참여정부 말기에 일몰이 도래하였으나 이명박정부의 대통령인수위원회가 존치를 고집한 정책이었다.[3]

<표 2> 연도별 기업 세부담 감면 관련 세법 개정 내용

연도	세법 개정 내용
2001	• 설비투자 촉진을 위한 임시투자세액 적용시한 연장 (4월 임시국회) • 법인 부동산 양도차익에 대한 특별부과세 폐지 및 부동산 처분에 대한 세부담 완화 • 초과유보소득과세 폐지 • 임시투자세액공제 대상업종 확대 • 연구·인력개발설비투자세액공제율 확대 및 수도권 투자 공제 허용 • 자동화·정보화 설비에 대한 투자세액공제 대상 모든 중소기업으로 확대 • 부품·소재산업에 대한 연구 및 인력개발준비금 손금산입범위 우대
2002	• 중소기업특별세액감면 적용대상업종 확대 • 정보화 투자·중소기업에 대한 생산성향상시설투자 세액공제 확대 • 공해방지시설·에너지절약시설 등의 수도권 투자에 대한 세액공제 허용 • 지방이전기업 임시특별세액감면시한 연장
2003	• 임시투자세액공제율 인상 • 중소기업에 대한 법인세 최저한세율 인하 • 유형고정자산의 감가상각 내용연수 한시적 조정 • 연구인력개발비 세액공제에 대한 최저한세 적용 배제 • 간접외국납부세액 법인세 공제대상 확대 • 부가가치세 사업자단위 과세 허용

[3] 이명박정부는 2008년 시행한 대규모 감세조치와 국제적 경제위기의 여파로 세수손실이 막대하게 늘어날 것으로 예상되자, 2009년 말이 되어서야 임시투자세액공제제도의 일몰을 허용하였으나(기획재정부, '09년도 세제개편(안)), 이익집단들의 강력한 항의에 직면하여 2010년 가을 현재에도 동 제도는 여전히 운용 중이다.

	• 법인에 대한 부가가치세 가산세율 인하 • 수도권과밀억제권역내 투자에 대한 세제상 규제완화 • 지주회사 수입배당금에 대한 익금불산입규정 보완 • 외국인기술자에 대한 소득세 감면시한 연장
2004	• 에너지절약시설 투자세액공제율 인상 및 대상시설 추가 • 창업중소기업세액감면 대상업종 추가 및 창업요건 완화 • 기업의 현금성결제액 세액공제대상 거래 확대 및 공제율 조정 • 중소기업 최대주주의 주식 상속증여시 할증과세 적용 제외
2005	• 법인세율 인하 • 접대비 한도액 차등 적용 폐지 및 접대비 증빙요건 완화 • 에너지절약시설 투자세액공제제도 일몰 연장 • 부가가치세 간이과세자 부가가치율 조정
2006	• 환경·안전설비투자 세액공제 • 생산성향상설비투자 세액공제 대상확대 및 일몰 연장 • 연구 및 인력개발 설비투자 세액공제 • 연구 및 인력개발비에 대한 세액공제 확대 및 일몰 연장 • 기술취득비용에 대한 세액공제
2007	• 연구개발비 지출에 대한 세제지원 확대 • 생산성향상 시설투자 세액공제 대상 확대 • 환경보전시설 투자에 대한 세액공제율 인상
2008	• 법인세율 인하 및 과표구간 상향 조정 • 창업중소기업 세액감면 대상 서비스업까지 확대 • 중소기업 특별세액감면 일몰 3년 연장 • 소득세·법인세 등 분납허용 기간 연장 • 이월결손금 공제기간 연장 • 부가가치세 사업자단위 과세제도 전면 확대 • 법인 간 배당에 대한 이중과세 조정제도 개선 • 서비스산업 과세를 제조업과 동등 대우 • 환경보전시설투자 세액공제율 상향 조정 • 에너지절약시설투자 세액공제율 상향 조정 • 연구개발투자 준비금제도 도입 • 연구개발시설 투자세액 공제율 인상 • 중소기업 연구개발비용 세액공제 확대 • 연구개발비용 세액공제제도의 일몰 폐지 및 영구화
2009	• 중소기업 가업상속 공제요건 완화 • 중고시업 주식의 상속증여세 할증평가 배제 적용시한 연장 • 신성장동력산업 및 원천기술 분야 R&D세액공제 신설 • 연구 및 인력개발설비 투자세액공제 일몰연장 • 에너지절약시설 투자세액공제 일몰연장 및 대상확대

자료 : 기획재정부(재정경제부), 세제개편(안), 각 연도.

앞서 가계 및 기업에 대한 세감면 조치들이 이론적으로 의도된 바와는 사뭇 다르게 애당초 기대했던 정책효과를 달성하기보다는 과세당국의 재량적인 권한을 유지·강화하거나 막대한 세수손실을 가져온다는 점을 살펴보았다. 이러한 문제는 정권교체를 통해 국가 거버넌스의 지향점이나 이념적인 차별성과 상관없이 발생해 왔다. 이를 분명하게 보여주는 자료가 아래 〈표 3〉과 〈표 4〉에 제시된 급여계층별 세부담경감 효과이다.

〈표 3〉은 국민의 정부 마지막 해인 2001년 말에 시행된 세제개편에 따른 이듬해 2002년 세부담 경감 효과를 급여계층별로 보여준다. 과세표준 최저구간(1,800만 원 미만)에 속하는 급여자의 경우, 연간 겨우 6만 원의 감세효과를 누리는 데 비해서, 과표구간 1억 원 이상에 속하는 급여자는 196만 원에 달하는 감세효과를 누린다. 하지만 경감액을 비율로 나타내는 경우, 최저과세표준구간 급여자는 연간 18만 원 세액이 12만 원으로 줄어들어 33%에 달하는 세부담 경감효과를 누리는 것으로 나타난다. 이에 비해서 1억 원 이상 급여자는 원래 1,770만 원에 달하는 세금을 내게 되어 있었으나 세제개편으로 11%가 줄어든 1,574만 원을 납부하게 된다.

〈표 3〉 2001년 말 세제개편에 따른 2002년 급여계층별 세부담 경감 효과

(단위 : 만원, 결정세액 기준)

연간 급여	현행 세액	개정안		
		세액	경감액	경감률(%)
1,800	18	12	△6	△33.3
2,400	52	37	△15	△28.8
6,000	654	576	△78	△11.9
10,000	1,770	1,574	△196	△11.1

주 : 일반급여자 4인가족, 표준공제, 신용카드공제(급여의 20% 사용) 기준.
자료 : 재정경제부 (2001), "2001년 정기국회제출 세제개편(안)."

이러한 모습은 아래 〈표 4〉에 제시된 2008년 말 세제개편에 따른 2009년 급여계층별 세부담 경감 효과에서도 대동소이하게 반복된다. 최고과세표준구간에 속하는 급여자는 최저과세표준구간에 속하는 급여자에 비해서 경감액 기준으로 약 25배나 더 큰 규모의 세부담 경감 혜택을 누린다. 하지만 이를 경감률로 표시하는 경우 최고과세구간 급여자는 6분의 1에 불과한 혜택을 누리는 것으로 나타난다.

〈표 4〉 2008년 말 세제개편에 따른 2009년 급여계층별 세부담 경감 효과

(단위 : 만원, 결정세액 기준)

연간급여	2009년			
	현행	개정안	경감액	경감률(%)
2,000	10	6	△4	△43.2
4,000	169	133	△35	△20.9
6,000	474	421	△53	△11.2
8,000	873	793	△81	△9.2
10,000	1,351	1,252	△99	△7.3

주 : 근로소득공제, 기본공제, 다자녀 추가공제, 국민연금보험료공제, 건강보험·고용보험료 공제, 표준공제를 단순 반영하여 계산한 것으로 의료비·교육비·신용카드 사용액 등 각종 특별공제를 감안시 실제 개인별 납부세액은 위 세액보다 낮음.
자료 : 기획재정부 (2008). "일자리 창출을 위한 경제재도약 세제 : 2008년 세제개편(안)문답자료." 2008.09.01.

그러나 과세당국은 국회에 제출하는 세제개편(안) 자료 어디에서도 법인세와 관련된 기업규모별·업종별·생산요소별(노동과 자본)·부분균형별(소비자와 생산자) 세부담의 변화를 공개하지 않는다. 소득세의 경우에도 과세표준구간별 집계를 통해 계층별 세부담의 귀착을 발표하지 않는다. 적게는 수만 원에서 많게는 1~2백만 원에 불과하지만 이를 급여구간별로 수백만 명에 대해서 집계하는 경우 엄청난 규모가 되기 때문이다. 법인세 감면의 귀착 역시 소수의 대기업과 다수

의 중소기업으로 나누어 발표하는 경우 그 인지적 효과는 매우 클 것이다. 이는 과세당국이 소득세 및 법인세 감세를 통해 나타나는 조세귀착의 전체적인 모습을 국민에게 되도록 정확히 밝히지 않는 셈이다. 이러한 다분히 의도적인 정보의 공개와 전달은 원천세 분야에서만 벌어지는 것이 아니다. 종합부동산세와 같은 정치적으로 민감한 보유세에도 마찬가지 전략을 사용하였다.

주목할 만한 사실은 이러한 행태가 정치적 지지기반이 다르며, 소속정당이 다르고, 집권 당시 경제환경이 다르며, 거버넌스의 지향점이 다르고, 재임 기간의 전후기에서도 완전히 다른 두 정권하에서 시행된 세부담 경감정책의 모습에서 매우 흡사하게 나타난다는 점이다.

3. 선전도구로만 활용된 중기재정운용계획

우리나라가 중기재정계획을 처음 수립한 것은 1982년이다. 이후 외환위기를 맞아 재정수지가 급격히 악화되자 정부는 재정의 건전성과 효율성을 제고시키기 위해 중기재정운용계획을 수립하였다. 외환위기 직후 금융구조조정과 실업 복지대책 등으로 대규모 재정투입이 불가피해지자 그동안 유지해왔던 균형재정정책만으로는 정부가 변화하는 경제·재정상황에 효과적으로 대처할 수 없었기 때문이다.

그러나 정부의 선언적인 중기재정계획은 예산편성과정과 연계되지 못하고 실효성이 크지 못하였다. 따라서 정부는 2004년 하향식 예산편성제도인 총액배분자율편성 제도를 공식적으로 도입하고 국가재정운용계획을 수립하여 국회에 제출하기 시작하였다. 국회와 재정총량목표치에 대한 책임을 공유하고 예산결정 전 과정에서 계획의 실효성을 높이려는 의도에서였다.[4]

그러나 2004~2009년 기간 중 총 여섯 차례에 걸쳐 국가재정운용계획이 수립되는 동안, 수립 주체인 정부조차도 국가재정운용계획을 준수하는 모습을 보이지 않았고 국회에서도 당해 연도 예산안에 비하여 국가재정운용계획에 큰 관심을 기울이지 않는 등 기대와는 달리 여전히 계획의 실효성이 확보되지 못하였다. 국가재정운용계획의 목표는 매년 객관적인 평가나 해명 없이, 또 별다른 제재도 없이 거듭 수정되었다. 심지어 2008년과 2009년 우리나라는 세계적인 경기침체에 대응하여 OECD 국가 중 가장 큰 규모의 확대재정정책을 폈고, 이에 따라 재정적자가 GDP의 5%에 이르는 등 외환위기에 비견될 만큼 재정건전성이 크게 악화되었다. 이러한 상황에서조차 정부는 『2009 ~ 2013년 국가재정운용계획』(이하 『2009년 계획』)을 통해 계획기간 말인 2013년도에 균형재정을 달성할 것으로 발표하였다.

이는 우리나라의 『국가재정운용계획』이 '수립'되기만 할 뿐 실제로 '운용'되지 못하고 있음을 반증한다. 『국가재정운용계획』의 수립과 운용의 과정에서 국회가 큰 역할을 하지 못하고 있을 뿐만 아니라, 법적 · 제도적 구속성을 지니고 있지 않기 때문에 행정부는 동 계획의 수립과 운용에 충분한 제약을 받지 않는 상황이었다. 또한 중기재정운용계획이 지켜지지 않아도 별다른 제약을 받지 않는 한 예산당국과 개별 부처들이 중기재정계획을 책임성 있게 계획할 유인이 떨어진다.

이는 중기재정운용 목표의 명확성이 결여되어 있었기 때문이다. 주요 선진국들은 중기재정운용계획을 수립할 때 계획기간 중 재정수지와 국가채무가 적정수준으로 유지되는 것을 주요 내용으로 하는 재정운용의 목표(fiscal target)를 세우고 있다. 우리나라도 『국가재정법』 제7조에 '재정운용의 기본방향과 목표'를 국가재정운용계획에 포함하도록 하고 있지만, 지난 6차례의 국가재정운용계획에서는 중기재정 목

---

4) 이 장의 내용은 나아정 · 박승준(2009)에 바탕을 두고 있다.

표가 명확하게 제시되지 못하였다. 게다가 최근 『2009년 계획』을 포함한 지난 6년간 『국가재정운용계획』을 살펴보면 재원배분체계가 자주 변경되었다.

중기재정 목표달성을 위한 전략이 미흡했던 점도 크다. 『국가재정운용계획』의 경우 중기재정목표를 달성하기 위한 정책수단이 없는 관계로 경제 여건 변화 시 대응방안에 대한 구체적인 계획도 전무했기 때문이다. 지금까지 『국가재정운용계획』은 국가채무, 재정수지, 총수입, 총지출 등 주요 재정지표를 전망할 때 '전년 계획 대비 금년 계획' 또는 '계획 대비 실적'에 있어 오차가 지속적으로 나타나고 있음에도 불구하고, 이에 대한 평가와 이에 따른 환류가 이뤄지지 않았다. 이러한 문제들은 국가재정운용계획의 실효성을 제고할 수 있는 구체적인 실행방안의 부재에서 비롯된다.

재정전망 및 목표가 자주 변경되는 문제도 심각했다. 『국가재정운용계획』은 연동계획으로 전망이나 목표의 변경에 제약을 받지는 않지만, 목표를 수시로 바꾸는 것은 계획 자체를 무의미하게 만들 수 있기 때문에 전망과 목표의 변경에는 신중을 기할 필요가 있다. 그러나 낙관적인 경제전망을 통해 낙관적인 세입전망을 유발하고 이에 따라 지출 기조를 상향조정함으로써 재정수지와 국가채무 등 총량목표 달성에 차질을 초래하여 중기재정계획의 실효성을 저하시켜 왔다. 국가재정운용계획 목표변경의 특징을 보면, 첫째, 총수입은 계획 간 변동이 상대적으로 크지만 총지출은 매해 계획 간 변동이 매우 작아 총수입이 총지출보다 경제여건 변화에 민감하게 반응해왔음을 알 수 있다. 둘째, 정권 초기에 정부의 적극적인 의지가 반영되지만 해가 갈수록 목표하는 바가 비관적으로 변화하는 모습을 보여주고 있다. 셋째, 거의 모든 국가재정운용계획에서 계획기간 후반으로 갈수록 재정수지가 좋아지고 국가채무 규모가 감소하는 모습으로 제시되었다.

경제성장률의 전망치와 실적치를 비교하는 경우 단 한 차례도 양자가 일치한 적이 없고 항상 전망치가 실적치를 웃도는 모습을 볼 수 있다. 아래 〈그림 1〉를 보면, 점선 부분에서 경제성장률 전망이 실적치와 가장 근접한 것으로 나타나고 있다. 그런데 실제로 총 5번의 목표달성 중 3번의 목표달성이 이 시기에 이루어지는 것으로 나타난다. 『2005년 계획』과 『2006년 계획』에서의 2008년 총수입 및 국가채무의 실적치가 그것이다.

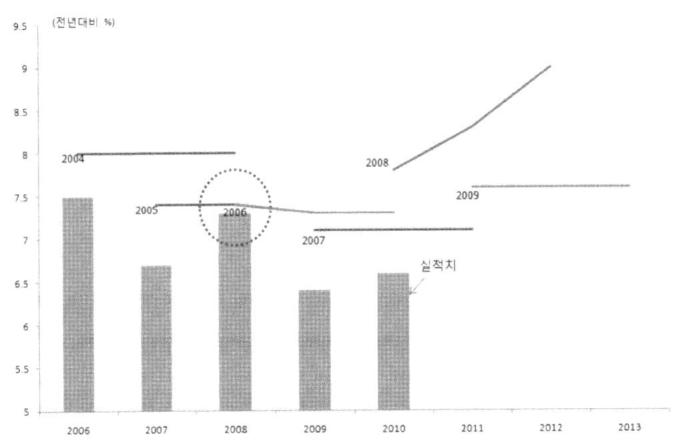

〈그림 1〉 국가재정운용계획상 경상성장률 전망과 실적추이

국가재정운용계획 수립 첫해의 『2004년 계획』부터 이번 『2009년 계획』까지의 전망과 실적을 비교해 보면 다음과 같다.

첫째, 정부의 총수입 전망의 경우 정권 초기에 수립한 『2004년 계획』과 『2008년 계획』을 제외하고는 비교적 정확하게 전망되었다고 할 수 있지만, 목표달성의 관점에서 볼 경우 『2005년 계획』에서 1회, 『2006년 계획』에서 2회를 제외하고는 모두 실적치가 전망치를 약간 밑돌아 목표를 충족시키지 못하였다. 정부의 총수입 전망치와 실적치의 차이가

크지는 않았지만, 2010년 예산안 상의 총수입은 경제위기 및 감세의
여파로 크게 낮아져『2006년 계획』과『2007년 계획』,『2008년 계획』의
전망 모두와 크게 어긋난 것으로 보인다.

〈그림 2〉 국가재정운용계획상 총수입 전망치와 실적치의 비교

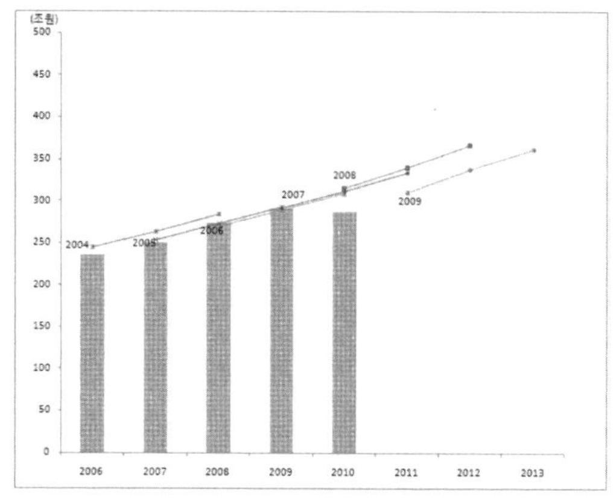

〈총수입 규모의 변화〉

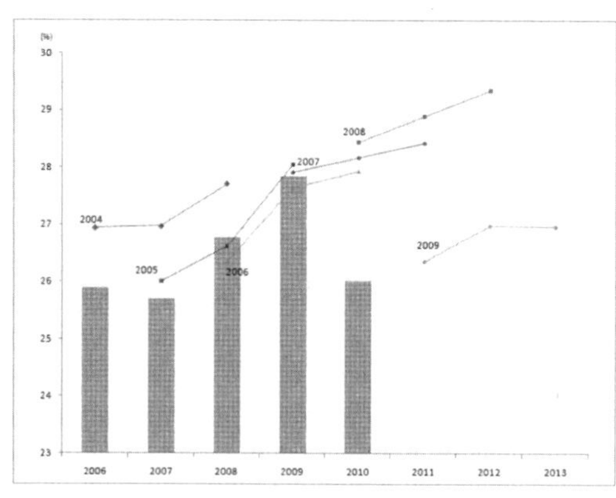

〈GDP 대비 규모의 변화〉

둘째, 총지출은 계획 간 비교 시 차이가 가장 작았던 것처럼 계획치

와 실적치를 비교해도 그 오차가 가장 작다. 그러나 『2007년 계획』의 2009년 계획치 1회를 제외하고는 모두 실적치가 계획치를 웃돌아 목표에 미달하였다. 이러한 현상은 대략 총수입의 실적치가 전망치를 밑도는 것과 반대되는 현상이다.

〈그림 3〉 국가재정운용계획상 총지출 전망치와 실적치의 비교

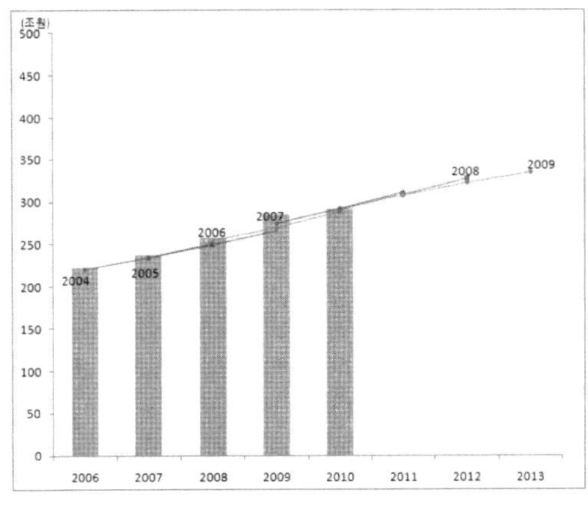

〈총지출 규모의 변화〉

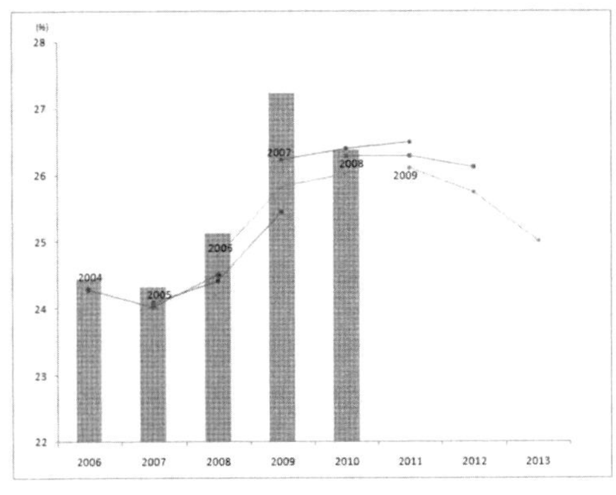

〈GDP 대비 규모의 변화〉

셋째, 재정수지의 경우 위에서 살펴봤듯이 총수입은 과대 전망되었

고, 총지출은 과소 계획되었기 때문에 재정수지의 전망치와 실적치의 격차는 총수입 및 총지출에서보다 더욱 크게 차이가 났다. 관리대상 수지의 경우 지금까지의 모든 국가재정운용계획에서 목표치보다 실제치가 더 나쁜 결과를 얻고 있는 것을 알 수 있다. 규모 면에서 최소 4.1조 원에서 최대 20조 원 이상 차이가 났다.

〈그림 4〉 국가재정운용계획상 관리대상수지 전망치와 실적치의 비교

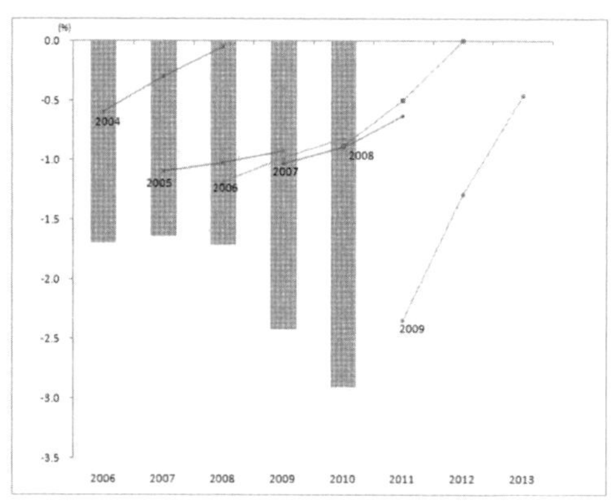

〈관리대상수지 규모의 변화〉

〈GDP 대비 규모의 변화〉

국가채무의 경우, 전체적으로 총수입 전망과 역의 방향으로 움직이는 모습을 나타내고 있다. 『2004년 계획』에서 국가채무 목표가 가장 낮았고, 이후 『2005년 계획』에서 국가채무의 GDP 대비 비율이 다소 높아진 것을 볼 수 있다. 『2008년 계획』에서는 이전보다 국가채무의 증가속도가 빨라지는 것을 알 수 있다. 『2009년 계획』에서는 국가채무의 수준이 크게 높아진 모습을 볼 수 있는데, 이는 2009년 글로벌 금융위기와 감세정책에 기인하여 총수입이 이전 계획에 비해 크게 떨어진 것과 대비된다.

〈그림 5〉 국가재정운용계획상 국가채무 전망과 실적치의 비교

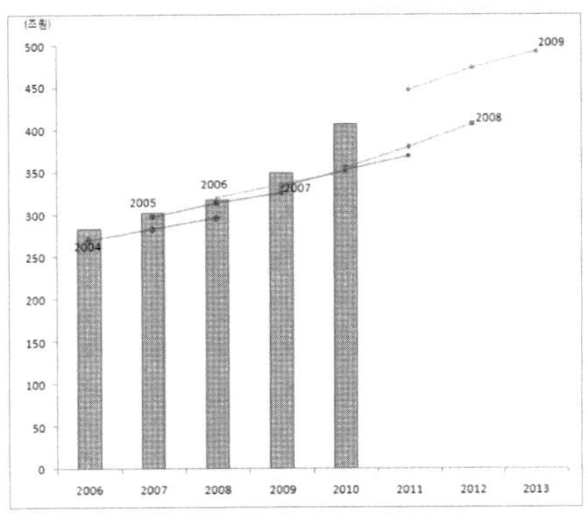

〈국가채무 규모의 변화〉

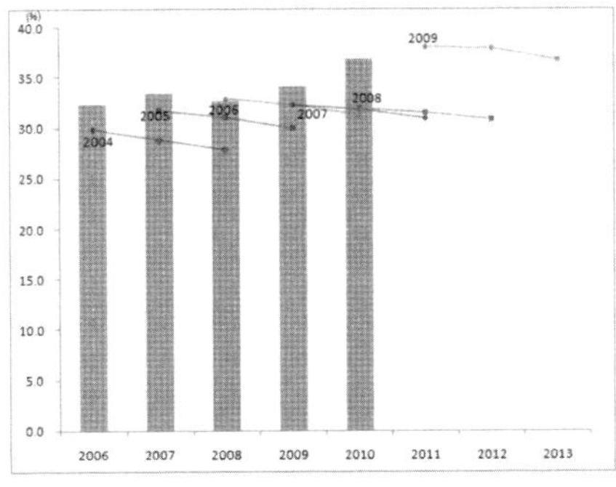

〈GDP 대비 규모의 변화〉

계획 대비 실적 달성의 문제에도 심각한 오류가 거의 매번 발생하였다. 총수입과 총지출, 재정수지와 국가채무의 네 가지 변수 총 48개 모집단 중, 단 5회를 제외하고는 모두 실적이 목표에 미달하였다. 전체 계획 중 89.6%가 목표에 미달한 것이다.

<표 5> 국가재정운용계획의 전망 및 목표달성 실적

(단위 : 횟수, %)

	총수입	총지출	관리대상수지	국가채무	합 계
목표달성	3	1	0	1	5
목표미달	9	11	12	11	43
달성비율 (%)	25.0	8.3	0.0	8.3	10.4

지금까지 살펴본 결과 국가재정운용계획에서 나타난 재정총량지표에 대한 목표변경의 특징은 다음과 같다. 첫째,『2004년 계획』과『2008년 계획』이 다른 해에 비하여 뚜렷하게 낙관적인 목표를 제시하고 있다. 이는 시행 초기 및 정권 초기에 정부의 적극적인 의지가 반영되었기 때문으로 보인다. 즉, 높은 경제성장과 지출축소 의지를 반영한 것이라 하겠다. 그러나 그 이후의 중기재정계획에서는 목표가 후퇴하는 모습을 뚜렷이 볼 수 있다. 둘째, 계획의 목표는 해가 갈수록 비관적으로 변하였다. 직전 연도에 세웠던 낙관적인 목표가 달성 가능하지 못하다는 점을 인식하고 목표를 낮게 수정해 온 것이다. 여섯 번의 국가재정운용계획 모두가 그 취지를 제대로 살리고 있지 못한 셈이다.

우호적으로 평가하는 경우, 국가재정운용계획은 정부 재정운용 통제의 역할을 하기보다는 결국 정부의 정책의지를 표출하는 역할에 그쳤음을 알 수 있다. 냉정하게 평가하면, 계획기간 전반에 장밋빛 전망을 제시함으로써 정권의 선전도구로 활용되었을 뿐이다. 하지만 더 큰 문제점은 계획기간 후반에 건전재정이 달성된다는 시나리오를 제시함으로써 계획 당해연도에 확장 예산안을 편성하더라도 나중에는 모든 것이 잘될 것이라는 완전히 잘못된 인상과 정보를 국회와 국민에게 제공하였다는 점이다.

위에서 제시한 중기재정운용계획의 잘못된 이용 행태는 자료가 참여정부에 국한되어 나타나 있기 때문에 외환위기 이후 중기재정전망의 일반적인 행태로 받아들일 수는 없다. 이전오 교수가 한국조세연구원(2010)에서 언급했듯이, 참여정부는 비판자들이 소위 '로드맵 정부'라고 비꼴 만큼 정치적 목적에 따라 비전 제시를 지나치게 강조한 정권이었기 때문에 나타난 행태일 수도 있다. 하지만 이명박정부는 집권 2년차에 접어들면서 원래의 보수적 지지자들에게서 단순히 중도실용과 대중영합적 경향에 집착하면서 보수적 가치와 비전을 전혀 제시하지 못하고 있다는 비판을 듣고 있다. 이는 외부환경이 우호적인 경우 재정건전성 측면에서 개선을 (수동적이나마) 가져올 수도 있다는 가능성과 함께, 만약 외부환경이 급격히 악화될 경우 엄청난 악화도 충분히 발생 가능하다고 할 수 있을 것이다.

한 가지 다행인 것은, 지난 4월 제289회 국회(임시회)에서 『국가재정법』이 개정됨으로써 중기재정운용계획에서 정부가 보여 온 무책임한 행태에 일정부분 제동이 걸릴 가능성이 커졌다는 점이다. 새롭게 개정된 『국가재정법』에서는 국가재정운용계획에 의무지출의 증가율 및 산출 내역과 재량지출의 증가율에 대한 분야별 전망과 근거 및 관리계획, 재정수입 증가율 및 근거, 통합재정수지, 국가채무의 증감 등에 대한 전망과 근거 및 관리계획을 포함하도록 하였으며(제7조 제2항 제4호의2·제4호의3·제4호의4·제6호, 제91조), 국가재정운용계획에 전년도에 수립한 국가재정운용계획의 평가분석보고서, 중장기 기금재정관리계획, 국가채무관리계획을 첨부하도록 하고 있다(안 제7조 제3항 신설). 또한 수정예산안 및 추가경정예산안을 제출할 때, 국가재정운용계획의 재정총량에 미치는 효과 및 관리방안을 국회에 보고

하도록 하는 한편(제7조 제7항 신설), 국가재정운용계획을 국회에 제출하기 전에 그 수립방향을 국회 소관 상임위원회에 보고하도록 하고 있다(제7조 제8항 신설). 그뿐만 아니라 매년 회계연도 개시 90일 전까지 국가보증채무관리계획, 공기업 · 준정부기관의 중장기 재무관리계획, 임대형 민자사업 정부지급금추계서를 국회에 제출하도록 함으로써(제9조의 2 신설) 입법부가 단년도 예산뿐만 아니라 중기재정에서도 통제력을 발휘할 수 있도록 하였다.

4. 비과세 · 감면의 끈질긴 생명력

여기에서는 1999년부터 2008년까지 『조세지출보고서』에 수록된 조세지출 항목들을 중심으로 지난 10여 년간 우리나라의 비과세 · 감면제도의 운용현황과 정비내역을 간략하게 제시하고 평가한다.[5]

"정책입안자들이 경제나 사회의 행태를 변화시키고자 결정할 때, 그들이 선택하는 정책도구는 대개 세법 조항이다."

위에서 인용한 C. Eugene Steuerle(2008)은 외환위기 이후 국민의 정부와 참여정부를 거쳐 실용주의를 표방한 이명박정부까지 포괄하는 지난 10여 년에 걸친 우리나라 비과세 · 감면제도의 추이와 현황을 고스란히 보여준다.

비과세 · 감면제도는 국가가 특정 정책목표를 달성하기 위하여 과세대상, 세율 등 세법상 일반원칙에서 벗어나는 특례규정의 형식으로 개인 또는 기업 등 납세자의 세부담을 줄여주는 것이다. 이를 세출예산에 대응하는 조세를 통한 보조금으로써 파악하여 조세지출(tax-

---

[5] 아래 내용의 상당 부분은 정지은(2009)을 요약 정리한 것이다.

expenditures)이라고도 한다.[6] 우리나라는 기획재정부가 1999년부터 조세지출 항목별로 전년도 감면금액의 실적과 당해연도 감면금액의 전망치를 담은『조세지출보고서』를 작성하여 매년 국회에 제출하고 있으며,[7] 올해 4월 제289회 국회(임시회)에서 개정된『국가재정법』에는 중기재정운용계획과 관련된 국회의 통제권 강화 조항들뿐만 아니라, 재정을 운용함에 있어 정부가 조세지출의 성과도 제고하도록(제16조 제3호) 명시하고 있다.

기획재정부는 2008년도 각종 비과세·감면으로 인한 조세지출(지방세부문을 제외한 국세감면 금액)을 총 29조 6,321억 원으로 추산하고 있다.[8] 이는 같은 기간 총 국세수입액 대비 15.1%, GDP대비 2.9%에 달하는 규모이다. 국세수입 대비 국세감면액 비율인 국세감면율은 1999년 이래 12% 중반수준을 유지하였으나 2003년 이후 상승하기 시작하여 2005년 13.6%를 정점으로 다시 하락하다가 2008년도 국세감면율이 15.1%로 급격히 증가하였다.

---

[6] 일반적으로 OECD 등 국제기구 및 각국에서는 조세체계를 통한 정부지출(government spending through the tax system)이라는 의미에서 '조세지출'이라는 용어가 널리 사용되고 있다. 본고에서는 '조세지출'을 '비과세·감면', '조세감면'과 용어의 구분 없이 혼용하여 사용하기로 한다.

[7] 우리나라에서는 조세지출을 OECD 기준에 맞춰 '조세의 정상적인 과세체계에서 벗어난 특례규정에 의하여 납세자의 세부담을 경감시킴으로써 발생하는 국가세입의 감소'로 정의하고 있다. 그리고 조세지출에의 해당 여부에 대하여는『조세특례제한법』상의 감면은 원칙적으로 조세지출로 분류하고, 개별세법상의 규정은 해당 세목의 특성을 중심으로 개별적·구체적으로 판단하였음을 밝히고 있다. 그러나 조세지출의 포괄범위에 대한 개별적·구체적인 판단근거를 충분히 밝히지는 않고 있다.『조세지출보고서』에서는 조세지출의 구체적인 적용범위에 관하여 몇 가지 예를 들고 있을 뿐인데, 소득세액 계산시 적용되는 기초공제, 배우자 공제, 부양가족 공제는 소득세 과세체계상 정상적인 필요경비에 해당하므로 조세지출에서 제외하였음을 밝히고 있다. 그리고 미가공식료품, 수돗물, 의료보건 및 여객운송용역 등에 대한 부가가치세 면제도 기초생활 필수품 성격인 점, 수혜계층의 특정성이 없는 점, 폐지가 곤란한 점 및 외국의 사례 등을 고려하여 조세지출에서 제외하였음을 밝히고 있다.

[8] 기획재정부,『2008년도 조세지출보고서』.

<그림 6> 연도별 조세감면 추이

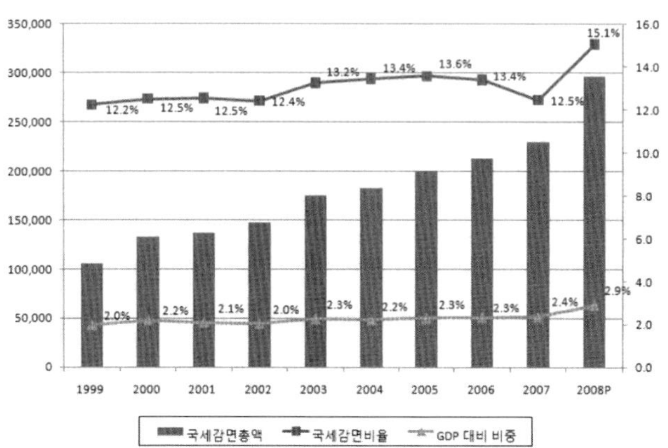

아래의 <표 6>과 <그림 7>에서 볼 수 있듯이, 2000년 이후 조세지출 보고서에 수록된 연도별 조세감면 항목 수 추이를 보면, 2000년 230개 항목에서 2001년 273개 항목으로 43개 항목이 증가한 이후 2004년 220개 항목으로 꾸준히 감소추세를 보이다 2006년 230개 항목으로 소폭 증가하였으나, 2007년 219개, 2008년에 189개로 조세감면 항목 수가 매우 감소하는 모습을 보여주고 있다.

<표 6> 연도별 조세감면 항목 수 추이

(단위 : 개)

	2000	2001	2002	2003	2004	2005	2006	2007	2008
총 항목수	230	273	269	254	220	226	230	219	189
감소	−	4	13	26	38	7	5	38	44
증가	−	47	9	11	4	13	9	27	14

주 : 1. 2001년부터 조세지출보고서에 관세감면 항목이 포함됨에 따라 관세 관련 15개 항목이 추가, 직·간접세 항목은 32개 항목이 추가.
2. 2007년의 경우 특소세(개소세)·교통세 항목을 부가가치세 항목과 통합시키고, 정부부처의 거래 및 공공성이 강한 사업의 거래에 대한 조세지출은 누락시키는 등의 변화가 발생.
3. 2008년의 경우도 조세지출 항목 간 통합이 발생.
자료 : 박명호·전병힐(2009) 재인용.

  그러나 2001년도 273개에 이르는 조세감면 항목 수가 2008년에 2001년 대비 30.8% 감소한 189개로 줄어든 것이 조세감면 항목에 대한 정비 결과라고 보기는 어렵다. 2000년 이후 조세지출보고서 상의 조세감면 항목 수 변동추이는 조세감면 항목의 신설 또는 폐지(일몰종료)와 같이 비과세·감면제도의 실질적인 변화를 반영하는 것도 있지만, 상당 수 항목들이 기존 항목들을 통합하거나, 폐지되지 않은 기존 항목을 삭제 또는 기존에 감면되던 항목을 사후적으로 추가함으로써 발생한 것이기 때문이다.

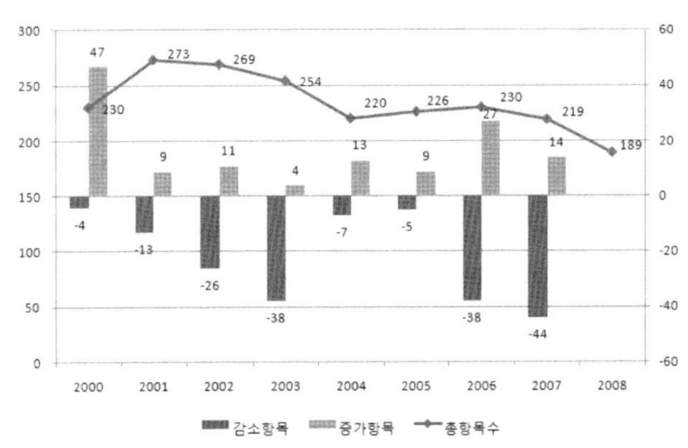

〈그림 7〉 연도별 조세감면 항목수 추이

  특히 항목 수 변동이 크게 나타난 2007년과 2008년의 경우, 2007년도 65개 변동항목(감소 38개, 증가 27개) 중 46개(감소 29개, 증가 17개) 항목이, 2008년도 58개 변동항목(감소 44개, 증가 14개) 중 28개(감소 26개, 증가 2개) 항목이 조세감면제도의 신설 또는 폐지(일몰종료)와 관계없이 기존항목의 통합 또는 임의삭제, 기존 감면항목의 사후추가 등에 따른 것으로 분석된다. 예를 들어, '투자회사 배당에 대한 과세특례' 등 2009년 현재 폐지(일몰종료)되지 않고 존속하는 32개 조세감면 항목이 구체적인 근거가 제시되지 않고 2007 · 2008년 조세지출보고서부터 삭제되었다. 그리고 '장기주택마련저축에 대한 이자소득 비과세' 등 23개 항목이 유사항목 간의 통합으로 인해 12개 항목으로 줄어들었다.

무엇을 조세지출로 볼 것인가에 관하여는 각국의 조세체계와 그 발전과정이 상이한 만큼 국가 간에 합의된 원칙과 기준이 존재하지 않으며, 개별국가가 처한 조세체계의 특수성을 충분히 고려하여 결정되어야 할 것이다. 그러므로 조세지출에 대한 기준의 변경에 따라 일부 조세지출보고서에 수록된 조세감면 항목의 변경이 불가피한 측면도 있다. 그러나 조세지출 항목의 임의적인 변경은 국세감면금액 등 조세지출에 관한 정보의 연속성과 일관성을 저해할 수 있으므로 각별한 주의가 필요한 것으로 보인다. 타당한 사유 없이 이미 감면되고 있는 항목을 사후적으로 추가할 경우 과거의 감면실적이 실제보다 과소 보고되며, 존속하는 항목을 임의로 삭제할 경우 현재 및 미래의 조세감면규모가 축소되는 문제가 발생하기 때문이다.

2008년도『조세지출보고서』의 조세지출 항목은 총 189개 항목이다. 조세지출금액에 대한 2008년도 전망액을 기준으로 조세지원 금액이 많은 상위 20개 항목을 보면, '근로자에 대한 유가환급금'이 2조 6,300억 원, '임시투자세액공제' 2조 1,035억 원, '보험료에 대한 근로소득 특별공제' 1조 9,747억 원, '농 · 어업용 석유류에 대한 간접세 면제' 1조 7,388억 원의 순을 보여주고 있다. 감면금액이 많은 상위 20개 항목의 2008년도 총 감면액은 23조 1,907억 원으로, 이는 2008년도 총 조세감면 규모(29조 6,321억 원)의 78.3%에 해당하는 금액이다.

아래의 〈그림 8〉은 1999~2008년 기간 중 조세감면금액이 많은 주요 조세지출 항목들의 조세감면액 추이와 국세감면액 및 국세감면액 대비 비중 추이를 보여주고 있다. 우선 조세감면액 상위 10개 항목의 증감 추이를 보면, 1999년 4조 1,733억 원으로 총 국세감면액 대비 비중이 49.3%를 차지하며, 국세감면액에서 주요 조세감면 항목이 차지하는 비중은 2001년과 2008년을 제외하면 매년 꾸준히 증가하여 2007년과 2008년 각각 56.3%와 54.2%의 비중을 보이고 있음을 확인할 수 있다. 조세감면액 상위 20개 항목도 1999년 총 7조 1,178억 원으로 국세감면액 대비 67.5%에서 꾸준히 증가하여 2007년 이후 총 국세감면액에서 차지하는 비중이 78.4%에 이르고 있다.

〈그림 8〉 주요 조세감면 항목의 연도별 감면액 추이

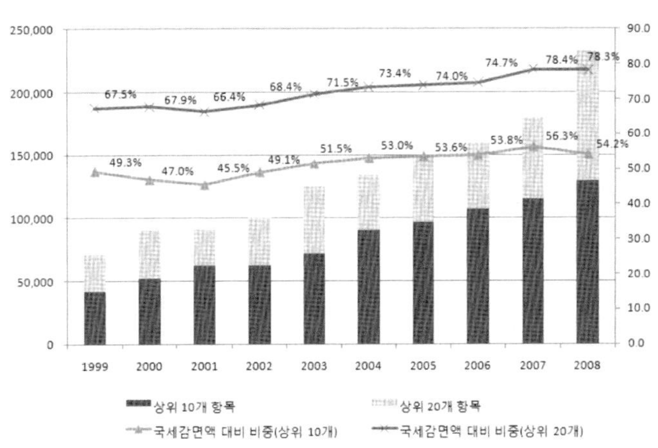

한편, 아래 〈표 7〉에서 주요 조세지출 항목과 총 국세감면액의 연평균 증가율을 보면, 기준 시점을 달리하는 경우에도 상위 10개 항목과 상위 20개 항목의 조세감면금액 증가율이 같은 기간에 국세감면액 증가율보다 일관되게 높은 추이를 보이고 있다. 주요 조세지출 항목이 총 국세감면액에서 차지하는 비중이 상당히 크다는 점을 함께 고려할 때, 지난 10여 년 동안 전체 조세지출 항목 중 감면금액이 많은 주요 조세지출 항목의 증가추세가 국세감면액의 증가추세에 주요한 영향을 미친 것으로 보인다.

<표 7> 주요 조세지출 항목 및 총 국세감면액의 연평균증가율

(단위 : %)

연평균 증가율	1999 ~2008	2000 ~2008	1999 ~2007	2000 ~2007	1999 ~2006	2000 ~2006
상위 10개 항목	13.4	12.1	13.5	12.0	14.4	12.8
상위 20개 항목	14.0	12.5	12.3	10.4	12.2	10.0
총 국세감면액	12.2	10.6	10.2	8.1	10.6	8.2

비과세감면제도는 정책대상 집단에 세제혜택을 부여함으로써 정부의 정책목적을 달성하는 유인 기제로 기능하기도 한다. 그러나 세부담의 불평등, 과세기반의 약화, 조세체계의 복잡성 증대, 시장기능의 저해 등 그 부정적 효과도 무시할 수 없을 정도로 크다. 더욱이 정책대상에 대한 예산의 직접지출은 그 규모가 투명하게 드러나는 데 비해서, 조세감면을 통한 간접지원은 숨은 보조금으로 그 운용이 방만해짐으로써 비효율을 가져올 가능성이 크다. 특히 특정집단에 혜택이 집중되는 조세감면 제도는 한번 설치되면 다시 없애기가 매우 어렵다. 현행 『국가재정법』에서 '국세감면율한도제(제88조)'나 '조세지출예산제도(제27조, 2011회계연도부터 시행)'를 도입한 것도 방만해지기 쉬운 조세감면에 대한 총량관리를 강화하는 한편, 조세감면내역을 대외에 공개함으로써 재정운용의 투명성을 제고하고, 이를 예산 심사과정에서 세출예산과 연계하여 재원배분의 효율성을 제고하기 위한 것이다.

앞에서 언급한 바와 같이 조세지출보고서 상의 조세감면 항목수의 변동현황은 조세감면제도의 신설 또는 폐지 등 실질적인 변화를 충분히 반영하지 않고 있다. 그래서 본고에서는 1999년(1998년 실적)부터 2008년 기간 동안 조세지출보고서에 수록된 조세감면 항목 중 같은 기간에 신설되었거나 폐지 또는 일몰 종료된 항목들을 조사하여 해당 항목들의 연평균 감면금액과 조세지원분야에 관한 사항을 정리하였다.

우선 1999년부터 2008년의 기간에 조세지출보고서에 수록된 바 있는 조세감면 항목은 총 367개이며, 같은 기간에 신설항목은 160개, 폐지 또는 일몰종료된 항목은 143개로 집계되었다.9) 아래의 〈표 8〉에서 조세감면항목의 조세감면금액 현황을 보면, 전체 항목(367개) 중 89.6%에 해당하는 329개 항목에 대하여 감면금액이 추계되었으며, 160개 신설 항목의 경우 전체의 83.8%에 해당하는 134개 항목이, 146개 폐지항목의 경우 전체의 92.5%에 달하는 132개 항목에 대한 감면금액이 추계되었음을 확인할 수 있다.

〈표 8〉 감면규모별 조세감면 항목 신설·폐지 현황(1998~2008)

(단위 : 개, %)

연평균 감면액	전체 항목			신설 항목			폐지(일몰종료) 항목		
	항목수	비율 (추계항목)	비율 (총항목)	항목수	비율 (추계항목)	비율 (총항목)	항목수	비율 (추계항목)	비율 (총항목)
1억 미만	71	21.6	19.3	47	35.1	29.4	31	23.0	21.7
10억 미만	47	14.3	12.8	19	14.2	11.9	22	16.3	15.1
100억 미만	77	23.4	21.0	34	25.4	21.3	43	319	39.5
1,000억 미만	91	27.7	24.8	25	18.7	15.6	29	21.5	19.9
5,000억 미만	31	9.4	8.4	6	4.5	3.8	7	5.2	4.8
1조 미만	8	2.4	2.2	2	1.5	1.3	2	1.5	1.4
1조 이상	4	1.2	1.1	1	0.7	0.6	1	0.7	0.7
소계(추계항목)	329	100.0	89.6	134	100.0	83.8	132	100.0	92.5
추정곤란	32	－	8.7	24	－	15.0	10	－	6.8
정보없음	6	－	1.6	2	－	1.3	1	－	0.7
합계(총항목)	367	－	100.0	160	－	100.0	146	－	100.0

주 : 1. 조사항목은 1999~2008년 조세지출보고서에 수록된 항목이므로, 2008년 말 이후 신설 되는 등의 이유로 조세지출보고서에 수록되지 않은 항목은 조사대상에서 제외
2. 연평균감면액은 조세감면항목별로 보고서에 수록된 연도별 조세감면액을 더한 값을 보고서 기재횟수로 나누어 산출

---

9) 1999년 이후 『조세지출보고서』에 수록된 조세지출 항목 중 일부는 명칭이나 분류기준이 변경되거나 유사항목 간의 통합이 이루어지는 등의 변화가 있었다. 이 경우 개별 항목별 정보의 연속성과 일관성을 유지한다는 원칙하에 동일한 기준을 설정하여 조세감면 항목을 추출하였음을 밝혀둔다.

전체항목(367개)의 연평균 감면액 현황을 보면, 10억 원 미만 항목이 195개로 전체 추계항목의 35.9%, 100억 원 미만이 118개로 전체의 59.3%에 달하여 전반적으로 감면규모가 크지 않은 항목들의 비중이 높은 구조를 보여주고 있다. 반면 감면규모 1,000억 원 이상의 항목은 43개로 전체 추계항목의 13.0%, 5,000억 원 이상 항목은 12개로 전체의 3.6%의 비중을 차지하고 있다.

1998년부터 2008년 기간 중 신설된 160개 항목과 폐지된 146개 항목의 연평균 감면액은 10억 원 미만이 각각 66개, 53개로 전체 추계항목의 49.3%, 40.2%를 차지하며, 100억 원 미만 항목이 각각 100개, 96개로 전체의 74.7%, 72.8%에 달하여 감면규모가 크지 않은 항목들의 비중이 전체 항목(367개)의 감면액 분포보다 더욱 높다는 것을 확인할 수 있다. 신설항목과 폐지항목 중 감면금액 1,000억 원 이상의 항목은 각각 9개, 10개로 전체 추계항목의 6.7% 및 7.4%, 5,000억 원 이상 항목은 각각 동일하게 3개로 전체의 3.6%의 비중을 차지하고 있다.

〈표 9〉 전체항목과 신설 · 폐지항목의 연평균감면액 비교

(단위 : 개, %)

연평균 감면액		전체항목		신설항목		폐지(일몰종료)항목	
		항목수	비중	항목수	비중	항목수	비중
하위구간	10억 미만	118	35.9	66	49.3	53	40.2
	100억 미만	195	59.3	100	74.7	96	72.8
상위구간	1,000억 이상	43	13.0	9	6.7	10	7.4
	5,000억 이상	12	3.6	3	2.2	3	2.2

주 : 구간별 항목수 비중은 추계항목 기준

이와 같이 1998년부터 2008년 기간 중 신설 또는 폐지(일몰종료)된 항목들은 1998년 이전부터 2009.11월 현재 존속하는 비과세 · 감면 항목들에 비하여 연평균 감면금액이 상대적으로 낮은 항목들을 중심으로 신설되거나 폐지된 것으로 분석된다. 또한 신설된 160개 항목 중

전체항목의 42.5%에 해당하는 68개 항목이 같은 기간에 폐지된 것으로 조사되었다. 이는 한 번 신설된 비과세 · 감면 항목들은 잘 폐지되지 않는다는 일반적인 통념과 달리 1998년 이후 신설된 항목들의 경우 비교적 원활하게 폐지(일몰종료)가 이루어진 것으로 보인다. 그러나 폐지항목들의 감면규모가 크지 않아 조세감면 항목의 정비로 인한 세입기반의 확대 및 재정건전성에 미치는 긍정적인 효과는 그리 크지 않은 것으로 보인다.

정비된 조세감면 항목의 질적인 내용이나 국세감면액의 증가추세 등을 종합적으로 고려해 볼 때 지난 10여 년간의 비과세 · 감면 항목에 대한 정비는 전반적으로 미흡한 수준으로 평가된다. 우선 조사대상 기간에 146개의 항목이 일몰 종료되거나 폐지되었지만, 같은 기간 160개 항목에 이르는 비과세 · 감면제도가 신규로 도입되었다.[10] 또한 폐지 또는 일몰 종료된 항목들의 상당수가 연평균 감면금액이 작은 항목들로 이루어져 해당 항목들의 정비를 통해 과세 형평성의 제고, 세입기반의 확충, 조세체계의 간소화 등의 기대효과는 그리 크지 않은 것으로 보인다.

조세감면 정비의 실효성 문제는 지난 10여 년간 신설 · 폐지 항목 중 감면금액이 많은 항목들의 세부정보를 통해서도 확인할 수 있다. 아래 표 중 연평균 감면 금액 1천억 원 이상인 10개 항목을 보면, 감면이 폐지되거나 축소되어 실질적인 정비 효과가 있었던 항목은 '기술이전소득에 대한 세액감면'이나 '가계장기저축에 대한 비과세' 등 저축지원 항목 등 일부 항목에 국한되는 것으로 파악된다.

---

[10] 다만, 위에서 언급한 대로 신설된 160개 항목 중 전체항목의 42.5%에 해당하는 68개 항목이 같은 기간에 폐지된 것으로 조사되었다.

〈표 10〉 연평균 감면금액 천억 원 이상 신설·폐지 항목 내역(1998~2008)

(단위 : 억 원)

	항목명	신설/폐지연도	연평균감면금액	지원분야	비고
신설항목	세금우대종합저축에 대한 원천징수특례	2001	2,558	저축지원	–
	신용카드등 사용금액에 대한 소득공제	2000	8,158	근로자지원	–
	근로자에 대한 유가환급금 지원	2008	26,300	근로자지원	폐지(한시적용)
	자영업자에 대한 유가환급금 지원	2008	8,600	중소기업등 지원	폐지(한시적용)
	경화물차에 대한 유류세 환급 특례	2008	2,600	중소기업등 지원	폐지(한시적용)
	연구 및 인력개발준비금의 손금산입	2008	1,024	연구·인력개발 지원	2006폐지, 2008년 말 재신설
	SOC시설로 제공한 용역등에 대한 부가가치세 영세율	2000	1,029.5	공공투자	2000년 이전 부가가치세 면제
	법인의 재무구조개선지원 등을 위한 특별부가세의 감면 등	1998	1,911	금융산업 및 구조조정	2001년 일몰종료
	자녀양육비에 대한 추가 소득공제	2002	1,162	사회보장	–
폐지·일몰종료항목	개인연금저축에 대한 비과세	2000	1,179	저축지원	연금과세 체계개편
	가계장기저축에 대한 비과세	1998	2,035	저축지원	세금우대 저축으로 통합
	소액가계저축에 대한 원천징수특례	2000	6,717	저축지원	세금우대 저축으로 통합
	근로자에 대한 유가환급금 지원	2008	26,300	근로자지원	폐지(한시적용)
	자영업자에 대한 유가환급금 지원	2008	8,600	중소기업등 지원	폐지(한시적용)
	경화물차에 대한 유류세 환급 특례	2008	2600	중소기업등 지원	폐지(한시적용)
	연구 및 인력개발준비금의 손금산입	2006	1,024	연구·인력개발 지원	2006년 말 일몰종료 2008년 말 재신설
	기술이전소득등에 대한 세액감면	2005	1,160	연구·인력개발 지원	–

기관투자자가 주권상장법인 및 협회등록법인으로부터 받는 배당소득 익금불산입	2006	1,779	금융산업 및 구조조정	—
법인의 재무구조개선지원 등을 위한 특별부가세의 감면 등	2001	1,911	금융산업 및 구조조정	법인에 대한 양도소득 특별부가세폐지

지금까지 조세지출보고서를 작성하기 시작한 1999년부터 2008년까지 조세감면제도의 운용현황을 살펴보았다. 이를 통해 지난 10여 년 간 조세감면제도 운용에 관한 주요한 특징은 다음과 같이 정리해 볼 수 있다.

첫째, 1999~2008년까지 총 국세감면액의 증가율(12.2%)은 같은 기간에 총 국세수입액의 증가율(9.2%)을 웃돌고 있다.

둘째, 2000년 이후 조세지출보고서에 수록된 연도별 조세감면 항목 수 추이를 보면, 2001년도 273개에 이르던 조세감면 항목 수가 거의 매년 꾸준히 감소하다 2007년 219개, 2008년에 189개로 조세감면 항목 수가 매우 감소하는 모습을 보여주고 있다. 2000년 이후 조세감면 항목 수 변동추이는 조세감면 항목의 신설 또는 폐지(일몰종료)와 같이 비과세 · 감면제도의 실질적인 변화를 반영하는 것도 있지만, 상당수 항목이 기존 항목 간의 통합, 폐지되지 않은 기존 항목의 삭제 또는 기존에 감면되던 항목의 사후적인 추가 등 조세지출에 대한 범위와 분류 등 관련 기준의 변화에 따른 것으로 분석된다.

셋째, 지난 10년 동안의 조세감면 항목의 신설 · 폐지 현황을 살펴본 결과 1999~2008년의 기간에 조세지출보고서에 수록된 총 367개 항목 중 39.7%에 이르는 146개 항목이 폐지되거나 일몰종료된 것으로 나타나 항목수의 측면에서 조세감면 항목에 대한 정비가 어느 정도 이루어진 것처럼 보인다. 그러나 정비된 조세감면 항목의 질적인 내용이나 국세감면액의 증가 추이 등을 종합적으로 고려해 볼 때 지난

10여 년간의 비과세·감면 항목에 대하여 합리적인 정비는 미흡한 수준인 것으로 여겨진다. 우선 조사대상 기간에 146개의 항목이 일몰 종료되거나 폐지되었지만, 같은 기간에 160개 항목에 이르는 비과세·감면제도가 새롭게 신설되었다.[11] 또한, 폐지 또는 일몰 종료된 항목들의 상당수가 연평균 감면금액이 작은 항목들을 중심으로 이루어져 해당 항목들의 정비를 통해 과세형평성의 제고, 세입기반의 확충, 조세체계의 간소화 등의 기대효과가 그리 크지 않은 것으로 평가되기 때문이다.

5. 맺음말

외환위기 이후 우리나라는 신자유주의 이데올로기가 경제부문을 뛰어넘어 사회에 각 분야에 미시적인 수준까지 침투해 들어갔다. 하지만 이에 대응할 만한 이론적·실천적 수단은 여전히 충분치 않은 상황이다. 그런 상황에서 재정부문은 두 차례에 걸친 외부충격을 감내하느라 상당히 약화된 모습이다.

이렇게 결코 우호적이지 않은 상황에서 조세·재정분야에 내재한 이중의 제약은 향후 우리 경제의 보루로 기능해야 할 재정을 더욱 어려운 상황으로 내몰고 있다. 지출에 대한 우리 경제의 수요는 구조적으로 계속 늘어날 것이고, 이를 통제할 만한 수단은 미약하다. 정부의 지출활동은 세수입의 확보나 적자재정을 통해서만 가능하지만 지속가능성 측면에서 영구적인 적자재정은 폰지게임(Ponzi Game)으로 불가능하기 때문에, 재정활동은 조세수입의 적절한 확보가 관건이 된

---

[11] 다만 위에서 언급한 대로 신설된 106개 항목 중 전체항목의 42.5%에 해당하는 68개 항목이 같은 기간 중에 폐지된 것으로 조사되었다.

다. 그러나 조세·재정정책의 궁극적 성과는 효율성·형평성·간편성·성장잠재력확충·경기안정화 등과 같은 다양한 층위에서 작용하는 주요 조세원칙들(tax principles)에 의해서 재단되므로 이를 한꺼번에 만족시키는 조세·재정정책수단들을 조화롭게 기획·실행하는 것은 현실적으로 불가능해진다. 그러므로 이러한 복잡한 상충관계(trade-off)는 주어진 재정환경에 비추어 끊임없이 조정될 수밖에 없다.

특정 정책목표를 달성하기 위한 노력은 조세원칙 간의 내적 충돌을 야기한다. 만약 이러한 충돌이 심화되는 경우, 조세·재정정책은 가장 근본적인 본연의 기능을 최우선시하게 되는데 바로 그것이 세수확보이다. 그 과정에서 실효성 있는 국가 차원에서의 거버넌스에 대한 시도는 전문관료집단을 매개로 하는 대의민주주의 사회의 속성상 재정환경의 현상과 전망에 대한 편의(biases)를 초래하며, 다양한 이익집단의 경쟁과 복잡다단한 공공의사결정과정을 거치면서 각종 비과세·감면제도의 증가로 드러난다. 하지만 지나친 지대추구행위 및 왜곡된 거버넌스의 부과는 조세·재정정책상의 조정(coordination)을 어렵게 만들고, 그 과정에서 세수손실이 불가피해지는 결과를 초래한다. 이는 재정상의 위기로 인식되며, 다시 한 번 정부는 최소한도의 지속가능성을 담보하기 위한 세수확보에 천착하게 되는 것이다.

여기에 기획과 집행의 주체인 정부가 주인-대리인 문제에서 비롯된 유인체계의 왜곡으로 재정상황을 더욱 악화시킬 가능성이 대두된다. 대의민주주의와 단임제 대통령제의 약점이 결합하면서 선출직 정부의 대표는 자신만의 또는 소수 이익집단, 계층, 계급의 후생을 국민의 후생으로 내세우며 완전히 동떨어진 의제를 밀어붙인다. 무리한 의제를 실현하기 위해 필요한 최소한도의 지지도를 얻는 방편으로 대중영합적인 감세정책이 남발하고, 미시적인 사회정책을 조세재정 정책도구를 이용하여 진전시킨다. 지대추구는 눈에 잘 띄지 않는 조세지출의 형식으로 전환되고, 서민과 중산층이 누리는 실질적인 세부담의 경감 폭은 무시할 만큼 작다. 악화되는 재정환경과 재정건전성의 문제는 교묘한 국가회계를 통해 가려진다. 재정의 체질을 개선하는 데에는 최소한 수년이 걸리기 마련인데, 선전도구로 전락한 중기재정 운용계획은 매해 불필요한 장식으로만 기능한다.

물론 이러한 악순환이 계속될 수는 없다. 재정 여력이 한계에 도달하게 되면 번바움·머레이(Birnbaum and Murray, 1987)가 기록했던 것처럼 믿을 수 없는 개혁의 바람이 불어오는 일도 가능하기 때문이다. 하지만 위기를 간신히 넘긴 개혁은 패타슈닉(Patashnik, 2008)이 보여주었듯이 다양한 방향에서 정책역전(policy reversal)이 발생할 가능성도 크다. 재정의 성격상 입법, 예산, 조직과 같은 제도적인 면과의 관련성이 여타 경제 분야에 비해서 상대적으로 높은 편이기 때문이다. 역사상 가장 성공적인 조세개혁으로 평가되는『1986년 미국재정개혁법(TRA86)』이 불과 수년 만에 수포로 돌아가고 지금껏 이를 재현해 내려는 많은 시도가 무위로 돌아간 점을 생각하면 재정분야에서의 개혁이 제기하는 어려움을 짐작할 수 있다.

또한 정책당국이 애당초 실천에 옮길 의사가 없는 상황에서 대통령세제개혁자문위원회(President's Advisory Panel, 2006)가 체험했던 것처럼 개혁에 대한 논의 자체가 탁상공론으로 그칠 가능성도 상존한다. 바로 그때 위기가 닥치게 되고, 재정은 지금껏 그래 왔던 것처럼 더 이상은 위기에 대한 최후의 보루로 기능하지 못하게 된다. 이러한 비관적인 시나리오가 정권이 바뀌면 사라지는 성질의 것이라면 문제는 그리 심각하지 않을 수도 있다. 하지만 재정분야에 있어서는 보수와 진보에 대한 구분은 궁극적으로 거의 의미가 없다.

본고는 세입과 세출에서 빚어지는 정책적 딜레마가 이원적인 작동원리로 나타나게 마련이며, 이러한 작동원리를 기저에서 통제하는 가장 중요한 고려사항은 조세재정 활동의 기본인 세수확보에서 찾을 수 있다는 점을 거칠게나마 지적하고 있다. 부풀어 오른 풍선의 한 곳을 누르면 다른 곳이 팽창하듯이, 재정분야에서는 여야가 따로 없고, 당정의 구분이 모호하며, 이념이 결과를 추동하지 못한다. 모든 것은 다른 모든 것과 관련되어 있고, 그로 인하여 부분균형적인 접근은 문제의 본질적인 해결에 전혀 도움이 되지 않는다.

그러므로 본고에서 다룬 주제를 좀 더 엄밀하게 분석하기 위해서는 일반균형적인 분석에 정치경제학적 접근법의 접목이 필수적이라고 판단된다. 실증적인 증거는 정책결정과정 및 공공의사결정과정이 민간 경제주체들의 의사결정과 만나는 공간에서 추출된 미시적 자료에 대한 분석을 통해서만 가능할 것이다.

▣ 참고문헌

고영선, 2008 『한국경제의 성장과 정부의 역할 : 과거, 현재, 미래』, 연구보고서 2008−01, 한국개발연구원.

국회예산정책처, 2009 『2009년 세제개편안 분석』.

기획재정부(재정경제부), 『조세지출보고서』, 각 연도.

______, 『세제개편(안)』, 각 연도.

김유찬·김진수, 2009 「기업의 투자활성화를 위해서는 법인세율의 인하는 필요한가?」『세무학연구』제20집 제3호.

나아정·박승준, 2009 『국가재정운용계획의 평가 및 과제』, 경제현안분석 제49호, 국회예산정책처.

성명재·박상원, 2008 『물가연동세제의 도입 연구』, 연구보고서 08−02, 한국조세연구원.

송원근, 2010 『대중영합주의의 경제정책에 대한 영향 분석』, 한국경제연구원.

신영임·이영환, 2010 『경제위기와 각국의 조세정책 동향 및 시사점』, 경제현안분석 제51호, 국회예산정책처.

안종범 · 임병인, 2002 「물가상승을 고려한 소득세누진도의 측정과 세제개편의 평가」 『재정논집』 제16집 제2호, 한국재정 · 공공경제학회(현 한국재정학회).

오원선 · 유성용 · 김진환, 2003 「법인세율 및 자본비용의 변화가 기업규모별 자본투자에 미치는 영향」 『중소기업연구』 25(2).

이계원, 2006 『감세정책으로 인한 기업의 조세부담 완화효과에 관한 연구』, 국회예산결산특별위원회 연구용역보고서.

전승훈, 2007 『물가상승에 의한 소득세부담 증가 완화를 위한 정책대안－소득세 물가연동제에 대한 검토』, 경제현안분석 제13호, 국회예산정책처.

정지은, 2009 『비과세 · 감면항목 운용현황 및 개선과제』, 경제현안분석 제44호, 국회예산정책처.

한국조세연구원, 2001 『중장기 세제개편 운용방향 및 추진방안 연구』, 재정경제부 연구용역 최종보고서.

______, 2010 「이명박정부 2년의 조세정책 성과와 향후 과제」, 한국조세연구원 정책토론회 자료.

Birnbaum, Jeffrey H, and Murray, Alan S., 1987 *Showdown at Gucci Gulch : Lawmakers, Lobbyists, and the Unlikely Triumph of Tax Reform*, New York : Random House.

Niskanen, William A, 1971 *Bureaucracy and Representative Government*, New York : Aldine Atherton.

______, 1996 "Limiting Government : The Failure of Starve the Beast." *Cato Journal* 26(3).

Olson, Mancur, 1965 *The Logic of Collective Action : Public Goods and the Theory of Groups,* Cambridge : Harvard University Press.

Patashnik, Eric M, 2008 *Reforms at Risk : What Happens After Major Policy Changes Are Enacted,* Princeton : Princeton University Press.

President's Advisory Panel on Federal Tax Reform, 2005 "Simple, Fair, and Pro－Growth : Proposals to Fix America's Tax System." Report of the President's Advisory Panel on Federal Tax Reform. Available from http : //govinfo.library.unt.edu/taxreformpanel/final－report/index.html.

Steuerle, C. Eugene, 2002 "Tax Policy from 1990 to 2001." In Jeffrey Frenkel and Peter Orszag, eds., *American Economic Policy in the 1990s,* Cambridge, MA : The MIT Press.

______, 2008 *Contemporary U.S. Tax Policy, Second Edition,* Washington, DC : The Urban Institute Press.

제3장 신자유주의 시기
한국의 노동 유연화와 사회복지체제의 특징

제갈현숙

1. 서론

한국의 국가복지체제는 1997년 경제위기를 계기로 성립되었다. 같은 시기 대부분 서구 복지국가는 1980년대부터 진행됐던 신자유주의적 복지국가의 개혁으로 국가복지비용의 축소, 소득중심적인 고전적 복지체제 해체, 노동연계복지의 강화, 국가의 공적 기능축소와 더불어 개인 및 시장의 책임 강화 등의 현상이 공통으로 나타났다. 이러한 시기에 국가의 복지비용을 증대시키고, 소득보장체계를 정비한 한국 복지체제에 대한 성격분석은 다양한 논란을 일으켰다. 이 글에서는 신자유주의 시기 성립된 한국의 사회복지체제를 노동정책의 변화와 함께 분석함으로써 복지체제 도입기부터 신자유주의적 성격에서 자유로울 수 없다는 가설로부터 출발한다.

생산적 복지체제에 대한 성격논쟁에서 '자유주의 유형론'(조영훈, 2002), '보수주의 유형론'(남찬섭, 2002), '혼합형론'(김연명, 2002)과 같은 다양한 분석이 제안되었다. 그러나 생산적 복지체제로 신자유주의 구조조정으로 발생한 경제 및 사회적 불평등은 해소되지 않았다. 오히려 같은 시기에 노동시장의 유연화 정책으로 비정규직은 급증하였고, 이로 인해 시장임금의 심각한 차이가 발생하였다. 문제는 시장임금의 차이가 사회임금으로 보완될 수 있을 국가 복지체제가 성립되지 못했다는 점이다.

사회보장의 제도적 측면에서는 보편적 소득보장 형태를 취하고 있지만, 1997년 경제 위기 이후 발생한 실업자, 취업 취약계층, 불안정한 노동층 등을 포괄하는 공공부조와 사회보험제도는 사실상 매우 제한적이었고, 이로 인해 실업자, 비정규직 노동자, 소득이 낮은 자영업자가 대표적인 사회보장 사각지대에 놓이게 된다. 이러한 변화에서 정권은 계속 바뀌었지만 국가는 신자유주의적 경제 및 사회정책을 유지시켰고, 1997년도 이전과 다른 잔여적 속성의 사회복지 성격이 나타났다. 즉 1997년 이전의 한국 사회복지의 잔여적 성격은 복지의 비제도화와 국가의 사회적 기능 축소로부터 기인하였다. 그러나 1997년 이후 달라진 잔여적 성격은 사회복지의 제도적인 팽창에도 불구하고 사회보장체계의 수혜를 받지 못하는 계층의 급증과 이들에 대한 매우 소극적인 국가 개입의 성격으로부터 기인한다. 그 결과 경제활동인구의 절반에 가까운 사람들이 여전히 사회복지 제도로부터 배제되었다.

이 글은 이러한 한국의 신자유주의적 사회복지체제의 성격을 논증하기 위해서 신자유주의의 일반적 특징, 이로 인한 복지국가의 변화, 한국의 복지체제 태동이 가지는 특수성, 사회복지체제가 경제위기 이후 경제 및 노동정책의 변화와의 상관성을 중심으로 분석하였다. 특히 비정규직 및 양극화의 증대에 대한 한국 사회보장체계의 대응이 중요한 대상으로 분석되었다. 이를 통해 신자유주의적 노동정책과 사회정책이 가지는 긴밀한 상관성과 신자유주의적 노동정책으로 발생한 사회문제에 대해 한국의 복지체제가 적극적으로 대응하거나 해소하지 못한 원인 및 문제점을 분석한다.

2. 신자유주의의 특징과 복지국가의 변화

1) 신자유주의의 태동과 유럽 복지국가의 변화

제2차 세계대전 이후 '포드주의'를 기반에 두고 발전해 왔던 자본주의 체제는 1970년대 중반부터 세계적 규모의 위기에 직면하였다. 자본주의 생산체제에서 필연적으로 발생해왔던 '자본 축적위기'에 대해 통화주의와 공급주의 경제학에서는 새로운 원인을 제시하였다. 그것은 국가의 복지지출에 따른 국가채무의 급증과 연례적인 임금의 상승으로 인한 심각한 경제 위기가 도래한 것으로 진단하였고, 이에 국가의 정책 활동 전반이 위기에 직면하였다는 '정치적 위기'로 이데올로기화가 시작된 것이다. 즉, 신보주주의자들과 자유주의자들은 위기의 원인을 케인스주의적 국가구조[1]로 지목하면서 상대적으로 관대하였던 노동 및 복지정책에 대하여 공격하기 시작하였다.

그러나 이들은 자본주의의 위기분석의 요소인 계급관계의 특수성, 사회-정치적 제도, 이익조직, 가치에 의해 특징지어지는 한 사회구성체의 기존구조와 자본의 가치실현을 위한 필요조건의 변화 사이의 모순을 간과하면서 위기의 원인을 '민주적 정치체제의 실패'인 양 위치 지웠다.(Hirsch, 1995, 46~51쪽) 이로써 경제와 정치 간의 연관성이 단절되기 시작하였고, 이는 나아가 '경제'와 '정치'의 분리를 촉발시켰다. 그 결과 자본이 주도한 '노동시장 유연화' 전략이 구체화되었고, 생산조직이 간소화되었으며 복지국가에 대한 보수주의적 재편이 가속화되었다.

---

[1] 강력한 노동조합, 조직된 이해관계로부터의 압력에 순종하는 정부, 사회관료제와 사회복지 압력집단의 강력한 네트워크, 광범위한 대중의 요구에 기반을 둔 국가구조를 의미한다.

복지국가의 황금기를 누렸던 대부분의 국가에서 1970년대 말부터 보수적인 정당들이 국정을 운영하게 되면서 '신자유주의(neoliberalism)'는 국가에 의해 주도되는 새로운 자본의 축적전략이자 정치 전략이 되었다. 이후 '자본의 지구화(Globalization)'는 더욱 확산되었으며, 냉전체제가 종식되면서 신자유주의 전략은 전 지구적으로 확산되기에 이른다.(제갈현숙, 2008a, 160쪽) 그러나 한 가지 주목할 점은 1980년대 유럽과 북미에서 집권했던 보수당 중 국민으로부터 과반수의 득표를 얻은 정당이 없었다는 점이다.

〈표 1〉 1950년부터 1989년까지 16개국 보수당과 사민당의 평균 득표율

연도	보수주의 정당	사회민주주의 정당
1950~1959	36.3	36.8
1960~1969	34.6	40.9
1970~1979	33.6	36.0
1980~1989	34.3	35.3

자료 : Borchert, 1995, 96쪽.

16개 국가별로 다소 차이는 있지만 80년대 보수당이 집권했던 국가에서 보수당과 사민당의 득표율 차이가 크지 않았고, 오히려 평균 득표율에서는 좀 더 높았다는 점을 알 수 있다. 그럼에도 사민당이 오랫동안 선거에서 승리할 수 없었던 이유는 경기침체를 동반한 세계적인 경제위기, 대량실업, 높은 인플레이션으로 사회민주주의적인 정치모델이 파괴되었기 때문이다. 그러므로 신자유주의 시대 사민주의는 이전 포드주의 시절의 관성에서 벗어나 새로운 정치 전략이 요청되었지만 그 '새로움'은 1990년대 말 유럽 좌파정당의 신자유주의로의 개혁으로 수렴되었다.

2) 케인스주의적 복지국가에서 신자유주의적 복지국가

신자유주의자들은 케인스주의적 복지체제에서 자본의 높은 세금과 사회보험 기여금으로 인해 노동비용이 증가하였기 때문에 자본의 투자가 둔화되고, 노동비용이 증가된다면 생산입지를 노동비용이 적게 드는 지역으로 이동할 수 있기 때문에 민족국가 내부의 실업문제가 심화된다고 주장하였다. '경쟁력 강화'와 '생산입지(Standort) 경쟁'은 신자유주의의 핵심 이데올로기로 활용되었고, 이는 복지국가의 지출 축소를 위한 자본의 논리로 적절하게 활용되었다. 또한 높은 수준의 복지급여는 노동자로 하여금 저임금 일자리를 기피하도록 해서 노동유인의 약화요인으로 작용하여 실업의 원인이 된다는 근거로 고급여 복지의 시대가 저물게 되었다.

이처럼 신자유주의자들은 실업의 주요 원인을 케인스주의적 복지국가의 '고급여, 고지출'에 기인한 것으로 분석하였고, 복지에서 노동유인성을 강화시키는 방향으로 복지국가를 재편하기 시작하였다. 이러한 신자유주의 논리는 지구화 과정을 통해 전 지구적으로 확산되었고 사회정책은 다음과 같은 경향으로 수렴되었다.

첫째, 국민국가 정부능력의 축소와 케인스주의적 국가 개입의 불가능성, 둘째, 임금과 노동조건의 불평등 증대와 지구적 경쟁과 자본의 이동으로 사회적 덤핑과 임금 및 노동조건의 하향악화, 셋째, 재정적자 및 국가채무의 감축과 조세인하가 국가정책의 핵심목표로 설정됨으로써 사회적 보장체계와 사회지출에 대한 하향압박, 넷째, 연대를 허물어뜨리고 보수의 불평등을 정당화함으로써 사회적 보호 이데올로기 약화, 다섯째, 권력균형이 노동과 국가로부터 자본으로 이전됨으로써 사회적 협력관계와 삼자협력주의의 토대가 약화, 여섯째, 복지국가 정책의 이데올로기적 종언, 일곱째, 국가공동체와 민주주의

정치 논리 사이에서 갈등이 야기되었다.(Mishra, 1999, 15~16쪽)

이와 같은 신자유주의시대에 복지국가2)들은 크게 다음과 같은 공통적인 방식으로 적응해왔다. 첫째, 자유주의적 복지국가체제에서는 경쟁력의 관점에서 복지체제가 변화하였다. 저임금, 낮은 사회보장정책으로 일자리 수를 증가시키는 것에 주목하였다. 선호하는 정책들은 피고용자의 능력 향상을 위한 교육 및 훈련에 대한 투자와 동시에 경제의 생산적 영역을 요구한다. 이러한 정책들로 사회적 불평등과 사회적 분열이 심화되었다. 둘째, 보수주의적 복지국가체제에서는 노동시장의 탈조절화, 사회보험급여의 상한선 도입, 사회지출의 새로운 재분배 등이 주요 해법이었다. 그러나 남성 소득자와 보통가정모델이 중심이라는 점에서 영향력이 있는 경제영역 내부의 이해만을 반영하였다는 문제점이 제기되었다. 셋째, 사민주의 복지국가체제로, 주로 복지급여 축소와 사회적 급여의 시장 형태적이거나 사적제공의 개혁이 진행되었다. 인적자본(human capital)영역에서 추가적인 자원의 조성을 위해 불가피한 사회급여의 축소는 코포라티즘적인 제도와 합의에 기반을 뒀던 정치방식을 쇠퇴시킬 수 있었다. 넷째, 일본과 동아시아(대만, 홍콩, 싱가포르 그리고 한국)에 대해 낮은 국가 복지지출과 기업, 가족 또는 사적 시장의 발전된 기능의 혼합으로 대표되고, 강한 생산성을 겨냥한 국가정책으로 복지체제 성격을 가진다.(Gough, 1997, 133~135쪽)

네 가지 레짐의 기존 형태와 적응의 양식은 다르게 나타나지만 공통으로 수렴된 현상은 세 가지 정도로 요약된다. 첫째, 유럽에서는 '활성화(activation)'로, 북아메리카에선 '노동연계복지(workfare)'로 대표되는 '적극적 노동시장'으로의 전환을 목표로 하는 복지체제전환이다.

---

2) Gough는 Esping—Andersen의 복지국가유형화를 기반으로 세 가지 복지국가 유형의 특징과 추가적으로 동아시아 모델의 공통점에 대해 분류하였다.

사회적 위험으로부터의 보호와 소득보장을 위한 포괄적 사회보장이 더 이상 복지국가체제의 기둥이 아니라, 일과 일자리를 앞세워 노동시장 참여자를 중심으로 한 제도개편이 강화되고, 복지수급에 대한 사회적 권리보다는 '노동에 대한 책임'을 강조하게 되었다. 둘째, '사회적 협약'을 위한 토대약화와 민주주의가 심각하게 훼손되고 있다. 노동계급에게 신자유주의는 경제적 손실이상으로 정치권력상실이 더욱 심각한 문제로 부각되고 있다. 노조운동 및 노동의 약화는 국가의 사회적 기능을 약화시켰고, 자본의 이해가 국가의 이해로 대변되는 권력 불균형 현상이 심화되었다. 이러한 국면에 사회정책은 보수주의적 이념과 경제생산력 이데올로기의 하위로 배치되었다. 셋째, '두 국민' 전략과 '조직된 노동자' 중심전략 등으로 국민 내부와 노동자 간 연대가 분화되었다. 경쟁의 가속화는 개인화를 더욱 촉발시켰고, 자본과 국가의 의도된 분리전략으로 개인은 보호받는 영역 안으로 들어가기 위해 노력해야만 한다. 사회보장제도의 축소와 노동유인성 중심의 복지제도는 노동자와 시민의 불안을 더욱 증가시켰고 이러한 불안 심리를 신자유주의자들은 경쟁력의 이데올로기로 극대화시켜 왔다.

대부분 국가에서 신자유주의적 외적강제(Sachzwang)를 수용하고 적응해왔다. 이러한 과정에서 유럽 대부분 좌파정당(사민당, 노동당 등)들은 신자유주의에 맞서기보다는 그들의 정당규약까지 바꿔가며 중도를 넘어 우경화된 행보를 보여 왔다. 이로 인해 좌파정당의 신자유주의적 사회정책이 보수당의 그것과 크게 구별되기 어려웠다. 그러나 좌파정당의 신자유주의적인 사회정책의 수용과 적응으로 신자유주의로 빚어진 노동 및 사회문제는 해소되지 못한 채 심화되고 있다.

3) '비동시성의 동시성'의 한국적 특성

한국은 1997년 경제위기를 계기로, 중심부 국가들에서 1970년대 말부터 1990년대 중반까지 시행되었던 신자유주의적 외적강제(neoliberalistische Sachzwang)가 국제통화기금(IMF)측의 요구로 가시화되었고, 김대중정부는 이를 적극적으로 수용하였다. 한 가지 두드러진 차이점이라면 대부분 중심부 국가에서는 공공복지비 축소가 공통된 요소였다면, 한국은 국제통화기금의 권고를 바탕으로 국가의 복지비 지출이 증가하였다는 점이다. 즉 경제 위기 이후 한국의 사회복지제도는 양적으로 팽창하였다.

그러나 이것은 서구에서 겪었던 신자유주의로 이행되는 과정에서 나타난 복지국가 축소와 국가의 사회적 기능의 축소 경향과는 다소 구별된다. 국가의 사회복지비 증가와 4대 사회보험의 제도적 확장이란 양적 측면만 염두에 둔다면 김대중정부의 복지체제의 성격은 신자유주의 노선에서 어긋나는 것처럼 보인다. 그러나 이것은 사회 전체에 대한 신자유주의적 구조조정을 중단 없는 진전을 시키기 위한 하나의 지배계급의 전략으로 이해될 수 있다. 즉 경제위기 이후 심화되었던 사회문제에 대한 국가의 합리적인 대응으로 사회적 패러다임 전환에 장애요소가 될 만한 사회적 갈등을 봉합할 수 있었고, 이러한 점에서 '생산적 복지'는 한국식 신자유주의 복지전략으로 볼 수 있다.[3]

신자유주의라는 외적 강제의 핵심적인 개혁 대상은 산업구조와 노

---

[3] 조영훈은 김대중정부의 '생산적 복지'에 대해 민간보험의 규모, 양극화 심화, 민주정권 기간에 사회지출 증가의 실제, 복지개혁과 IMF 요구 간의 관계 등을 제시하며 신자유주의적 성격을 가진다고 분석하였다(2002 · 2004). 신광영 역시 IMF와 WB의 요구에 의해서 복지정책이 도입되었다고 바라보았고, 이들이 한국의 복지에 관심을 두는 이유는 신자유주의 경제개혁이 성공하기 위해서는 사회적 안전망이 어느 정도 형성되어야 한다고 보았기 때문으로 분석하였다(신광영, 2008, 18쪽).

동시장이었고, 이로 인해 영향받는 노동 및 사회정책의 변화는 한국과 다른 국가들의 공통점으로 분석될 수 있다. 대표적으로 노동연계복지 및 노동의무 강화, 두 국민 전략, 탈상품의 재상품화, 복지주체의 다원화 등이 공통적인 정책으로 활용된다. 그러나 고전적 소득보장체계를 역사적으로 경험하지 못했던 한국의 현실을 비추어 본다면, 복지국가 역사의 차이에서 기인된 '비동시성'이 신자유주의적 외적강제로 기인된 '동시성'으로 나타나면서 그 어려움은 배가되었다. 이로 인해 한국의 국가복지체제는 노동운동의 발전, 정당경쟁, 사회적 합의주의 등의 다양한 변수를 바탕으로 발전하였다기보다는 여전히 지배계급의 새로운 통치 수단으로 활용되었던 측면이 강하다.

경제의 위기는 정치의 위기로 전화되었고, 그 결과 국가의 상대적 자율성을 확장시킬 만한 정치적 관계에 다시 위기가 찾아왔다. 신자유주의적 구조조정은 총 사회적인 전환의 기준이자 결과가 되었고, '시장의 강화', '국가경쟁력 강화'가 가장 우선되는 가치로 자리하게 되었다.

3. 노동의 유연화와 사회적 양극화의 심화

1997년 경제위기는 외환위기로 나타났고 이를 극복하기 위한 IMF의 4대 구조조정 프로그램으로 거시 경제적 긴축정책(이자율 인상과 재정긴축), 노동시장 유연화(정리해고 간소화와 파견근로제 등), 기업과 금융부문의 구조조정, 금융시장의 추가적인 개방과 자유화로 제시되었다. 그런데 당시 경제위기의 원인으로 노동시장의 경직성이 제기되지 않았음에도 중요한 구조조정 프로그램으로 포함된 것은 향후 한국 자본축적 구조를 신자유주의적 패러다임으로 전환하기 위한 한국의 자본과 IMF 측의 공통된 이해관계가 가졌기 때문으로 분석될 수 있다.(김창근, 2006, 12쪽 비교) 정성진(2005)은 1997년 이후 신자유주의 정책에 대해 자본들은 정리해고와 파견근로제와 같은 노동시장 유연화를 통해 고용과 임금을 줄이고, 노동현장에서는 노동 강도를 강화시킴으로써 잉여가치 착취를 가속하였다고 본다. 그 결과 한국 자본의 이윤율은 일부 회복된 반면, 노동소득 배분율이 급격하게 하락하였다. 김정우에 따르면 노동소득분배율은 1997년 62.3%, 1999년 59.7%, 2001년 59.4%로 꾸준히 감소하였다.(김정우, 2005, 60쪽) 이렇게 볼 때 노동시장의 유연화 정책은 신자유주의로 전환하기 위한 전제 조건으로 수용되었고, 그 결과 고용의 불안정성 증가, 비정규직 및 불안정 노동자층의 증가, 실질 임금 감소, 나아가 사회의 양극화가 심화되었다. 이러한 점에서 노동의 유연화에 따른 문제는 한국의 사회복지가 해결해야만 했던 최우선의 과제였다. 이에 한국 사회복지의 대응능력을 분석하기 전에 한국의 노동유연화의 현황을 먼저 분석한다.

1) 신자유주의적 노동정책의 기원

1997년 초 노동법 반대 총파업투쟁 이후 그해 말 당선된 김대중 대통령은 노동계급의 조직적 파괴력의 위험성에 대해 이미 경계하고 있었다. 또한 경제위기 상황에서 정치적 불안정은 신정부에게 치명적인 타격을 입힐 수 있었기 때문에 '노사정위원회'라는 사회적 협의기구를 만들어 노동계의 참여를 적극적으로 유도하였다.(이병훈·유범상, 1998) 노사정위원회는 이듬해 2월 6일 기업의 구조조정, 실업대책, 사회보장제도확충, 노동기본권, 노동시장의 유연성 등 10대 의제에 대한 노사정 타협을 도출하였다. '2·6사회협약[4]을 통해 고용조정 관련법

---

4) 2·6노사정 합의이후 민주노총 1기 지도부에 대한 불신임이후 총사퇴하였다. 이

개정과 파견근로제가 도입되기에 이른다. 이에 대한 보상으로 5조 원 규모의 실업대책 재원 확보, 공무원·교원의 단결권 보장, 노조의 정치활동, 실업자의 조합원 자격 보장, 공공자금관리기금법 삭제, 의료보험 통합 및 확대적용, 지방노동관서의 노동행정업무에 대한 지자체로의 이관 등이 실현되었다.(이종선, 2001, 180쪽) 즉 당시 국가는 노동시장의 거대한 전환을 가져올 두 가지 법안을 통과시키기 위해 사회복지 및 노동권 강화를 지원할 수 있는 정책을 맞바꾸는 전략을 선택하였고 성공하였다.

<표 2> 노사정위원회 주요 주제별 합의 사항

	1기	2기	3기	총계
재벌개혁	17			17
물가안정 및 국제수지 개선	13			13
정치 및 행정개혁	6	1	2	9
노동시장 유연화	2			2
사회보장	35	6	6	47
노동기본권 신장	6			6
노사관계제도 개선	11	3	3	17
구조개혁*			8	8
총계	90	10	19	119

* 구조개혁 정책은 직접적인 노동정책은 아니었지만 대규모 인력감축을 내포하는 점에서 포괄적 의미의 노동정책으로 이해될 수 있다. 특히 금융 구조조정 및 공공부문 구조조정 과정에서 정부는 감원을 중심으로 한 구조조정을 주도하였고 그 결과 대량 감원이 진행되었다(이종선, 2002).
자료 : 유범상, 2003, 90쪽.

노사정위원회 1기부터 3기까지 가장 많이 합의된 주제는 사회보장제도였고, 반면에 노동시장 유연화 정책은 1기에서 단 두 가지뿐이었

것은 정리해고를 '합의'라는 형식으로 수용했다는 부분에서 향후 벌어질 노동의 유연화로 빚어질 노동문제에 대해 매우 비전략적이고 비계급적이라는 점에서 비판되었다.

다.(노중기, 1999, 134쪽)[5] 김대중정부는 노동시장의 유연성 달성을 위하여 사회복지를 '교환메뉴'(유범상, 2003, 91쪽)로 제시하였던 것이다. 결국 표면적으로는 노동이 사회보장과 일부 노동권 신장을 위한 협약을 받아내는 것 같았지만, 이것과 노동시장의 유연화가 가지는 각각의 효과를 비교할 때, 유연화를 통한 부정적 결과는 전자와는 비교도 되지 않을 만큼의 심각한 수준이다. 또한 사용자는 비효율적인 기업내부 노동시장을 혁신한다는 명목으로 공급 중심적이면서 시장 지배적인 고용 관행을 도입하였다. 정리해고의 관행화와 성과주의 임금체계의 도입을 통해 사용자의 작업장 통제력은 더욱 강화될 수 있었다. 그리고 기업내부 노동시장의 규모를 최소화하고 외부노동시장을 적극적으로 이용하기도 하였다.(정이환, 2008, 19~20쪽) Mishra의 분석대로 노동의 경제 및 정치적 이해가 신자유주의 패러다임 하에서는 자본의 이해에 매우 종속적으로 재편되기 시작하였고, 이를 추진시켰던 핵심적 기재가 바로 노동시장의 유연화라고 볼 수 있다.

2) 노동시장 유연화 확산과 그 결과

노동시장 유연화는 크게 기업의 경쟁력을 높이기 위해 노동자수를 변화시키는 수량적 유연화, 임금유연화, 일시적 유연화를 포함한 노동시간 유연화, 기능적 유연화로 분류된다.(Regini, 2000, 19쪽) 이 중 전자 세 가지의 기준을 준거로 한국의 노동 유연화 정책의 정도를 분석한다.(성은미, 2007, 49~55쪽)

첫째, 수량적 유연화 측면에서 해고규제, 이직률, 비정규 노동자 추이의 기준으로 파악할 수 있다. 해고규제는 이미 1997년 노동법 개정

---

[5] 정부는 1기 합의의 쟁점이었던 정리해고와 노동자파견제를 제외하면 특별히 노동층에 요구할만한 사항이 없었다고 한다.

으로 완화되었고, 이직률은 각 년도 고용보험 자료를 보면 외환위기 이후 꾸준히 증가하는 추세에 있고, 비정규직은 6 · 2협약 이후 꾸준히 증가하였다. 1998년도부터 상용직노동자의 비중은 1998년 53%, 1999년 48%, 2000년 48%, 2001년 50%로 감소하였다. 2002년 이후부터 비정규직 추이를 보면 27.4%에서 약 35%까지 꾸준히 증가하였다.

<표 3> 2002~2009년 비정규직 추이

(단위 : 천 명, %)

	정규 근로자	비정규 근로자	한시적 근로	기간제 근로	시간제 근로	일일 근로	특수 근로	파견 근로	용역 근로	가내 근로
2002	10,190 (72.6)	3,839 (27.4)	2,063 (53.7)	1,536 (40.0)	807 (21.0)	412 (10.7)	772 (20.1)	93 (2.4)	332 (8.6)	236 (6.1)
2003	9,542 (67.4)	4,606 (32.6)	3,013 (65.4)	2,403 (52.2)	929 (20.2)	589 (12.8)	600 (13.0)	98 (2.1)	346 (7.5)	16.6 (3.6)
2004	9,190 (63.0)	5,394 (37.0)	3,597 (66.7)	2,491 (46.2)	1,072 (19.9)	666 (12.3)	711 (13.2)	117 (2.2)	413 (7.7)	171 (3.2)
2005	9,486 (63.4)	5,483 (36.6)	3,615 (65.9)	2,728 (49.8)	1,045 (19.1)	718 (13.1)	634 (11.6)	118 (2.2)	430 (7.8)	141 (2.6)
2006	9,894 (64.5)	5,457 (35.5)	3,626 (66.5)	2,722 (49.9)	1,135 (20.8)	667 (12.2)	617 (11.3)	131 (2.4)	499 (9.1)	175 (3.2)
2007	10,180 (64.1)	5,703 (35.9)	3,546 (62.2)	2,531 (44.4)	1,201 (21.1)	845 (14.8)	635 (11.1)	174 (3.1)	593 (10.4)	125 (2.2)
2008	10,658 (66.2)	5,445 (33.8)	3,288 (60.4)	2,365 (43.4)	1,229 (22.6)	818 (15.0)	595 (10.9)	139 (2.6)	641 (11.8)	65 (1.2)
2009	10,725 (65.1)	5,754 (34.9)	3,507 (60.9)	2,815 (48.9)	1,426 (24.8)	883 (15.3)	637 (11.1)	165 (2.9)	622 (10.8)	99 (1.7)

자료 : 한국노동연구원, 2010, 35쪽.

비정규직 규모에 대한 조사로 김유선의 2010년도 비정규직 추계방식에서 장기임시근로, 한시근로, 시간제근로, 호출근로, 특수고용, 파견근로, 용역근로, 가내근로를 중복을 제외한 나머지를 모두 합산하여 위의 조사 결과와는 커다란 차이를 보인다. 이 조사결과 2007년 이후 비정규직 규모가 감소하는 데는 2007년 7월부터 시행된 비정규직 보호법, 경기침체에 따른 비정규직 감소 효과, 상용직 위주의 고용 관행 변화 등으로 비정규직 규모가 감소한 것으로 분석하였다.

<그림 1> 비정규직 규모 변화 추이

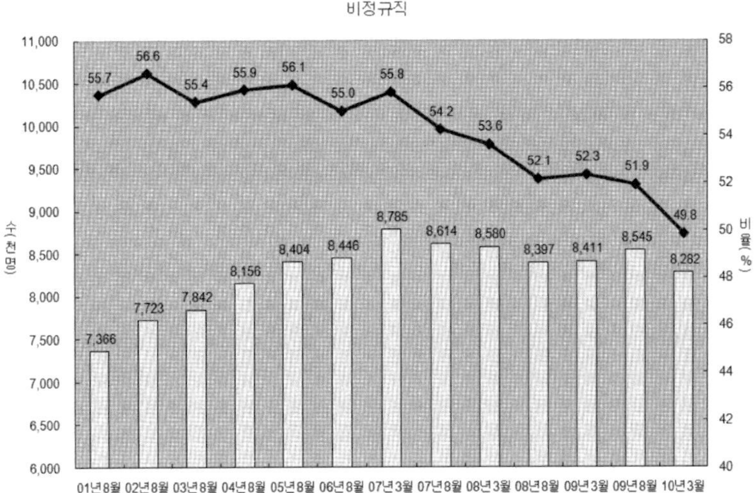

자료 : 김유선, 2010, 4쪽.

둘째, 노동자들 간의 임금격차를 보면 1997년 이전과 이후를 비교해 보면 300~499인 사업장의 임금격차는 등락을 반복하면서 동일한 수준을 유지하는 반면 5~9인, 10~29인, 30~99인 사업장과 500인 이상 사업장 간의 임금격차는 2005년까지 25%까지 높아졌다. 즉 저임금 노동자 및 노동자들 간의 임금격차가 모두가 증대하고 있다는 사실을 알 수 있다.

<표 4> 임금소득분배 추이(경제활동인구조사 부가조사)

(단위 : 천 원/월, 지니계수, 배)

		임금수준		지니계수	분위수 배율		
		평균값	중위값		P90/50	P50/10	P90/10
2002	전체	1,325	1,100	0.319	2.27	2.20	5.00
	상용직	1,769	1,500	0.264	2.00	1.83	3.66
	임시직	971	900	0.241	1.67	1.80	3.00
	일용직	760	700	0.311	2.07	2.41	5.00
2003	전체	1,466	1,200	0.329	2.33	2.18	5.09
	상용직	1,958	1,800	0.266	1.78	2.00	3.56
	임시직	1,032	950	0.254	1.76	1.90	3.34
	일용직	759	700	0.328	2.14	3.04	6.25
2004	전체	1,542	1,300	0.329	2.31	2.17	5.00
	상용직	2,036	1,800	0.268	1.94	1.86	3.61
	임시직	1,080	1,000	0.250	1.80	1.85	3.33
	일용직	779	700	0.333	2.14	2.92	6.25
2005	전체	1,593	1,300	0.333	2.31	2.17	5.00
	상용직	2,117	2,000	0.267	1.75	2.00	3.50
	임시직	1,102	1,000	0.254	1.80	1.82	3.27
	일용직	783	700	0.324	2.14	2.80	6.00
2006	전체	1,656	1,450	0.333	2.07	2.42	5.00
	상용직	2,184	2,000	0.270	1.85	2.00	3.70
	임시직	1,139	1,000	0.261	1.90	2.00	3.80
	일용직	814	750	0.323	2.00	3.00	6.00
2007	전체	1,745	1,500	0.340	2.13	2.42	5.16
	상용직	2,299	2,000	0.275	2.00	2.00	4.00
	임시직	1,163	1,000	0.265	1.94	1.82	3.53
	일용직	823	770	0.322	1.95	2.85	5.56
2008	전체	1,846	1,500	0.333	2.33	2.14	5.00
	상용직	2,409	2,000	0.270	2.00	1.82	3.64
	임시직	1,212	1,100	0.255	1.82	1.83	3.33
	일용직	875	800	0.302	1.88	2.67	5.00
2009	전체	1,852	1,500	0.344	2.33	2.31	5.38
	상용직	2,419	2,000	0.276	2.00	1.82	3.64
	임시직	1,170	1,000	0.274	2.00	2.00	4.00
	일용직	858	800	0.330	1.88	3.20	6.00

자료 : 한국노동연구원, 2010, 59쪽.

셋째, 노동시간 유연화에서는 단시간 노동자의 비율로 측정할 수 있다. 단시간 노동은 노동시간이 1주일에 36시간 미만인 노동자의 비율을 의미한다. 1997년도 단시간 근로는 3.7%에서 10년 후인 2007년도에 7.5%로 두 배 가까이 증가하였다. 상용직의 증가율 추이는 매우 미미하지만 임시직과 일용직은 각각 두 배 이상으로 증가하였고 특히 경제 위기 시기에 노동시간 변화가 매우 급속도로 발생하였다.

<표 5> 종사상 지위별 단시간 근로자의 비율 추이

(단위 : %)

	전체	상용직	임시직	일용직
1997	3.7	0.4	4.9	13.8
1998	5.9	0.6	7.1	23.1
1999	6.7	0.8	7.1	22.1
2000	6.3	0.7	6.5	21.0
2001	6.4	0.7	6.9	22.8
2002	6.3	0.6	6.8	21.3
2003	6.5	0.6	8.0	23.0
2004	7.2	0.7	9.3	25.1
2005	7.2	0.7	9.5	24.9
2006	7.3	0.8	10.3	24.2
2007	7.5	0.7	11.2	25.4
2008	7.3	0.7	11.2	25.7
2009	8.4	0.8	14.1	29.8

자료 : 한국노동연구원, 2010, 110쪽.

노동시장 유연화의 확산으로 비정규직 노동이 대규모로 증가하였다. 이에 민주노총은 2003년 비정규실을 신설하고 예산의 30%를 배정하는 등 변화된 노동체제에서 비정규직사업에 관심을 기울이기 시작하였다. 더불어 한국비정규노동센터, 불안정노동철폐연대 등 비정규 노동자를 직접 지원하고 조직하는 노동단체의 활동도 활발해지면서 노동운동의 시급한 과제로 비정규직 문제가 자리 잡기 시작하였다. (오건호, 2006, 245쪽) 비정규직의 확대에 대해 신광영(2008, 18쪽)은 1987~1996년 사이 민주화 효과에 의해 나타났던 불평등 약화 추세와 는 정반대로 불평등 추세가 심화되었다고 분석하였다. 1997년 이후 새롭게 저임금 부분이 확대되면서 노동빈곤층의 증대와 전체적인 불 평등의 심화로 영향을 미쳤다고 보았다.

비정규직 확산을 토대로 하는 노동시장 유연화와 동시에 신자유주의 개혁을 효과적으로 뒷받침하기 위한 사회적 안전망 확충이 동시에 진행되었지만 불평등은 크게 악화되었다. 이는 정치적 불안정을 막기 위한 목적으로 사회복지제도가 최소수준으로 도입되었다는 한계에서 비롯되었고, 그 결과 단기간에 부익부 빈익빈 현상으로 사회양극화가 나타났으며 새로운 불평등의 문제가 대두되었다.(신광영, 2008, 26쪽)

결국 국가 주도의 노동시장 유연화 정책은 신자유주의 노동정책으로 전 사회영역에 확산되어 이를 통한 자본의 새로운 이윤창출 구조가 형성되었다. 그러나 이로 인해 빚어진 고용 및 소득의 불평등, 나아가 사회적 배제에 이르기까지 새롭게 증대된 노동 및 사회문제에 대해 국가복지는 유의미한 기능을 제공하지 못하였다.

3) 소득분배 구조의 악화와 사회 양극화

1997년 경제위기를 계기로 실업, 빈곤, 소득분배 지표는 상대적으로 안정적이었던 이전 시기와 구분이 되면서 급격하게 악화되었다. 실업, 빈곤은 소득의 감소와 소득단절로 인해 심화된다. 김대중정부와 참여정부 시기 고용구조의 양극화가 계속적으로 심화되었고, 비상용 근로자 비중이 외환위기 직전인 1996년 43.2%에서 2003년에는 49.5%로 상승하였다. 반면 상용근로자 비중은 같은 기간 중 56.8%에서 50.5%로 하락하였다. 또한 상용직 대비 임시직의 임금비율이 2002년 54.9%에서 2003년 52.7%로, 상용직 대비 일용직의 임금비율도 같은 기간 중 43.0%에서 38.8%로 각각 하락하였다.(김연명 외 2004, 18쪽)

<표 6> 고용형태별 월평균 임금

	전체	종사상 지위별		
		상용직	임시직	일용직
2002년	132.5	176.9	97.1〈54.9〉	76.0〈43.0〉
2003년	146.5	195.8	103.2〈52.7〉	75.9〈38.8〉
증감률	(10.6)	(10.7)	·(6.3)	(-0.1)

주 : 1. 6~8월 평균 기준.
    2. 〈 〉안은 상용근로자 임금에 대한 비율.
    3. ( ) 안은 전년동기대비 증감률.
자료 : 통계청, 「경제활동인구부가조사」, 각 연도.

임금의 차이는 고용형태뿐만 아니라 사업장의 규모에 따라서도 차이가 나타났다. 100~299인 사업체 근로자의 월평균 임금대비 10~29인 사업체 노동자의 월평균 임금비중이 1995년 88.3%에서 2002년에는 83.6%로 하락하였다. 그러나 500인 이상 사업체의 노동자 임금비중은 같은 기간 중 118.7%에서 129.7%로 상승하였다.(김연명 외, 2004, 19쪽)

<표 7> 기업규모별 월평균 임금총액

(단위 : 천 원/월)

	1995	2000	2002
10~29인	1,059.9(88.3)	1,455.3(84.4)	1,642.0(83.6)
30~99인	1,072.0(89.3)	1,566.4(90.8)	1,775.7(90.4)
100~299인	1,199.8(100.0)	1,725.0(100.0)	1,964.2(100.0)
300~499인	1,329.5(110.8)	2,070.6(120.0)	2,226.9(113.4)
500인~	1,423.7(118.7)	2,165.8(125.6)	2,547.8(129.7)

주 : 1. 임금총액=정액급여+초과급여+전년도 연간특별급여/12.
    2. ( ) 내는 100~200인의 임금수준을 100으로 했을 때의 상대임금 수준.
자료 : 노동부, 「임.금구조기본통계조사」, 각 연도.

　즉 노동소득을 통한 임금격차는 고용형태와 사업장 규모에 따라 차이가 심화되었고, 이를 중심으로 지니계수, 소득 5분위 배율, 빈곤층 비중이 상승하는 등 소득불평등도가 심화되었다. 지니계수는 1990~1997년의 평균이 0.286수준이었는데 1998~2003년에는 0.315로 크게 높아졌고, 소득 5분위 배율도 같은 기간 중 4.48배에서 5.33배로 상승하였다.(김연명 외, 2004, 21쪽) 노대명에 따르면 소득배율은 2003년을 기점으로 상위계층과 하위계층간의 소득격차가 커지고, 빈곤층의 규모가 증가하고 있는 소득의 양극화현상이 심화되었고, 이로 인해 빈곤율은 계속적으로 증가하였다.(노대명, 2006, 303쪽)

〈표 8〉 2인 이상 근로자 가구(도시) 절대빈곤율과 상대빈곤율

(단위 : %)

	절대빈곤율		상대빈곤율	
	시장소득기준	가처분소득기준	시장소득기준	가처분소득기준
1997	4.05	4.75	8.67	8.17
1998	7.79	8.90	10.84	10.57
1999	8.55	9.35	10.78	10.48
2000	6.90	7.61	10.19	9.68
2001	5.82	6.50	10.32	9.71
2002	4.70	5.21	10.06	9.33
2003	5.90	6.13	11.29	10.55
2004	5.91	6.05	12.33	11.08
2005	6.78	6.54	12.41	11.24
2006	6.17	5.73	12.25	10.84
2007	5.60	5.09	12.53	10.69
2008	5.75	4.99	11.94	10.13

자료 : 한국노동연구원, 2010, 121쪽 재구성.

　경제위기 때 급증했던 빈곤율은 2000년으로 접어들면서 감소하기 시작하다가 2003년을 기점으로 절대빈곤율과 상대빈곤율 모두에서 증가하였다. 이는 구조조정의 단기 성과가 마무리되면서 구조조정 시기에 도입된 사회적 안전망의 기능이 매우 제한적이었다는 것을 반증

하는 결과이다. 노대명의 조사에 따르면 2003년도 기준으로 공공부조 수급자는 138만 명, 행정적 사각지대는 45만~125만 명 규모, 그리고 통념적 사각지대는 90만~249만 명으로 추정하였다. 또한 빈곤선 위에 존재하지만 실제로 보호가 필요한 계층인 차상위계층의 규모를 127만~160만 명으로 추계하였다.(노대명, 2006, 306쪽) 즉 공공부조에 대한 필요 계층은 적게는 262만 명, 많게는 534만 명으로 실제 수급자의 1.9배에서 3.9배에 이른다. 이러한 광범위한 계층에게 소득보장을 위한 사회적 급여가 필요함에도 이들은 사실상 사각지대에 방치되어 있었다.

전 국민을 대상으로 하는 사회보험의 경우, 〈그림 2〉의 고용보험 사각지대의 현황을 통해 사각지대의 규모를 가늠할 수 있다. 비정규직 임노동자에 대한 사업주의 가입의무 회피, 또는 비정규직 노동자의 노동자성이 법적으로 보호되지 않기 때문에 고용보험 가입률이 낮고, 자영업자처럼 고용관계가 형성되지 않는 대상자들 역시도 제도로

〈그림 2〉 고용보험 적용 사각지대 현황

15세 이상 인구 3,990만 명					
비경제활동인구 1,623만 명	경제활동인구 2,367만 명				
고용보험 적용제외대상 1,715만 명	실업자 92만 명	취업자 2,274만 명(100.0%)			
		비임금근로자 679만 명(29.9%)		임금근로자 1,595만 명(70.1%)	
		자영자 556만 명 (24.5%)	무급가족 종사자 123만 명 (5.4%)	임시·일용직 676만 명 (29.7%)	상용직 919만 명 (40.4%)
		고용보험 적용사각지대 1,336만 명 (58.8%)			고용보험 피보험자 938만 명 (41.2%)

자료 : 국회예산정책처, 2009, 『추가경정 예산안 쟁점분석』, 111쪽.

부터 배제되어 왔다. 이처럼 고용 및 소득이 불안정한 계층에 대한 사회보험의 제도적 포괄력은 매우 낮은 실정이다. 즉 노동문제 및 사회문제에 노출될 가능성이 높은 대상자들에 대해 사회보험제도는 오히려 매우 폐쇄적이고, 그 결과 사회적 소득보장의 역진성을 보인다.

노동시장의 유연화로 빚어진 고용의 불안정성, 소득감소, 임금격차 심화로 발생하는 소득의 양극화 문제가 어째서 한국의 사회복지체계에서 적극적으로 해결될 수 없었는지를 다음 장에서 살펴본다. 즉 노동시장의 유연화로 급격하게 형성된 비정규직 및 불안정고용층, 점증하는 빈곤층에 대한 사회보장체계의 현황을 분석하고 이를 통해 한국 사회복지의 신자유주의적인 성격이 도출될 것이다.

4. 한국의 복지체계와 특성

노동자들은 시장임금(market wage)과 사회임금(social wage)을 통해 노동력 재생산을 위한 자원을 공급받는다. 여기서 사회임금은 국가를 중심으로 조세 또는 사회보험 형태로 재원을 형성하고 제공하는 공적인 현물 및 현금급여 서비스를 총칭한다. 이러한 여건을 바탕으로 한국의 사회임금과 시장임금은 〈그림 3〉과 같이 구성된다.

한국의 사회임금은 생산적 복지체제를 거치면서 조금씩 가시화되기 시작하였지만 노동자 및 시민은 여전히 시장임금을 중심으로 그들의 삶을 꾸려가고 있다.(오건호, 2009, 5쪽)[6] 문제는 신자유주의 패러다임 전환 이후 노동임금이 다층적으로 분화되어 고용형태별, 지위별, 사업장 규모별에 따른 시장임금의 차이가 증가하였다. 그런데 사회임

---

[6] 2000년대 중반 한국 평균 가구에서 가계운영비 중 사회임금이 차지하는 비중은 7.9%이고, OECD 회원국의 평균 사회임금 비중은 31.9%로 4배에 달한다.

〈그림 3〉 노동력 재생산에 영향을 주는 사회임금과 시장임금의 구조

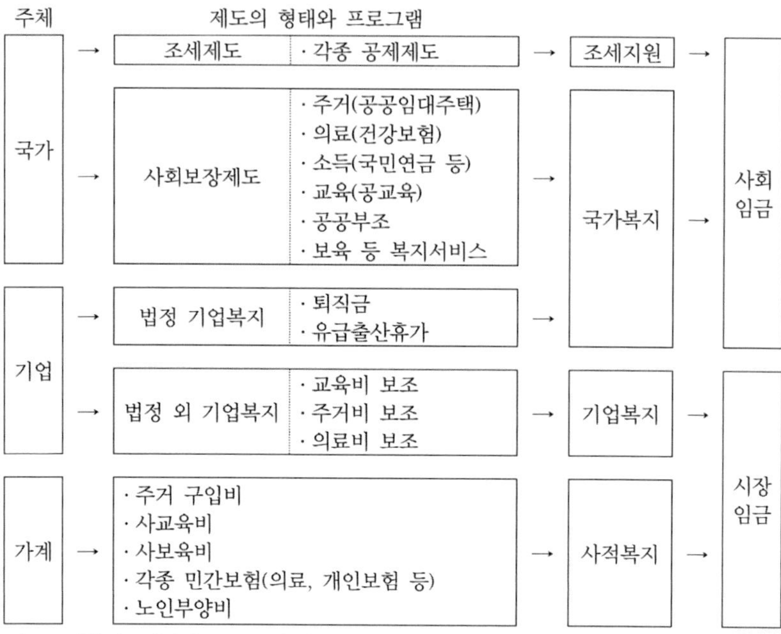

자료 : 김종건·김연명, 2003, 160쪽.

금 역시도 시장임금에서 형성된 불평등을 완화해줄 수 있는 기재가 되지 못하고 있다. 왜냐하면 한국 소득보장제도의 핵심이 사회보험제도이고, 사회보험제도의 심각한 사각지대가 바로 비정규직 및 불안정 고용층이기 때문이다. 또한 공공부조제도는 노동의무는 강화하였지만 소득보장을 위한 보장성과 수급대상에 대한 포괄성이 낮다. 즉 한국의 사회보장체제에서 차상위계층, 비정규직 및 불안정 고용층은 여전히 소득보장의 사각지대에 있다. 신자유주의로의 전환 이후 사회복지제도가 팽창하였지만 이 같은 문제점이 유발될 수밖에 없는 원인과 이에 기인한 특성에 대해 살펴보자.

1) '생산적 복지'와 신자유주의 사회정책의 경로

생산적 복지는 한국 최초의 국가복지체제로써 이념적으로 사회적 시민권과 사회적 연대를 강조하였으나 정책의 특성은 노동을 통한 복지였다. 더불어 경제성장에 걸림돌이 되는 복지가 아니라 도움이 되는 복지정책을 추구하고자 하였다. 국가복지에 대한 이러한 철학은 MB정부의 능동적 복지체제에까지 유지되고 있다. 즉 김대중정부에서 이명박정부까지 정권별 지향과 차이가 분명히 존재하지만, 국가복지에 대한 철학과 지향에서는 커다란 차이점을 발견하기 어렵다.

전술한 바와 같이 유럽의 복지국가에서는 신자유주의적 복지국가 재편 이전 시기에 보편적 소득보장제도를 중심으로 복지체제를 운영해왔다. 이러한 고전적 소득보장제도는 보수당의 집권으로 신자유주의적 변화를 겪었고, 1990년대 후반부터 사민당이 그 뒤를 잇는다. 사민당은 정권교체를 위해 사민당의 현대화(Modernization)라는 명분에 따라 사민당의 핵심 가치와의 단절을 시도하였다. 제3의 길은 이러한 변화를 주도한 전략이었고, 김대중정부의 생산적 복지는 제3의 길의 다양한 전략이 수용되었다.(제갈현숙, 2008b, 382쪽) 이 중 국가의 소득보장 책임의 주요 변화 요소와 재정지출에 대한 경직성에 대해 분석한다.

노동당이 사민주의 핵심 가치였던 결과의 평등을 기회의 평등으로 맞바꾸면서 제3의 길은 기회의 평등을 확대할 수 있는 복지정책이 제고되었다. 그러나 한국적 상황에서 결과의 평등에서 기회의 평등으로 전환할 만한 제도적 토대가 존재하지 않았다. 결과의 평등을 달성하기 위해 설계된 대표적인 제도는 소득보장제도이다. 그러나 한국은 생산적 복지체제에서 비로소 보편적 소득보장체제가 정비되었다. 국민기초생활보장제도의 도입으로 공공부조에 대한 국가의 책임과 법적 수급권이 보장되었고, 사회보험제도의 적용대상자가 1인 이상 사업장까지 확대되었다. 제도적 요건만을 두고 본다면 사각지대는 존재할 수 없다.

그러나 국민기초생활보장제도가 가지는 부양의무자기준, 자산조사의 엄격성 및 현실을 반영하지 못한 절대빈곤선으로 인해 전술한 바와 같이 수급자에서 제외되는 계층이 400만에 달한다. 또한 비정규직 노동자와 실업자는 사회보험제도에 가입하거나 가입상태를 유지하기 어렵다. 비정규직 노동자의 사회보험 미가입 문제의 심각성에 대해서는 2000년도 초반부터 사회적으로 다양하게 문제가 제기되었다.(김연명, 2001 ; 윤정향, 2005 ; 류만희, 2004) 그러나 대부분의 대응책이 관리운영 방식의 개편으로 제시되었고, 2002년 7월 복지부 산하에 '국민연금 · 건강보험 사업자 가입자 확대추진단'을 설치하여 운영하기도 하였다.

이러한 노력으로 2001년 비정규직의 국민연금 가입률이 19.3%, 건강보험 22.2%, 고용보험 20.7%에서 2003년 각각 26.4%, 28.8%, 29.6%로 증가하였고, 2005년 이후 30% 이상의 가입률로 증가하였다. 그러나 여전히 비정규직의 사회보험 가입률과 여타 노동지원 환경은 정규직

〈그림 4〉 고용형태별 사회보험 및 노동조건 적용률(2010. 3월 기준. 단위 : %)

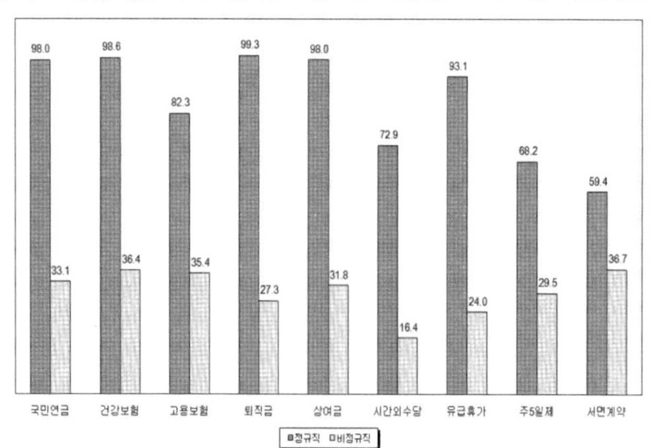

자료 : 김유선, 2010, 15쪽.

과 상당한 차이가 유지되고 있다.

<그림 5> 고용형태별 임금 추이

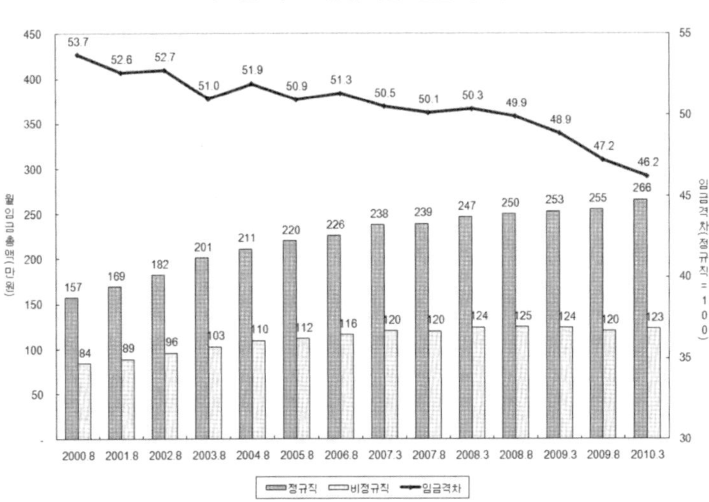

자료 : 김유선, 2010, 25쪽.

　　사회보험은 보험원칙에 입각한 재원형성으로 조직된 노동자와 소득이 파악되는 시민 중심으로 발전하여(갹출자 중심), 조직되지 못하는 비정규직과 저소득 시민에 대한 사회보험제도를 통한 소득보장 기대효과는 그다지 높지 않다. 그러므로 노동시장에서 임금 차이로 발생한 소득 불평등의 문제에 대해 비시장적 영역인 사회보장체계 내에서도 불평등을 완화해주지 못하고 있다.

　　결과적으로 기회평등을 제고하기 위한 전제조건으로서 노동시장에서의 임금, 사회임금으로서의 소득보장체제 모두에서 비정규직 및 저소득층은 공적 소득보장시스템으로부터 배제되었다. 이들을 주요 대상으로 하거나 반드시 포함하는 소득보장제도를 도입해서 강화하지 않는 것은 국가복지체제의 비용에 대한 부담과 국가의 공적 기능 강화에 대한 자유주의적 대응으로 볼 수 있다.

신자유주의 구조조정 이후 노동의 유연화는 강화되었고, 그 결과 비정규직이 증가해 왔다. 이러한 사회구조적 조건에서 결과의 평등은 사회 양극화를 감소할 수 있는 가치로써 그리고 사회정책의 영역에서 노동자에 대한 보호정책으로 여전히 유의미하다. 만약 결과의 평등보다 기회의 평등을 강조하게 된다면, 소득보장과 관련된 국가의 공공지출은 축소될 수밖에 없다.

둘째로 국가의 복지비 확충에 대한 경직성이 한국적 조건에서는 유의미하지 못하다. 고전적 복지체제의 국가재정 확대에 따른 문제점을 한국 국가에 동일하게 적용시킬 수 없다는 점이다. 영국은 GDP 대비 약 37%에 해당하는 사회복지 수준에서 지출을 감축하였지만, 한국은 GDP 대비 10% 이하의 사회복지지출 수준에서 감축을 언급하기 어렵다. 김대중정부 이후 사회복지지출이 이전 정부에 비해 점진적으로 증가했으나, 여전히 OECD 회원국 중 복지후진국 수준에 머물고 있다. 즉 국가의 복지재정 효율성 담론은 오히려 복지에 대한 국가재원의 증대를 가로막을 수 있다.

<표 9> 2003년 OECD 주요 회권국의 사회복지지출 비교

(단위 : 경상GDP 대비 %)

OECD 평균	한국*	스웨덴	프랑스	독일	덴마크	영국	네덜란드	일본	미국
21.83	**9.09**	31.85	29.08	27.40	27.80	**21.43**	21.38	18.39	16.59

* 한국은 2005년 기준.
자료 : 고경환 외, 2007, 18쪽.

결론적으로 생산적 복지는 향후 한국 사회복지정책에 신자유주의적 경로를 만드는 영향을 주었다. 그 결과 국가의 복지책임에서 소득보장의 역할을 주변화시켰고, 경제정책으로 사회정책이 수렴되는 비독립적 성격을 유지하였으며, 친복지담론으로서 적극적 복지정책이 선호되었다. 이에 따라 시장의 불평등이 사회복지제도를 통해서도 해소되기 어려운 복지체제가 형성되었다.

2) 노동과 복지, 그리고 복지의 시장화

신자유주의 시대에 접어들면서 세 정부와 세 가지 복지레짐을 경험하고 있다. 세 정부의 공통된 기조는 국가의 적극적인 사회적 기능을 부여하기보다는 경제발전에 장애가 되지 않는 수준에서 신자유주의 패러다임으로 발생하는 사회문제를 봉합해왔다. 세 레짐에서 공히 개인의 노동에 대한 책임이 강조되었고, 사회적 급여에 대한 기준을 노동과 연계하였으며, 사회복지를 일자리 창출을 위한 산업으로 그 인식이 서서히 강화되어 왔다.

서구 복지국가에서 고전적 사회보장체계의 세 가지 문제에 주목하였다. 첫째, 노동체계를 중심으로 둔 사회보험의 발전은 신자유주의 시기 이후 실업률의 증가와 사회적 배제에 대한 대응에 가졌던 한계, 둘째, 수급권에 대한 사회적 협약의 한계에 부딪히면서 열등처우의 원칙 및 노동연계복지 강화의 대두, 셋째, 생산체계와 재분배체계의 분리 정책으로 성장논리가 복지논리보다 항상 우선시되면서, 사회적인 부양비용 및 실업비용 등에 대해 국가 부담이 최소화되도록 하였다. 그 결과 사회정책의 통합적 접근이 제한되었으며 사회복지가 노동 및 사회문제에 대해 사후적으로 대응하는 기재로 변화하였다. 한국은 고전적 복지체계가 유지되지 않았음에도 이러한 세 가지 경향이 국가복지체제 설계에 적극적으로 고려되었다.

<표 10> 복지레짐별 사회보장제도 변화와 특징

	1997년 말~2002년	2003년~2007년 말	2008년~현재
사회보장 제도의 변화	국민연금/고용보험/ 산재보험 적용 확대 공공근로사업 한시적 생활보호 국민기초생활보장 제도 도입 중증장애아동부양 수당 도입	노인장기요양보험 입법 기초노령연금 입법 국민연금법 개정 장애수당확대 보육료지원 확대 희망스타트 아동양육수당도입 사회서비스 확대 EITC 도입 사회적 일자리 실시 사회적 기업육성	노인장기요양보험 시행 기초노령연금 시행 장애인 장기요양보험 및 연금 도입 보육료지원 확대 사회서비스 일자리 확대 희망근로 및 청년인턴제 의료민영화 법안과 국민 연금기금 개정안 계류 중
복지레짐	생산적 복지	참여복지	능동적 복지
사회보장 제도의 특성	위기 긴급 대응 제도의 양적 팽창	사회투자성격의 지원확대 사회서비스 확충을 통한 일자리 전략구축	사회보험의 공적 기능 축소 사회서비스의 시장화 활 성화 및 일자리로서 사회 서비스 확립

자료 : 노대명 외 2008, 126쪽 참조 및 추가구성.

생산적 복지과 참여복지에서는 사민주의 우경화 전략이 새로운 복지정책으로 꾸준히 적용됐다면, 능동적 복지 체제에서는 국가경쟁력 강화와 친기업적 정책을 위한 자유주의적 정치 전략에 의해 복지공급체계가 시장 중심적으로 확대되고 있다.[7] 사회보험제도의 제도별 민영화 전략뿐만 아니라, 사회서비스제도에서 나타난 다양한 문제는 한국 복지 전달체계 전체를 시장원리로 전환할 만큼의 위험을 안고 있다.

능동적 복지에서 중요한 정책대상은 바로 '일자리'이다. MB의 핵심 선거공약은 경제살리기, 연 7%성장, 일자리 300만 개 창출이었다. 그

---

[7] 의료법 개정을 통한 의료민영화 추진, 연기금운영위원회 개혁을 통한 연기금의 금융자본화 본격화 전략, '사회적 일자리' 확대 사업을 통한 사회정책의 노동정책으로 흡수되면서 사회적 일자리를 통한 나쁜 일자리 창출이 증대, 경제위기 상황에서 '복지'보다 '일자리'가 우선이라는 이데올로기 형성, 일자리 확충을 위한 사회서비스 선진화 추진 등.

러나 집권 이후 일자리 300만 개 공약은 사실상 불가능해지면서 2008년 하반기부터 시작된 고용위기에 대처하기 위해 2009년도 본예산 및 추경을 통해 희망근로 프로젝트, 디딤돌 일자리, 공공기관 청년인턴제 등 단기 일자리를 창출하였고 2009년에는 '녹색뉴딜 – 일자리 96만 개'가 제시되었다. 이러한 단기 일자리는 노동이 곧 복지라는 능동적 복지 슬로건에 따라 노동능력이 있는 실업 대상에게 현금급여방식이 아닌 일자리 제공으로 복지를 달성한다는 전형적인 슘페터적인 노동연계복지의 특징을 가진다. 노동연계를 통한 한시적 생계지원이라는 운용 철학은 위기에 직면한 시민의 생존권에 대한 권리적 측면의 강화를 통한 복지지원이 아니라, 일을 통한 생계유지라는 원칙을 철저히 관철하였다는 것을 알 수 있다.

이러한 일자리는 대부분 비생산적인 노동이 많아서 과거 공공근로사업과 차별성 없이 재현한다는 비판을 받기도 하였다. 그리고 이전과 다르게 제공되는 임금의 형태가 현금과 상품권을 함께 제공함으로써 노동의 선택권뿐만 아니라 임금형태에 대한 선택권 역시 국가가 결정하기에 이른다. 임금의 수준은 최저임금 수준에 맞춰졌기 때문에 적정수준의 생활보장은 기대하기 어려운 수준이었다. 이러한 일자리에 대한 정책은 복지에 대한 시민권의 약화와 개인의 책임강화를 동반하게 된다. 그리고 하나의 중요한 일자리 정책으로 보아야 하는 것이 '사회서비스 일자리'이다. 정부의 사회서비스 확충전략[8]은 한편으로는 복지의 시장화 전략으로, 다른 한편으로는 일자리 창출 전략으

---

[8] 한국사회는 2006년 9월 참여정부의 「보건복지부문 사회서비스 확충전략」이 발표되면서 사회서비스에 주목하기 시작하였다. 그 이전까지 가족의 재생산과 관련된 대부분은 개인과 시장이 담당해왔고, 사회적 약자에 대해서만 일부 사회복지서비스가 운영되었다. 사회서비스 확충전략은 이와 같은 잔여적이고 선별적이었던 복지서비스에 대해 사회복지, 교육, 보건의료, 문화예술, 환경안정과 같이 다섯 분야에 걸쳐 보다 제도적이고 보편적인 공공 서비스의 확대라는 기대를 모으게 했다.

로 파악된다.

<표 11> 사회서비스 취업 증가율 추이

	취업자 증감(만 명)			취업자수 (만 명, 09년)	취업자 비중(%, 2008년)				
	00~08 총계	00~08 연평균	09년		한국 (10.4월)	미국	영국	일본	독일
계	242	30	△7.2	2,351	100.0	100.0	100.0	100.0	100.0
농림어업	△56	△7	△3.8	165	6.8	1.5	1.5	4.2	2.3
제조업	△33	△4	△12.6	384	16.7	10.9	12.0	18.4	22.0
건설업	23	3	△9.1	170	7.5	7.5	8.1	8.4	6.5
사회서비스업	108	13	39.5	386	16.8	26.3	28.6	17.4	24.9
공공행정 등	8	1	19.1	103	4.3	4.7	7.1	3.5	7.3
교육서비스업	59	7	4.8	183	7.8	9.1	9.1	4.5	5.9
보건·사회복지업	41	5	15.6	100	4.7*	12.5	12.4	9.4	11.7

자료 : 관계부처합동, "사회서비스 육성 및 선진화방안", 2010.5.27.

2000~2008년까지 증가한 일자리는 총 242만 명인데 이 중 45%가 사회서비스 분야로 총 108만 명이 증가하였다. 2009년도 경제위기에서도 사회서비스는 39만 5천 명의 일자리를 만들면서 고용 안전판 역할을 한다고 정부는 평가한다. 즉 '고용 없는 성장' 시기에 사회서비스가 일자리 창출을 주도하고 있다고 선전하고 있다. 2010년 4월을 기준으로 사회서비스 일자리는 제조업부문의 일자리를 추월하기에 이른다. 그러나 사회서비스 일자리는 대체로 저임금과 열악한 노동조건으로 대표적인 나쁜 일자리로 자리 잡게 되었다.

사회서비스 확충전략의 대표적 정책 목표는 사회투자형 서비스 개발 및 확충과 새로운 일자리 창출이었다. 그러나 사회서비스 확충은 보건과 복지의 공공성 확대에 주안점을 두기보다 복지의 시장형성과 양적 일자리 창출에만 역점을 둔다는 비판이 제기되었다. 즉, 일자리의 양적 확대를 목표로 하는 노동정책과 결합한 복지의 시장 형성을 위한 전략으로 분석된다. 대표적인 사회서비스 일자리로는 취업이 단절되었던 중장년 여성을 중심으로 돌보미(바우처운영), 요양보호사(사회보험운영), 간병인(건강보험 급여화 시범사업 중) 등이다. 이러한 일자리는 고용 없는 성장 시기에 보편적으로 괜찮은 일자리로서 확충전략을 가졌다기보다는 실업률 증가를 막아주는 안전판과 같은 기능을 하는 것으로 분석된다.

정부는 애초부터 사회서비스 확대를 위한 전략에서 공적 인프라 형성이나 공공성을 바탕으로 한 정책들은 제외한 채, 일자리와 시장형성에만 주목하고 있다는 점에서 정책의 심각한 왜곡이 나타나고 있다. 사회서비스의 산업적 가치가 우선되었고, 이로 인해 시장원리에 입각한 사회서비스 시장이 확대되었으며, 그 결과 사회서비스의 복지적 특성과 사회성은 상대적으로 부차화 되었다. 이러한 사회서비스의 시장화로 서비스 공급구조의 경쟁의 가속화, 수익구조 창출의 정당화, 서비스 직접 제공자인 돌봄노동자에 대한 직·간접적인 착취구조는 복지를 매개로 이용자의 대상화, 공적 재원의 투입으로 형성된 시장에서 시장원리가 그대로 적용되는 공급구조로의 재편, 새로운 워킹클래스의 증가를 가져왔다. 비록 국가재정으로 다양한 사회서비스가 제공되고 있지만 운영 원리와 노동자에 대한 국가의 태도에서 신자유주의적 속성을 그대로 반영한다고 볼 수 있다.

5. 결론 : 한국의 신자유주의 사회복지의 성격과 과제

케인스주의적인 복지국가를 허물면서 펼쳐졌던 신자유주의자들의 '작은 국가가 시장을 원활하게 하고, 경제를 활성화시킨다'는 명제는 더 이상 증명되지 않는다. 오히려 국가의 기능은 경제적 측면에서 더욱 강화되었고, 이에 준하는 복지체제와 이에 부합하는 국가의 사회적 기능이 축소·재편되어 왔다.

한국 사회가 겪은 신자유주의적 전환 경로는 서구 복지국가와는 다른 환경이었다. IMF의 강제에 의한 신자유주의적 외적강제를 수용하였고, 사회복지는 신자유주의 개혁의 중단 없는 진행을 위하여 자본과 국가의 필요에 의해서 발전하였다. 이처럼 사회정책은 지배계급의 정치적 필요에 의해서도 확장될 수 있다.

하이만(Heimann)은 사회정책에 대해 자본소유와 상품질서에 반하는 원칙으로 자본주의 사회 안에서 자본주의를 반대하는 사회적 이상의 현실화라고 정의한다. 그에 따르면 사회적 이상은 자본주의 경제 및 사회적 토대에 따라 사회운동의 범주 내에서 일정한 형태를 띠면서 자본주의 안에서 경제적 수단으로 자본주의 원리를 반하게 한다는 것이다. 이러한 사회정책의 혁명적 성격은 항상 체제를 유지하고 통합하려는 지배계급의 보수성과 대립하고 갈등하게 된다. 그러므로 사회복지 발전을 중심으로 부르주아의 피지배세력을 향한 지배−억압적 요소와 피지배계급의 혁명적 요소 모두를 담지하고 있다는 점에서 사회정책은 양면성(Doppelseitigkeit)을 가진다.(Heimann, 1980, 167쪽) 신자유주의 시대 사회정책은 팽팽한 계급 긴장과 대립을 바탕에 둔 양면성을 형성하지 못하였다. 오히려 자본이 그들의 새로운 축적구조를 형성하기 위해 피지배계급으로부터 매우 강도 높은 경제적 양보뿐만 아니라 정치적 양보까지도 요구해왔다.

케인스주의 체제가 1930년부터 형성되기 시작해 1970년대 중반까지 유지됐고, 신자유주의 시대는 70년대 말부터 현재까지 유지되고 있다. 이러한 역사적 경험에서 알 수 있듯이 자본의 축적구조는 결코 영구적으로 지속하지 않는다. 즉 신자유주의도 자본주의 체제의 영속적인 위기에서 자유로울 수 없다. 이에 전복과 반전을 위한 노동계급의 전략과 신자유주의로 빚어진 경제 및 사회문제를 해결할 수 있는, 신자유주의 속에서 신자유주의를 역행할 수 있는 사회정책과 복지체제가 요청된다.

한국의 신자유주의적 복지체제의 특징은 국가주도로 형성되어 국가의 재정 및 정책권한이 절대적이라는 점, 경제 및 사회적 불평등의 대상이 되는 계층에 대한 소득보장체계가 매우 미흡하다는 점, 사회적 안전망의 충분한 설치 없이 노동시장을 분절화시켜 임금 및 노동조건이 하향화되었다는 점, 공적 영역으로써 사회복지 공급체계를 형성하지 않고 시장화시켰다는 점, 정부 주도의 나쁜 일자리 확대가 사회서비스 확충 전략의 핵심 목표가 되었다는 점으로 대표될 수 있다. 이러한 신자유주의적 복지체제의 한계를 극복하기 위해서는 재생산 영역뿐만 아니라 생산영역부분까지 포괄하는 경제-노동-사회 정책에 대한 종합적인 재고가 필요하다. 생산영역과 재분배 영역의 분리가 아닌 통합적인 접근으로 시장임금과 사회임금에 대한 구상이 필요하다.

비정규직의 증가와 소득의 양극화로 경제활동인구의 50%에 달하는 소득자들이 시장임금으로 그들의 생계를 유지하기 어려운 조건이다. 그렇다면 노동정책과 사회정책의 통합이 신자유주의 방식인 노동책임을 강화하는 방식에 대응할 수 있는 노동계급의 통합적 접근이 요청된다. 이에 최저임금의 실질적 향상과 비정규직에 대한 고용관계 개선이 사회정책과 함께 추진되어야 한다. 또한 사각지대에 놓여 있는 계층에 대한 사회적 안전망을 조속하게 시행해야 한다. 이들은 가처분소득인 낮기 때문에 현재뿐만 아니라 미래에 대한 예비 자원이 부족하다. 그러므로 미래소득이자 노후소득의 기능을 하는 연금제도에서 상당수 배제되어 있다. 사회보험은 사회적 위험이 더 많이 노출된 계층에게 더욱더 예방적인 기능을 수행해야함에도 불구하고 오히려 사회적 위험이 더 큰 집단일수록 사각지대에 놓여 있다. 그러므로 이들의 사회적 보호를 위한 재원이 자본의 이윤으로부터 형성되어야 한다. 이와 같은 방식으로 사회복지를 매개로 자본에 대한 의무를 강화하고, 그것을 가능하게 할 수 있는 정치조직과 사회운동이 확산되고 구체화될 때 비로소 기존의 신자유주의적 성격의 복지체제로부터 구별되는 새로운 사회정책의 가능성이 열릴 것이다.

◨ 참고문헌

고경환·장영식·김교성·최성용, 2007『한국의 사회복지지출 추계(1990~2005)와 자발적 민간급여 실태조사』, 한국보건사회연구원.
김유선, 2010「비정규직 규모와 실태 : 통계청 경제활동인구조사 부가조사(2010. 3.) 결과」, 한국노동사회연구소.
김종건·김연명, 2003「비정규 노동자 가구의 사회복지와 노동력 재생산 실태에 관한 연구」,『사회복지정책』Vol. 17.
김연명, 2001「비정규노동자에 대한 사회보험확대 쟁점과 정책」『한국사회복지학』45.
김연명·박능후·김유선·조성재, 2004『사회통합적 시장경제 모델 연구』연구보고서.
김정우, 2005「노동소득분배율의 변동추이와 의미」『노동리뷰』5월호, 한국노동연구원.
노대명, 2006「빈곤 극복의 대안적 복지체제 모형 연구」『민주화 세계화 이후 한국 민주주의의 대안 체제 모형을 찾아서』(신영복·조희연), 함께읽는책.
노대명·강신욱·이현주·양시현·이은혜, 2008『한국복지모형에 대한 연구 : 그 보편성과 특수성』, 한국보건사회연구원 연구보고서.
노중기, 1999「기로에 선 노동운동, 노동의 선택」『실천문학』통권 54호.
류만희, 2004「비정규직노동자의 사회적 보호」『상황과 복지』18.
성은미, 2007『노동시장 유연화와 사회보험의 대응전략 : 한국과 일본의 비교』,

박사학위논문.

신광영, 2008「현대 한국 불평등 구조의 변화 : 민주화, 세계화와 새로운 사회적 위험」『현대사회와 문화』제27권, 연세대학교 사회발전연구소.

오건호, 2006「민주화·세계화 이후 한국 민주주의의 대안체제 모형을 찾아서」『민주화 세계화 이후 한국 민주주의의 대안 체제 모형을 찾아서』(신영복·조희연), 함께읽는책.

______, 2009「한국의 사회임금은 얼마일까?」, 사회공공연구소 이슈페이퍼 2009 -5.

유범상, 2003「한국의 노동정치와 사회복지의 만남」『상황과 복지』제14호, 비판과 대안을 위한 사회복지학회.

윤정향, 2005『비정규 노동자의 사회보험 배제원인과 배제기제 연구』, 박사학위논문.

이병훈·유범상, 1998「한국노동정치의 새로운 실험 : 노사관계개혁위원회와 노사정위원회에 대한 비교평가」『산업노동연구』제4권 1호, 한국산업노동학회.

이종선, 2001「IMF 경제위기와 한국의 노사관계 변화」『한국사회』제4집.

______, 2002「한국의 신자유주의 구조개혁과 노동지상 변화」『한국사회』제3집.

이창근, 2006「1997년 경제위기 이후의 한국 자본주의의 축적구조의 변화」『진보평론』제27호, 메이데이.

정성진, 2005「한국경제의 마르크스 비율 분석 : 1970~2003」『사회경제평론』25호.

정이환, 2008「신자유주의와 한국 고용체제」『한국사회』제9집 2호.

제갈현숙, 2008a「신자유주의시대 한국 사회보험의 쟁점과 공공성의 전망 : 국민연금과 건강보험을 중심으로」『공공부문 구조조정 대응과 사회공공성 강화를 위한 연구』(임영일·윤영삼·박하순), 전국공공서비스노동조합 사회공공연구소.

______, 2008b「생산적 복지체제 이후 한국 복지체제 담론에 대한 비판적 고찰 : 사회투자국가 논의를 중심으로」『사회복지정책』Vol. 35.

조영훈, 2002「현 정부 복지정책의 성격 : 신자유주의를 넘었나?」『한국 복지국가 성격논쟁 I』(김영명), 인간과 복지.

______, 2004「자유주의 유형으로서의 한국 복지국가 : 민영보험의 상대적 발달을 중심으로」『상황과 복지』제19호.

한국노동연구원, 2010 『2010 KLI 노동통계』, 한국노동연구원.

Heimann, Eduard, 1980[초판 1929] *Soziale Theorie des Kapitalismus. Theorie der Sozialpolitik*, Frankfurt a. M.: Suhrkamp.

Gough, Ian, 1997 "Wohlfahrt und Wettwerbsfähigkeit". in: Jens Borchert, Stephan Lessenich, Peter Lösche. *Standortrisiko Wohlfahrtsstaat?*. Opladen: Leske+Budrich.

Borchert, Jens, 1995 *Die Konservative Transformation des Wohlfahrtsstaates. Grossbritannien, Kanada, die USA und Deutschland im Vergleich*, Frankfurt · New York: Campus Verlag.

Hirsch, Joachim, 1995 *Fordismus und Postfordismus: Die gegenwärtige gesellschaftliche Krise und ihre Folge*(김호기 역, 『포스트 포드주의와 신보수주의의 미래』), 한울.

Regini, Marino, 2000 "The Dilemmas of Labour Market Regulation", in: Gøsta Esping-Andersen, Mario Regini(ed.). *Why Deregulate Labor Market?*. Oxford.

Mishra, Ramesh, 1999 *Globalization and the Welfare State*, Cheltenham · Nordhampton: Edward Elgar.

제2부

제1장 재벌 중심 체제의 한계

경제력 집중 심화 및 폐쇄적 지배구조의 폐해와 극복 방안

김상조

1. 서론 : 재벌, 야누스의 두 얼굴

재벌은 한국경제의 명과 암을 동시에 드러내는 야누스의 두 얼굴이다. 우선, 1930년대 대공황 이래 최대의 경제위기라고 일컬어지는 작금의 글로벌 금융위기의 충격에도 불구하고, 적어도 현재까지는, 한국경제는 놀라운 회복 추세를 보이고 있다. 그 배경으로는 (1997년 외환위기 당시와 대비되는) 재정·금융상의 확장정책, 그리고 (경쟁 상대국 통화와 대비되는) 원화 환율 상승 등의 외생적 요인이 크게 작용하였지만, 이러한 외부환경의 변화를 세계시장에서의 점유율 제고(삼성경제연구소, 2010, 1쪽)[1]로 연결할 수 있었던 재벌계 대기업들의 경쟁력 기반도 결코 무시할 수 없는 주요 요인으로 지적되고 있다. 한마디로, 한국 재벌의 주력 계열사들은 제품생산 능력은 물론 연구개발 및 디자인 역량, 나아가 브랜드 이미지 등의 측면에서도 이미 글로벌 기업으로 성장하였다.

---

[1] 2009년도에 세계 실질 교역량이 12.2% 감소했음에도 불구하고, 한국의 실질 수출액은 전혀 감소하지 않았다(0.04% 증가). 명목금액 기준으로도 2009년 전 세계 총수입액이 21.8% 축소된 데 비해 한국의 수출액은 13.9% 줄어드는 데 그쳤다.

다른 한편, 재벌 중심의 성장 체제에 대한 비판적 시각도 여전하다. "대기업의 선도적 투자에 의한 성장의 과실이 결국 중소기업과 서민으로까지 확산된다"라는 이른바 낙수효과(trickle-down effect)가 21세기 한국경제에도 여전히 유효하고도 지속 가능한 전략인지에 대해 강한 의문이 제기되고 있다. 나아가 '삼성공화국' 논란이 상징하는 바와 같이, 재벌로의 경제력 집중이 중소기업의 쇠퇴와 양극화 심화를 통해 국민경제의 동태적 효율성을 잠식하는 것은 물론, 후진적 지배구조 문제와 결합함으로써 한국사회의 민주적 질서를 위협하는 지경까지 이른 것은 아닌가 하는 우려를 낳고 있다.

이처럼 재벌이 가진 명과 암의 이중성은 부지불식간에 1997년 외환위기 이후 재벌정책의 목표 또는 방향성에도 그대로 투영되고 있다. 즉 재벌의 밝은 면은 발전시키되, 그 어두운 면은 개혁한다는 것이다. 그러나 아이러니하게도, 너무나 당연한 것처럼 보이는 이러한 상식적 인식이 재벌의 폐해를 포착하고 그 대책을 마련하는 데 상당한 왜곡을 초래했다는 것도 부정할 수 없다. 더 구체적으로, '기업집단'으로서의 재벌의 경쟁력 우위 요소는 규제대상이 아니라 오히려 지원해야 하며, 다만 '총수일가'의 전횡을 견제하는 것으로서 재벌의 폐해를 충분히 제어할 수 있다는 인식을 낳은 것이다. 이것이 외환위기 이후 재벌정책의 초점이 '경제력 집중 억제'에서 '기업지배구조 개선'으로 이동하게 된 배경이라고 할 수 있다.[2]

물론 '천민자본적 성격'이 재벌의 폐해를 더욱 심화시키는 핵심적 요소라는 것은 부정할 수 없는 사실이다. 그러나 천민성을 치유한다

---

[2] 솔직히 고백하자면, 재벌개혁 논의가 기업지배구조 개선 중심으로 전개된 데에는 필자도 일정한 정도 책임이 있다. 필자가 대표자로 있는 시민단체인 경제개혁연대(참여연대 경제개혁센터로 활동하다가 2006년 9월에 독립단체로 분화)의 활동이 소액주주운동을 비롯한 지배구조 개선 분야에 초점을 맞추었고, 이것이 한국 시민사회의 재벌개혁운동을 대표하는 것으로 인식되었기 때문이다.

고 해서 재벌의 '독점자본적 성격'이 사라지는 것은 아니라는 점 역시 분명하다. 이것이 한국의 현실에서 재벌개혁이 난관에 부딪히는 이유이기도 하다. 즉 재벌개혁은 재벌의 천민성을 개혁하는 자유주의적 과제와 함께 재벌의 독점성에 대한 사회적 통제장치를 확보하는 진보적 과제가 중층적으로 결합되어 있는 문제이다. 나아가 한국의 보수세력이 재벌의 천민성을 개혁하는 부르주아적 과제가 자신의 책무임을 인식조차 하지 못하는 상황에서, 한국의 진보세력은 이 두 가지 모순적 과제를 동시에 담당할 수밖에 없다는 딜레마에 봉착하게 되는 것이다.

이러한 관점에서 이 글에서는 재벌개혁의 두 가지 측면, 즉 '경제력 집중 억제' 및 '기업지배구조 개선'과 관련하여 각각 다음과 같은 문제를 제기하고 그 답을 찾아보고자 한다.

첫째, 지배구조가 건전하기만 하다면, 기업집단의 규모가 아무리 커도 문제가 없는가? 이는 21세기 글로벌 경쟁의 시대에 경제력 집중 억제라는 정책목표가 여전히 중요한 의미를 갖는 것인가에 대한 문제 제기이다. 삼성그룹, 현대자동차그룹 등이 글로벌 기업으로 성장하는 것은 그 자체로는 칭찬받을 일이다. 그러나 이들 대규모 기업집단의 성장이 여타 중소기업의 성장으로까지 확산될 것인가는 전혀 별개의 문제이며, 오히려 재벌로의 경제력 집중이 이러한 선순환 구조의 확립에 장애가 될 가능성이 농후하다. 나아가 재벌의 과도한 경제력은 경제 영역을 넘어 정치·사회·문화·이데올로기적 지배력으로까지 확장되어, 말 그대로 민주주의에 대한 위협이 될 수도 있다. 따라서 재벌의 경제력 집중 정도를 객관적으로 평가하고, 이것이 국민경제의 동태적 성장, 나아가 한국사회의 민주적 발전에 미치는 영향을 정확하게 분석할 필요가 있다(2절).

둘째, 기업지배구조 개선은 주주자본주의 또는 이해관계자 자본주의, 또는 그 어떤 경제모델의 이념적 선택의 문제인가? 이는 주요 제도의 변화 과정에서 필연적으로 발생하게 될 과도기적 불안정성과 갈등을 관리할 능력을 우리 사회가 갖추고 있는가에 대한 문제제기이다. 흔히 기업집단과 총수일가를 구분하는 것이 재벌개혁의 핵심이라고 하지만, 이것이 생각만큼 간단하지가 않다. 5%도 안 되는 소수지분을 보유한 총수일가를 '오너'라고 부르는 것이 우리의 현실인데, 이는 단지 우리의 머릿속에 있는 허상만은 아니며, 수많은 법제도와 관행 속에 깊숙이 뿌리 박혀 있는 구조적 문제이기 때문이다. 재벌의 지배구조 개선은 총수일가만이 아니라 다양한 이해관계자들, 즉 소액주주, 채권자, 노동자, 하도급기업, 소비자, 지역주민 등의 경제적 이해관계에 커다란 영향을 미치게 된다. 따라서 재벌의 지배구조 개선 과정이 '섬세하게 관리'되지 않으면, 총수일가는 물론 여타 이해관계자로부터도 심각한 저항을 유발할 수 있으며, 이로 인한 막대한 비용은 해당 기업집단은 물론 국민경제 전체의 성장과 안정을 저해하게 된다. 즉 재벌의 지배구조 개선은 새로운 법제도를 도입하는 것(revolution)으로 끝나는 것이 아니라, 이를 공정하고도 엄정하게 집행·관리하는 과정(evolution)이 더 중요할 수도 있다(3절).

2. 재벌의 독점적 지배력 : 경제력 집중의 현황 및 폐해

1) 30대 재벌(비금융부문)의 경제력 집중 현황

독점자본으로서의 재벌의 경제적·사회적 지배력, 그리고 이에 따른 폐해의 실태를 분석하기 위해서는 무엇보다 재벌로의 경제력 집중 정도를 정확하게 파악할 수 있는 지표가 필요하다. 그러나 경제학의 산업조직론이나 법학의 공정거래법 분야에서 통상 사용하는 집중도 지표[3]는 이러한 목적에 전혀 부합하지 못한다. 무엇보다, (연결재무제표나 결합재무제표가 아닌) 개별재무제표를 기반으로 하는 우리나라의 개별기업 단위 통계자료로는 '기업집단', 즉 '공통의 지배권하에 있는 다수 기업의 집단'이라는 재벌의 특성을 전혀 포착할 수 없기 때문이다.

이에 이 글에서는 다음과 같은 방식으로 30대 재벌의 경제력 집중도 지표를 계산하여 1987~2008년의 22년간의 추이를 살펴보았다. 우선, 공정위가 1987년 이래 매년 4월에 발표하는 대규모 기업집단 리스트를 기초로 연도별 자산규모 상위 30대 민간 기업집단(이하 30대 재벌)의 리스트를 확정한다. 분석대상을 재벌, 즉 '동일인이 자연인인 민간 기업집단'에 한정하기 위해, 한전·주택공사 등의 공기업집단 및 포스코·KT 등의 민영화된 공기업집단은 제외하되, 대우조선해양·하이닉스 등 채권단 산하의 구조조정기업집단은 포함하였다. 다음으로, KIS－Line DB를 이용하여 연도별로 각 그룹 산하 비금융 계열사의 개별재무제표를 단순합산한 그룹재무제표를 산출하였다. 단순합산 재무제표의 경우 계열사간의 내부거래가 제거되지 못하는 한계가 있으나, 연결재무제표나 결합재무제표를 일관되게 이용할 수 없는 현실 여건상 이를 극복할 방법은 없다. 마지막으로, 30대 그룹 전체 및 5대 재벌, 6~10대 재벌, 11~20대 재벌, 21~30대 재벌 등의 범주별로 자산, 매출액, 영업이익, 투자, 부가가치, R&D 등과 관련된 재무지표를 산출

---

3) 개별 품목별로 세분한 시장을 대상으로 독과점도를 산정한 '품목시장집중도'(통계청의 품목분류상 8자리 기준), 유사한 산업활동을 하나의 시장으로 통합하여 독과점도를 산정한 '산업시장집중도'(한국표준산업분류상 5자리 세세분류 기준), 상위 50대·100대 기업 출하액의 GDP 대비 비중을 측정한 '일반집중도' 등이 그것이다. 이상 세 가지 집중도 지표의 추이와 그 한계에 대해서는 김상조(2007.11), 214~216쪽 참조.

하고, 그 국민경제적 비중 및 변화 추이를 분석하였다.

가. 30대 재벌의 규모변수 변화 추이

먼저, 〈그림 1〉에서 규모변수의 가장 대표적인 지표라 할 수 있는 자산 및 매출액의 GDP 대비 비중 추이를 보면(ⓐ와 ⓑ 참조), 30대 재벌 전체를 기준으로 할 때(5대, 6~10대, 11~20대, 21~30대 재벌의 누적 비중) 외환위기를 전후하여 그 비중이 급격히 증가하였다가 하락하는 불안정한 양상을 보였는데, 이는 김영삼정부 시절 규제완화와 대외개방의 환경하에서 무분별한 외형확장을 추구하였던 재벌들이 심각한 부실에 직면하였던 사정을 그대로 반영하고 있다. 외환위기에 따른 구조조정이 일단락된 2002년 이후에는 GDP 대비 30대 재벌의 자산 및 매출액 비중이 다시 크게 상승하여 2008년에는 외환위기 직전과 거의 유사한 수준에 도달하였다. 외환위기 이후 30대 재벌 중 절반 이상이 혹독한 구조조정 과정을 거쳤음을 감안하면, 최근 30대 재벌로의 경제력 집중은 더욱 가속화되고 있다고 할 수 있다.

GDP 대비 30대 재벌의 자기자본 비중(ⓒ 참조)은 외환위기 이전에는 거의 일정한 수준을 유지하다가 2002년 이후 급격한 상승세를 보이고 있다. 또한 30대 재벌이 산출한 부가가치(인건비, 임차료, 순이자비용, 감가상각, 제세공과, 영업이익의 합)의 GDP 대비 비중(ⓓ 참조) 역시 2002년 이후 한 단계 높아진 것으로 나타난다. 이는 최근 30대 재벌의 재무구조와 생산성이 크게 제고된 것을 의미한다.

〈그림 1〉 30대 재벌 규모변수의 GDP 대비 비중 추이(단위 : %)

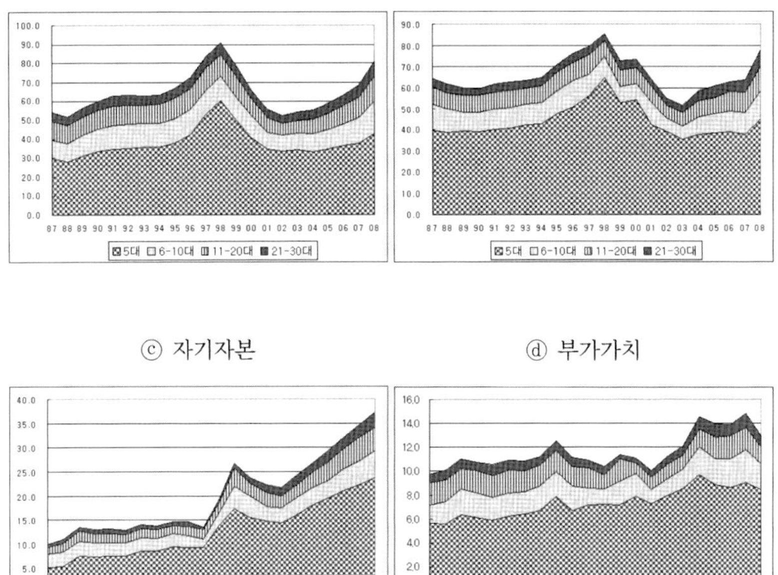

규모변수별로 5대, 6~10대, 11~20대, 21~30대 재벌 각각이 차지하는 비중을 보면, 상위 5대 재벌이 압도적인 비중을 차지하고 있지만, 최근 그 비중이 다소 하락하였음을 알 수 있다. 예컨대, 자산의 경우 30대 재벌 전체를 100.0으로 했을 때 5대 재벌의 점유비는 1988년 48.6에서 1998년 71.5까지 상승하였으나 2008년에는 63.5로 하락하였다. 현대, 대우, 삼성, LG, SK 등 기존의 5대 재벌 중 SK그룹을 제외한 나머지 그룹들이 외환위기 이후 비자발적 또는 자발적 요인에 의해 다수 친족그룹으로 계열분리되었기 때문이다.

한편, 〈그림 2〉는 자본축적의 기본 동력인 설비투자 관련 지표를 정리한 것이다. 먼저, GDP 대비 30대 재벌의 설비투자(현금흐름표에서 '유·무형·리스자산의 증가'에서 '유·무형·리스자산의 감소'를 차감하여 계산) 비중을 보면, 외환위기 직후 급격하게 하락하였다가 2002년 이후 상당 정도 회복되었으나, 여전히 외환위기 이전 수준에는 미치지 못함을 알 수 있다.(ⓐ 참조) 외환위기 이후 국민경제 전체의 평균투자율 하락을 반영하고 있다. 그러나 국민계정상의 설비투자(무형고정자산투자 포함)에서 30대 재벌의 점유비중을 보면, 1980년대 후반 3저 호황기 당시의 수준을 넘어 1990년대 후반 외환위기 직전의 수준에 거의 근접했다.(ⓑ 참조) 이는 외환위기 이후 30대 재벌 설비투자의 절대적 비중은 줄었지만, 국민경제 전체의 설비투자에서 차지하는 상대적 점유비중은 이른바 중복·과잉투자라 일컬어지는 외환위기 직전 수준에 이르렀음을 의미한다. 즉 30대 재벌그룹의 투자는 결코 침체되었다고 할 수 없다. 따라서 외환위기 이후 이른바 '기업의 설비투자 부진' 문제의 핵심은 '평균투자율의 저하'에 있는 것이 아니라 대-중소기업간 또는 수출-내수산업간 '투자율의 양극화'에 있다고 보는 것이 더욱 정확한 판단일 것이다. 이는 재벌에 대한 규제완화를 통해 투자를 활성화한다는 이명박정부의 정책기조가 잘못된 진단 하에 잘못된 처방을 내린 것임을 시사한다. 한편, 30대 재벌 중에서 상위 5대 재벌의 투자 점유비중이 압도적이라는 것은 앞의 규모변수들과 마찬가지이다.

<그림 2> 30대 재벌의 설비투자 추이(단위 : %)

ⓐ GDP 대비 비중   ⓑ 국민계정상 설비투자 중 점유비중

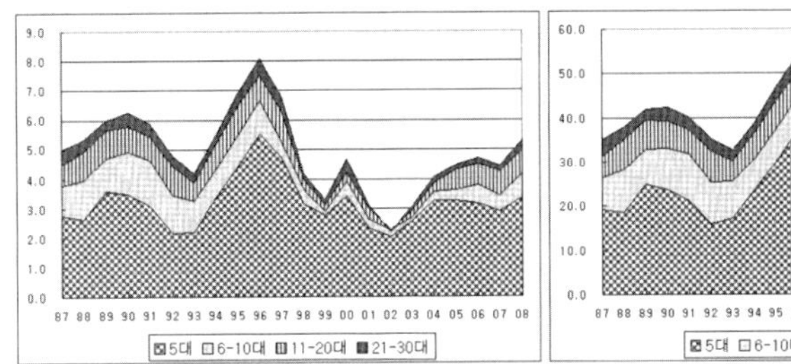

결론적으로, 자산·매출액·자기자본·부가가치·설비투자 등의 각 규모변수가 GDP에서 차지하는 비중을 기준으로 할 때, 외환위기에 따른 구조조정의 여파가 일단락된 2002년 이후 30대 재벌로의 경제력 집중은 가속화되고 있으며, 대부분 지표에서 외환위기 직전의 집중도 수준에 도달하였다.

그중 상위 5대 재벌의 비중은 여전히 압도적이지만 계열분리가 진행된 결과 최근 다소 하락하는 양상을 보이고 있는데, 계열분리된 친족그룹들이 대부분 30대 재벌에 포함되고 있음을 감안하면, 이들 전체의 국민경제적 영향력은 가공할 만하다고 할 수 있다. 다음 <그림 3>은 30대 재벌에 포함된 친족그룹들을 모두 합친 범삼성그룹(삼성, 신세계, CJ, 한솔 등), 범현대그룹(현대차, 현대중공업, 현대, 현대산업개발, 현대백화점 등), 범LG그룹(LG, GS, LS 등) 및 SK그룹 등 이른바 범4대 재벌의 국민경제적 비중을 나타낸 것이다. 범4대 재벌의 비중은 외환위기 이전 수준을 초과하였으며, 특히 범삼성그룹의 비중 증가가 두드러지게 나타난다. 예컨대, 2008년은 국민계정상의 설비투자 대비 범4대 재벌의 점유비중이 34.3%에 이르렀는데, 그중 범삼성그룹은 14.7%(삼성그룹 단독으로는 13.2%)에 달하였다. 이들의 투자 사보

타지(자본파업)에 버틸 수 있는 정권은 없을 것이다.

<그림 3> 범4대 재벌의 규모변수 추이(단위 : %)

ⓐ GDP 대비 자산 비중

ⓑ GDP 대비 매출액 비중

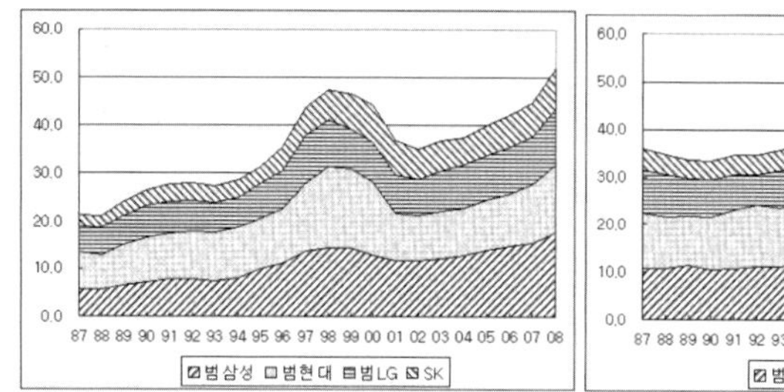
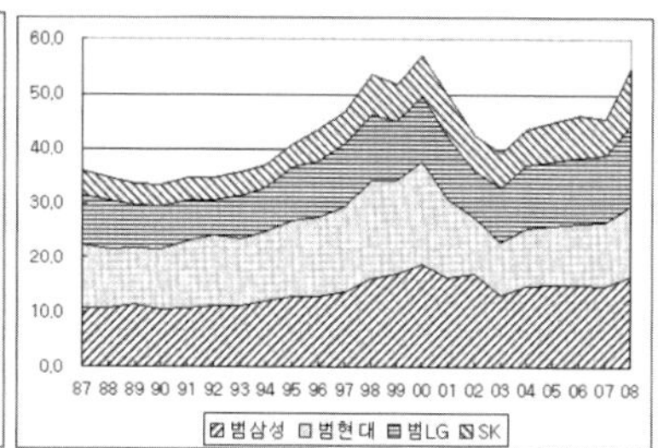

ⓒ GDP 대비 부가가치 비중

ⓓ 국민계정상 설비투자 중 점유비중

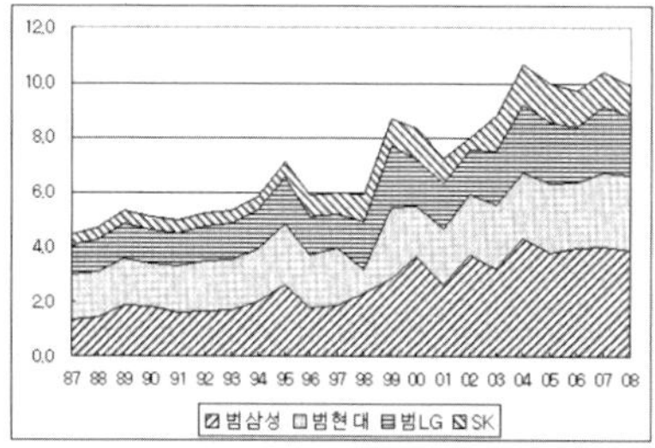
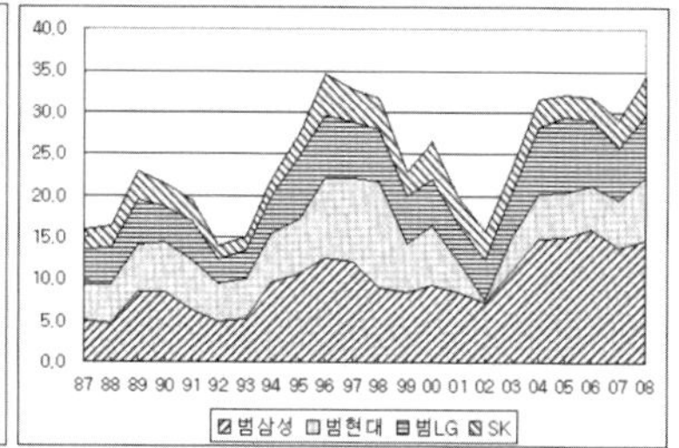

나. 30대 재벌의 경영성과 추이

다음 <그림 4>는 각 재벌 범주별로 주요 경영성과 지표를 정리한 것이다. 먼저, 자기자본 비율(ⓐ 참조) 및 차입금의존도(ⓑ 참조)를 통해 재무구조 추이를 보면, 외환위기 이후 재벌들의 재무구조가 크게 개선되는 가운데, 특히 상위 5대 재벌이 월등한 성과를 나타내고 있다. 수익성 관련 지표인 ROA(ⓒ 참조) 및 이자보상비율(ⓓ 참조) 역시 마찬가지 양상을 보인다.

<그림 4> 30대 재벌의 경영성과 추이(단위 : %)

ⓐ 자기자본비율(=자기자본/자산)　　ⓑ 차입금의존도(=차입금/자산)

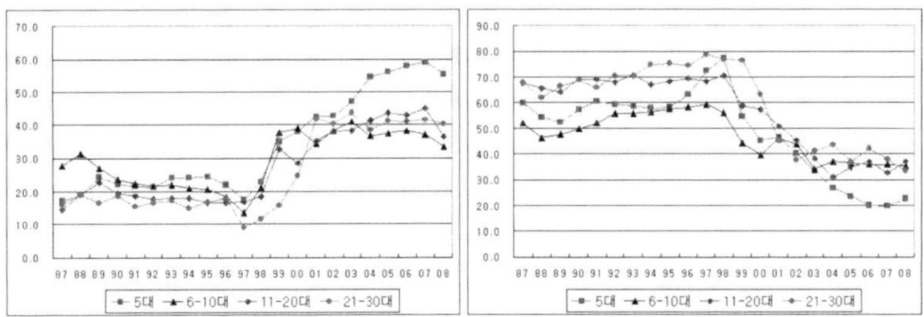

ⓒ ROA(=영업이익/자산)　　ⓓ 이자보상비율(=영업이익/이자비용)

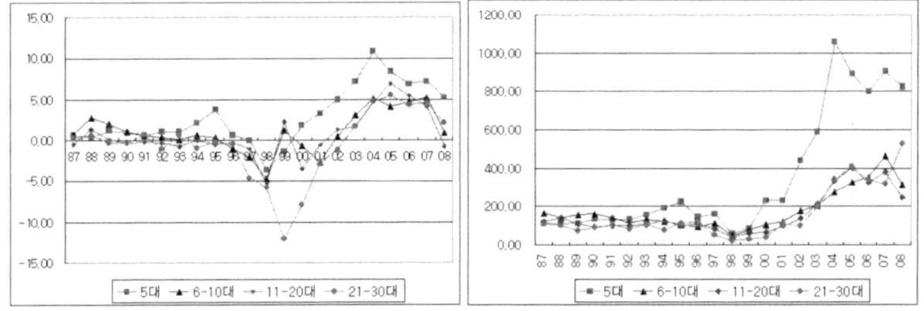

　이처럼 외환위기 이후 30대 재벌 전체의 경영성과가 개선되는 가운데, 특히 상위 5대 재벌이 월등한 성과를 나타내는 배경으로는 생산성 관련 지표를 살펴볼 수 있다. <그림 5>의 부가가치율(ⓐ 참조) 및 총자본투자효율(ⓑ 참조) 추이에서 보듯이, 외환위기 이후 상위 5대 재벌의 생산성이 두드러지게 높아진 것을 알 수 있다. 이는 매출액 대비 R&D지출[4] 비중(ⓒ 참조)의 측면에서는 상위 5대 재벌이 여타 재벌에 비해 비교할 수 없을 만큼 압도적으로 높아 기술경쟁력 우위를 확고

---

[4] R&D지출은 '자산으로 처리된 개발비'와 '비용으로 처리된 개발비'의 합으로 계산하였다.

히 하는 한편, 노동소득분배율(ⓓ 참조)은 가장 낮은 수준을 보이는 등 인건비 통제에서는 철저한 경영전략을 추구하는 것과 무관하지 않을 것이다. 결론적으로, 외환위기 이후의 구조조정을 거치고 난 이후 30대 재벌 중에서도 상위 5대 재벌의 경쟁력 우위는 더욱 확고해졌다고 할 수 있다.

〈그림 5〉 30대 재벌의 생산성 지표 추이(단위 : %)

ⓐ 부가가치율(=부가가치/매출액)　　ⓑ 총자본투자효율(=부가가치/자산)

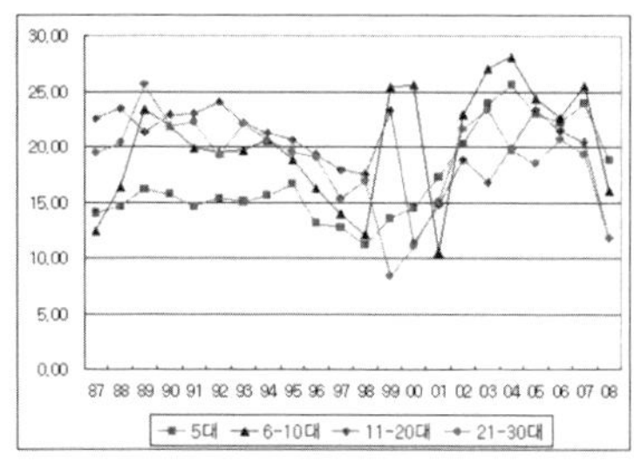
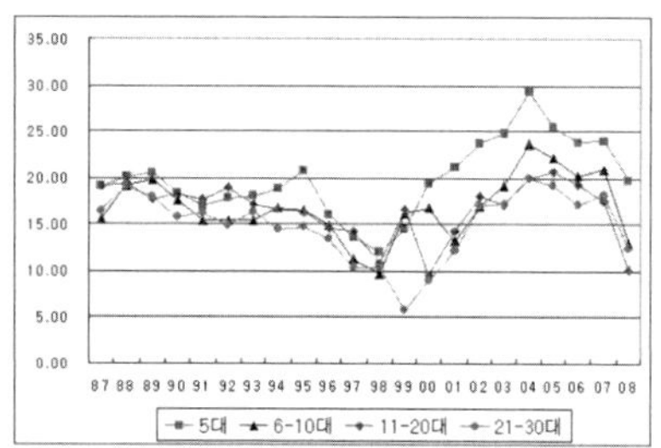

ⓒ 매출액 대비 R&D지출 비중　　ⓓ 노동소득분배율(=인건비/부가가치)

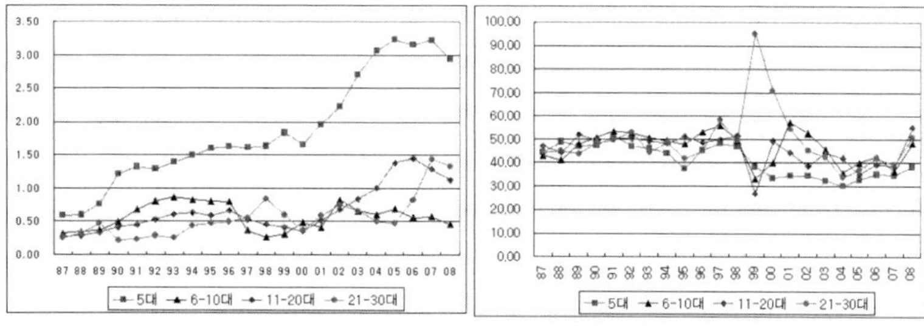

2) 30대 재벌의 금융계열사 현황[5]

금융 계열사는 재벌의 독점적 지배력을 강화하는 데 매우 중요한 의미를 갖는 것으로 평가된다. 외환위기 이전에는, 엄격한 소유규제하에 있는 은행부문을 제외하고, 나머지 비은행부문은 재벌의 지배력이 절대적이었다. 그러나 1997년 외환위기와 2003년 카드대란의 충격 속에 상당수 재벌의 금융계열사가 청산 또는 인수합병의 구조조정을 경험하였고, 또 금융산업의 개방에 따라 외국계 금융회사의 진출이 가속화됨으로써 금융부문에 대한 재벌의 영향력은 크게 위축되었다. 30대 재벌의 금융계열사 수와 그 권역별 구성을 나타낸 〈그림 6〉은 이러한 변화를 극명하게 보여주고 있다.

먼저, 30대 재벌의 금융계열사 수 총계 추이를 보면, 1987년 43개사(그룹당 평균 1.43개사)에서 1997년 105개사(그룹당 평균 3.50개사)로 급격하게 증가하였다. 이후 외환위기 과정에서 70여 개사 수준으로 감소하였고, 카드대란의 충격을 지나면서 다시 50여 개사 수준으로 감소하여, 2009년에는 총 55개사(그룹당 평균 1.83개사)에 그쳤다.

금융권역별로 보면, 외환위기 이전 32개사에 달하던 종금사가 완전히 몰락하면서 예금취급기관의 비중이 많이 줄어든 대신 할부금융회사 등의 여신전문금융회사 비중이 늘어난 반면, 보험사와 금융투자회사의 비중은 거의 일정하게 유지되고 있다.

〈그림 6〉 30대 재벌의 금융계열사 수와 구성 추이(각 년도 4월 기준)(단위 : 개사)

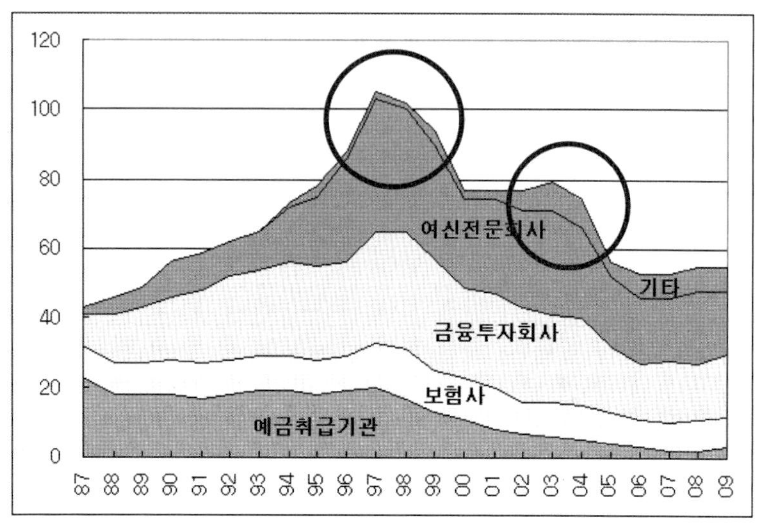

주 : 예금취급기관 - 지방은행, 종금사, 상호저축은행.
　　보험사 - 생보사, 손보사.
　　금융투자회사 - 증권사, 선물회사, 자산운용사, 투자자문사, PEF.
　　여신전문금융회사 - 카드사, 리스사, 할부금융사, 벤처캐피탈.
　　기타- 금융지주회사, 기타 조사·채권추심 등을 위한 보조기관.
출처 : 김상조(2010.5.3), 「30대 그룹의 금융계열사 현황 분석」, 18쪽.

한편, 〈표 1〉에서는 삼성, 현대, LG, SK, 대우 등 이른바 5대 재벌과 한화, 동부, 동양, 태광산업 등 상대적으로 금융계열사가 많은 주요 그룹들의 금융계열사 현황을 정리하였다. 외환위기를 전후하여 많은 그룹에서 계열분리가 이루어졌기 때문에, 계열분리 이전의 모태 그룹을 중심으로 정리하였다.

먼저, 기존 5대 재벌의 경우 특히 외환위기 직전인 1996~1998년간 금융계열사 수가 많이 늘어났다가, 이후 삼성을 제외한 나머지 그룹들에서는 금융부문의 중요성이 크게 퇴색하였다. 현대, 대우 그룹은 그룹 자체의 부실에 따른 구조조정 과정에서, 그리고 LG그룹은 LG카드의 부실에 따른 금융업 포기 선언의 결과 금융계열사 수가 급감하였다. 그리고 SK그룹은 1990년대 말 이후 금융업 확대를 꾀하였으나, 금융계열사들이 별다른 성과를 거두지 못하였고, 특히 소버린과의 경영권 분쟁을 거치면서 경영역량을 집중할 수 없어서 결국 금융업에서 사실상 철수하였다. 그 결과 기존 5대 재벌 중에서도 삼성그룹의 금융계열사가 갖는 영향력은 거의 독보적이라고 할 수 있다.

한편, 이들 5대 재벌 중에서 SK그룹을 제외한 나머지 그룹들은 외환위기를 전후하여 자발적(삼성, LG) 또는 비자발적(현대, 대우)인 이유로 다수 친족그룹으로 계열분리되었다. 이들 친족그룹 대부분은 아직은 금융업 진출이 활발하지 않거나 또는 이미 보유하고 있던 금융계열사도 매각하는 양상을 보이고 있다. 다만, 최근 현대자동차와 현대중공업 등 범현대그룹이 금융계열사를 확대하는 것이 눈에 띄는 정도이다. 이처럼 기존 5대 재벌에서 계열분리된 친족그룹들이 자산총액 규모 면에서는 대부분 30대 그룹에 포함되지만, 이들의 금융업 진출이 아직은 두드러지지 않는 것이 외환위기 이후 30대 그룹의 금융계열사 숫자가 매우 줄어들게 된 또 다른 요인이라고 할 수 있다.

반면, 한화, 동부, 동양, 태광산업 등 과거부터 금융업 비중이 컸던 그룹들은 최근에도 금융계열사 수를 그대로 유지하거나 또는 더 늘리고 있다. 금융계열사 수를 기준으로 하면, 과거의 5대 재벌에 비해 이들 중견 그룹들이 더 두드러지는 것이 외환위기 이후의 가장 큰 변화라고 할 수 있다.

<표 1> 주요 그룹의 금융계열사 추이 (각년도 4월 기준)

(단위 : 개사)

	87	88	89	90	91	92	93	94	95	96	97	98	99	00	01	02	03	04	05	06	07	08	09
범삼성	2	2	4	4	4	4	5	6	6	13	16	12	16	18	17	17	17	15	13	13	13	13	11
삼성	2	2	4	4	4	4	5	6	6	9	12	8	10	10	9	10	11	11	10	10	10	10	10
한솔										4	4	4	3	3	4	3	3	1	0	0	0	0	0
CJ													3	4	4	4	3	3	3	3	3	3	1
신세계														1	0	0	0	0	0	0	0	0	0
범현대	4	5	5	5	5	5	5	6	6	6	7	11	11	9	10	11	11	7	7	7	7	8	12
현대	4	5	5	5	5	5	5	6	6	6	7	11	11	9	8	3	3	1	1	1	1	1	2
현대산업															0	1	1	1	1	1	1	1	1
현대차															1	4	4	2	2	2	2	3	4
현대백															0	0	0	0	0	0	0	0	0
현대중																3	3	3	3	3	3	3	5
범LG	6	8	7	7	7	6	6	7	8	8	9	8	9	5	5	5	5	4	1	0	1	1	2
LG	6	8	7	7	7	6	6	7	8	8	9	8	9	5	5	5	5	4	1	0	0	0	0
LS																		0	0	0	1	1	1
GS																		0	0	0	0	0	1
범대우	3	3	3	3	2	2	2	2	3	5	5	6	6	0	—	—	0	0	0	0	0	0	0
대우	3	3	3	3	2	2	2	2	3	5	5	6	6	0	—	—	—	—	—	—	—	—	—
대우조선																	0	0	0	0	0	0	0
GM대우																	0	0	0	0	0	0	0
대우건설																		0	0	0	—[1]	—[1]	—[1]
SK	0	0	0	0	0	2	2	2	2	2	3	4	4	4	4	5	5	5	3	2	1	1	1
한화	4	3	4	4	4	4	4	4	4	6	4	4	3	3	4	4	6	6	5	7	7	7	9
동부	3	3	3	4	4	4	4	4	5	6	8	8	8	7	7	7	7	7	7	7	7	7	7
동양					6[2]	6	6	7	8	9	10	9	9	8	9	8	8	8	8	7	7	7	7
태광산업															3[2]	3	3	4	4	6	6	6	6

주 : 1. 금호아시아나그룹에 인수됨.
　　 2. 동양그룹은 1991.4월, 태광산업그룹은 2001.4월 처음으로 대기업집단으로
　　　 지정됨.
출처 : 김상조(2010.5.3), 「30대 그룹의 금융계열사 현황 분석」, 25~26쪽.

한편, 재벌의 금융계열사들은 수익성 측면에서 독립계 금융회사에 비해 더 나은 성과를 기록하였다고 볼 수 없다. <표 2>는 각 금융권역별로 30대 그룹 계열사 및 나머지 회사들의 ROA(=영업이익/자산)와 관련한 기초통계량, 그리고 ROA 평균의 동일성 여부에 대한 t검정 결과를 요약한 것이다. 이에 따르면, 손보업과 신용카드업을 제외한 나

머지 4개 업종에서는 30대 그룹 계열사의 ROA 평균이 나머지 회사들의 평균보다 낮았다. 그중 평균의 차이에 대한 일반 t검정에서는 증권업에서만 통계적으로 유의한 차이를 보였다. 한편, 수익성에 대한 시계열 자료는 경기변동의 영향을 많이 받아 분산이 커지는 경향이 있으므로, 동일업종·동일사업연도의 30대 그룹 계열사와 나머지 회사를 짝 표본(paired samples)으로 봄으로써 경기변동의 영향을 제거하고 t검정을 하면, 생보업, 증권업, 자산운용업 등 3개 업종에서 통계적으로 유의한 차이를 나타냈다. 즉 2000~2008 사업연도의 최근 9년 동안 6개 업종 중 3개 업종에서 30대 그룹 소속 금융계열사는 나머지 회사들과 비교하면 통계적으로 유의할 정도의 낮은 수익성을 기록하였다고 할 수 있다.

〈표 2〉 각 금융권역별 ROA 관련 기초통계량 및 t검증 결과 (2000~2008사업연도)

		평균	분산	t검정 결과 (평균이 동일하다는 귀무가설에 대한 양측검정 결과)	
				일반 t검정	짝 표본 t검정
생보업	30대 재벌	0.65	0.23	기각하지 못함	유의수준 10%에서 기각
	나머지 회사	2.13	6.25		
손보업	30대 재벌	2.35	1.48	기각하지 못함	기각하지 못함
	나머지 회사	2.12	6.32		
증권업	30대 재벌	1.65	2.60	유의수준 10%에서 기각	유의수준 1%에서 기각
	나머지 회사	3.25	3.27		
자산운용업	30대 재벌	11.31	18.60	기각하지 못함	유의수준 10%에서 기각
	나머지 회사	14.60	44.82		
신용카드업	30대 재벌	-0.40	43.48	기각하지 못함	기각하지 못함
	나머지 회사	-1.16	223.13		
할부금융업	30대 재벌	0.85	5.36	기각하지 못함	기각하지 못함
	나머지 회사	1.61	9.48		

주 : '짝 표본'(paired samples) t검정 : 표본이 유사한 조건(여기서는 동일업종·동일사업연도)에서 추출된 짝으로 이루어져 있을 때 사용하는 평균 비교 방법
출처 : 김상조(2010.5.3), 「30대 그룹의 금융계열사 현황 분석」, 36쪽.

결론적으로, 외환위기 이후의 변화된 금융산업 환경 속에서 30대 재

벌 일반의 금융 지배력은 퇴조하는 대신, 삼성, 한화, 동부, 동양, 태광산업 등 일부 그룹의 영향력이 두드러지는 양상을 보이고 있다. 다만, 2009년 은행법·금융지주회사법 개정, 그리고 2010년 일반지주회사 제도 개편을 위한 공정거래법 개정안 제출 등 이명박정부의 금산분리 규제완화 기조가 강행되면서 또다시 재벌들의 금융업 신규진출 움직임이 가시화되는 조짐을 나타내고 있어, 향후 재벌의 금융 지배력 강화 및 이에 따른 국민경제적 불안정성의 문제가 재연될 위험이 있다.

3) 재벌의 경제력 집중과 한국경제의 다이내믹스

재벌이 경쟁력 제고를 기반으로 국내외 시장에서 점유율을 높여나가는 것 자체는 비판의 대상이 아니다. 그러나 재벌의 성장이 '시장지배력 남용'의 결과이거나 또는 이를 부추길 가능성이 있다면, 이야기는 전혀 다르다. 재벌의 경제력 집중이 중소기업의 존립을 위협하고, 중소기업이 대기업으로 성장하는 길을 막고 있다면, 국민경제의 장기적 성장을 위한 선순환 구조를 깨뜨릴 수 있기 때문이다.

그런데 재벌의 경제력 집중 여부에 대해서도 논란이 많지만, 재벌의 경제력 집중이 국민경제 전체의 동태적 효율성에 미치는 효과(긍정적이든 부정적이든)에 대해서는 연구가 매우 부족한 실정이다. 따라서 여기서는 몇 가지 '간접적인 증거'를 통해 재벌의 경제력 집중이 초래할 폐해에 대한 경각심을 환기하고자 한다.

가. 산업간 연관관계의 약화

한국은행이 발표하는 산업연관표 분석결과에 따르면, 1997년 외환위기 이후 교역재(제조업)−비교역재(서비스업) 간의 성장 격차뿐만 아니라, 제조업 내에서도 기업규모별 격차가 확대되면서 우리나라의 산업간 연관관계가 크게 약화되었다.

〈표 3〉에서 산업연관표상의 수입유발계수 추이를 보면, '최종수요계'의 수입유발계수가 1995년 0.254에서 2000년 0.286, 2005년 0.281, 2008년 0.365로 크게 높아졌다. '부가가치유발계수=1-수입유발계수'임을 감안하면, 예컨대 2008년의 수입유발계수 0.365는 국내의 최종수요가 1,000원 증가할 때 그중 365원은 수입으로 유출되고 국내의 부가가치는 635원만큼만 증가한다는 뜻이다. 2008년은 글로벌 금융위기의 충격이 반영되었다는 점을 감안한다고 하더라도, 외환위기 이후 한국경제의 수입의존도가 크게 높아진 것을 알 수 있다.

최종수요 항목별로 보면, 소비(2008년 0.271)보다는 투자(0.402), 투자보다는 수출(0.467)의 수입유발계수가 높으며, 외환위기 이후 악화되는 정도 역시 더 크다. 내수에 기반을 두지 않은 대기업 위주의 수출·투자 중심 성장전략이 가진 한계가 분명하게 드러난다.

한편, 산업별로 보면, 제조업의 수입유발계수가 외환위기 이후 크게 높아졌다. 특히 우리나라의 주력수출산업인 조립가공업종은 1995년 0.282에서 2000년 0.348, 2005년 0.359, 2008년 0.417로 크게 악화되어 일본(2005년 0.168)에 비하면 두 배가 넘는다. 그중에서도 전기전자업종은 1995년 0.347에서 2008년에 0.501로 수직으로 상승하였다. 1,000원짜리 전기전자제품의 생산에 직간접적으로 투입된 수입중간재가 501원이나 된다는 것이다. 사실상 '국산'이라고 하기 어려울 정도다. 부품·소재 생산을 담당하는 중소기업부문의 성장이 뒷받침되지 않았기 때문이다. 전기전자업종이 우리나라의 주력 수출산업이자 몇몇 재벌그룹의 핵심 업종임은 틀림없지만, 산업간 연관관계를 통한 국내 부가가치 및 고용의 창출이라는 측면에서는 사실상 '고립된 섬'에 가깝다고 할 수 있다.

<표 3> 산업연관표상 수입유발계수 추이

		한국				일본
		1995년	2000년	2005년	2008년	2005년
최종 수요 항목별	최종수요계	0.254	0.286	0.281	0.365	–
	소비	0.197	0.211	0.214	0.271	–
	투자	0.309	0.346	0.296	0.402	–
	수출	0.302	0.367	0.383	0.467	–
산업별	전산업	0.214	0.246	0.259	0.334	0.140
	제조업	0.301	0.336	0.350	0.434	0.194
	소비재업종	0.270	0.281	0.276	0.347	0.141
	기초소재업종	0.346	0.382	0.418	0.535	0.269
	조립가공업종	0.282	0.348	0.359	0.417	0.168
	전기및전자기기	0.347	0.458	0.448	0.501	0.194
	수송장비	0.278	0.306	0.350	0.413	0.185

자료 : 한국은행(2010.4.29), "2008년 산업연관표 작성 결과"

나. 기업규모별 양극화 심화[6]

여기서는 통계청의 "광업·제조업통계조사" 자료를 이용하여 1960 ~2006년간 광공업체의 규모별 분포 및 생산성 추이를 살펴보았다. 광공업체는 종사자 수에 따라 영세기업(5~19인), 소기업(20~49인), 중기업(50~199인),[7] 중견기업(200~499인), 대기업(500인 이상)으로 분류하였다.

종사자 수 300인 미만의 중소기업이 전체 광공업체 수의 99% 이상을 차지하고 있다는 사실은 널리 알려졌으나, 다음 <그림 7>에서 보는 바와 같이, 중소기업 내에서도 많은 변화가 있었다. 사업체 수를

---

[6] 이하의 내용은 김상조(2009.11.9), 135~139쪽을 수정·보완한 것이다.

[7] 통상 중기업은 종사자 수 50~299인의 기업을 의미하나, 1960~1972년간의 통계청 자료가 300인 대신 200인을 기준으로 분류되어 있어, 중기업 기준을 50~199인으로 하였다. 1973년 이후 기간만을 대상으로 하여 중기업(50~299인), 중견기업(300~499인) 기준을 적용하더라도 분석의 기본적인 내용은 달라지지 않는다.

기준으로 할 때,(ⓐ 참조) 1960~1970년대에 걸쳐 영세기업 비중이 대폭 하락한 반면, 소기업 및 중기업 비중은 각각 꾸준히 상승하였다. 임금을 비롯한 근로조건을 결정하는 중요한 요인 중의 하나가 기업규모임을 감안할 때, 1960~1970년대에는 기업규모의 상향 이동과 함께 고용의 양 및 질의 개선이 동시에 이루어졌다고 판단할 수 있다. 이는 당시 한국경제가 전통부문에서 근대부문으로, 그리고 경공업에서 중화학공업으로 산업 차원의 구조조정이 활발히 진행되었기 때문이다. 그러나 이러한 추세는 1980년대에 상대적으로 정체 양상을 보이더니 1990년대에 들어 반전되었다. 즉, 영세기업의 비중이 다시 급격하게 증가하고, 소기업·중기업의 비중은 하락하였다. 산업간 구조조정보다는, 산업 내의 기업규모간 구조조정으로 대체되기 시작한 것이다.

이러한 경향은 기업규모별 고용 및 생산액 점유 비중의 추이에서도 확인할 수 있다.(ⓑ 및 ⓒ 참조) 1960~1970년대에는 영세기업 및 소기업이 고용과 생산액에서 차지하는 비중이 하락한 반면, 중견기업과 대기업 비중이 매우 늘어났다. 특히 대기업의 점유 비중 상승은 놀랄 만한 것으로, 1970년대 말에는 광공업 분야 전체 고용의 45%, 생산액의 55% 정도를 차지하였다. 그러나 1980년대 이후 대기업의 비중은 다시 하락하였는데, 특히 생산액보다는 고용의 점유 비중 하락이 더욱 두드러지게 나타난다. 반면, 영세기업과 소기업의 점유 비중은 다시 증가하여, 1990년대 말에 이르러서는 고용 및 생산액 점유 비중이 1960년대 수준으로 높아졌다.

<그림 7> 광공업체의 규모별 분포 및 생산성 추이

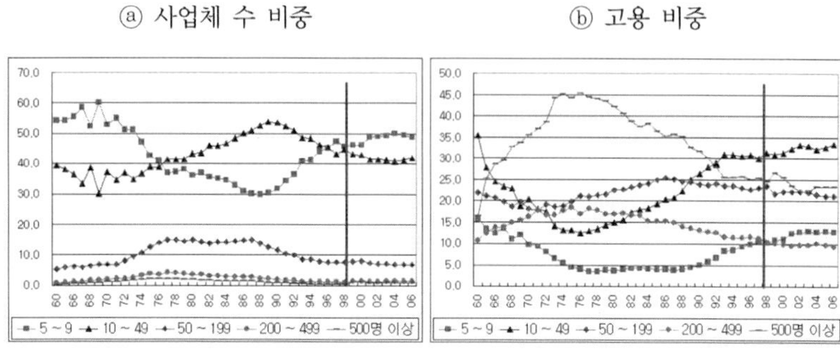

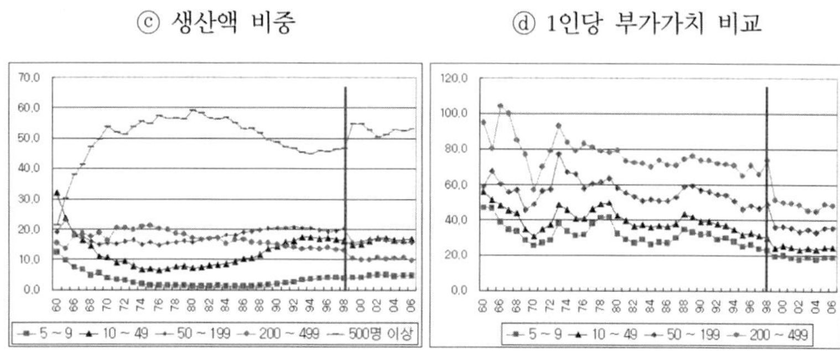

주 : 1998년 이후 통계편재 방식이 변경되었음.

1980년대 말 이후 기업규모의 영세화 현상은 기업규모별 양극화로 이어졌다. 대-중소기업 간의 근로조건(1인당 급여액), 생산성(1인당 부가가치), 노동장비율(1인당 유형고정자산)의 격차가 크게 확대된 것이다. 특히 1인당 부가가치로 측정한 생산성의 기업규모별 격차 추이를 보면(ⓓ 참조), 500인 이상의 대기업을 100.0으로 하였을 때, 1960년대에 확대되던 생산성 격차가 1970년대에는 상당한 정도 축소되었고, 1980년대의 정체기를 지나, 1990년대 이후에는 지속적으로 격차가 확대되었음을 알 수 있다.

이상의 기업규모별 변화 추이는, 1980년대를 지나면서 정부의 규제와 노동계의 저항에 직면한 재벌계 대기업들이 고용과 생산을 직접 확대하기보다는, 중소기업들을 하도급거래 구조에 배치하고 이를 통해 소재·부품 조달 및 노무관리의 '간접'지배 체계를 안정적으로 구축하였음을 보여주는 것이다. 대신 대기업들은 핵심공정 및 연구개발 분야에 자신의 자원을 집중적으로 투입함으로써 생산성 우위의 격차를 계속 확대할 수 있었다.

결론적으로, 재벌의 선도적 성장을 통해 중소기업을 포함한 국민경제 전체의 순선환적 동반성장을 이끌어낸다는 이른바 낙수효과 논리는 1980년대를 거치면서 현실적 유효성을 상실한 이데올로기적 구호로 전락하게 되었다.

다. 200대 기업 중 '젊은 기업'의 비중[8]

스웨덴은 시가총액 상위 20대 기업에서도 가족이 지배주주인 가족기업이 절반에 이르고, 특히 발렌베리 그룹과 같은 소수 가족기업이 시가총액의 40% 이상을 차지하고 있다는 점에서 한국의 재벌체제와 비슷한 측면이 있는 것으로 지적되고 있다.

상명대 경제정책연구소(2004.10)에 따르면, 2000년 현재 스웨덴의 50대 기업 중에서 1970년 이후에 설립된 '젊은 기업'이 단 1개사도 없다. 통상 30년 정도면 신설기업이 대기업으로 성장하는 데 충분한 기간이라고 볼 수 있는데, 최근 30년 동안 50대 기업으로 성장한 기업이 하나도 없다는 것은 그만큼 스웨덴 경제가 새로운 기업의 성장을 막는 경직된 구조임을 보여준다. 스웨덴이 비록 자본시장의 개방 또는 다국적기업의 진출 등 해외로부터의 경쟁 압력을 통해 국내 경제구조

---

8) 이하의 내용은 김상조(2009.4), 34~39쪽을 참조하였다.

의 경직성에 따른 문제를 보완하고 있다고는 하나, 소수 대기업 중심의 경직된 구조는 스웨덴 경제의 동태적 활력을 떨어뜨리는 심각한 요소라고 할 수 있다.

이러한 문제의식 아래에서, 여기서는 2006년 말 현재 우리나라 200대 기업의 설립연도별 분포를 살펴봄으로써, 한국에도 대기업 중심의 경제구조가 국민경제의 동태적 활력을 잠식하는 문제가 나타나고 있는지에 대한 시사점을 얻고자 한다.

기업 실체의 변화는 없이 단지 M&A 또는 기업분할 과정에서 형식적으로만 신설기업으로 등기된 경우 그 모태가 된 기업의 설립연도로 조정하여 2006년 말 현재 200대 기업의 실질적 설립연도를 분석해 보면,(〈표 4〉 참조) 1981년 이후 최근 25년 동안에 설립된 '젊은 기업'이 50대 기업군에서는 7개사, 51~100대 기업군에서는 13개사, 101~200대 기업군에서는 32개사로 나타났다. 비록 절대적 정도는 측정할 수 없으나, 한국이 스웨덴보다는 신설기업이 대기업으로 성장하는 경우가 상대적으로 많다는 의미에서, 동태적 활력의 잠식 문제가 스웨덴만큼 심각하지는 않다고 할 수 있다.

한편, 업종별 분포를 보면, 50대 기업군에 속한 25개의 제조업체 중 1981년 이후에 설립된 회사는 단 1개사(LG필립스엘시디)뿐인 반면, 25개 비제조업체 중에서는 6개사가 1981년 이후에 설립되었다. 51~100대 기업군에서는 31개의 제조업체 중 6개사, 19개 비제조업체 중에서는 7개사가 1981년 이후 설립되었고, 101~200대 기업군에서는 49개의 제조업체 중 9개사, 51개 비제조업체 중 무려 23개사가 1981년 이후 설립된 회사로서, 50대 기업군에 비해 하위 기업군에서는 상대적으로 '젊은' 제조업체의 비중이 높으나, 전반적으로 1981년 이후에 설립된 '젊은' 기업이 제조업보다는 비조제업부문을 중심으로 생성되고 있다는 사실은 분명히 확인된다.

〈표 4〉 2006년 말 기준 200대 기업의 실질적 설립연도별 분포(단위 : 개사)

		계	D 제조업	비제조업소계	E 전기가스수도	F 건설업	G 도소매	H 숙박및음식점	I 운수업	J 통신업	M 사업서비스	O 교육서비스	Q 오락문화운동	R 기타공공수리
50대 기업	합계	50	25	25	6	5	4	1	5	3	1			
	80 이전	43	24	19	5	5	4	1	3		1			
	81 이후	7	1	6	1				2	3				
51~100대 기업	합계	50	31	19	2	6	5		1	3	1		1	
	80 이전	37	25	12	2	4	3		1		1		1	
	81 이후	13	6	7		2	2			3				
101~200대 기업	합계	100	49	51	4	10	12	2	13	1	5	1	2	1
	80 이전	68	40	28	2	8	7	1	5	1	3		1	
	81 이후	32	9	23	2	2	5	1	8		2	1	1	1
200대 기업 전체	합계	200	105	95	12	21	21	3	19	7	7	1	3	1
	80 이전	148	89	59	9	17	14	2	9	1	5		2	
	81 이후	52	16	36	3	4	7	1	10	6	2	1	1	1

출처 : 김상조(2009.4), "1986~2006년간 한국의 200대 기업의 동태적 변화", 39쪽.

경제성장에 따른 산업구조의 변화, 그리고 IT 등 첨단기술의 발전 등을 감안하면, 도소매업·운수업·통신업 등의 비제조업을 중심으로 '젊은' 대기업이 생성되고 있는 것은 자연스러운 현상이라고 할 수 있다. 그러나 제조업부문의 상대적 침체, 특히 '젊은 제조업체'가 50대 기업군에 새로 진입하지 못하고 있다는 것은, 그만큼 상위 거대재벌의 계열사에 의한 제조업부문의 독과점화 현상이 심각한 수준에 이르렀다는 것을 시사한다.

4) 기업사회주의와 민주주의의 후퇴

재벌의 경제력 집중은 단지 경제영역의 문제만은 아니다. 재벌의 과도한 경제력이 정치·사회·문화·이데올로기적 지배력으로까지 확장되는, 이른바 경제권력에 의한 민주주의의 위협 문제를 우려하지 않을 수 없다. '삼성이 하면 다르다' 내지 '재벌에 좋은 것은 한국에 좋은 것이다'라는 관념이 국민의 경제인식을 지배하게 될 때, 우리의 현실진단은 심각하게 왜곡될 것이고, 미래를 위한 대안 선택의 폭은 매우 좁아질 수밖에 없을 것이기 때문이다.

이 글에서 기업사회와 민주주의의 문제를 총체적으로 살펴볼 여력은 없고, 다만 법치주의의 왜곡, 언론의 독립성 훼손, 그리고 경제정책의 왜곡과 관련된 문제를 지적하고자 한다.

가. 기업인 범죄에 대한 법원의 이중 잣대

경제개혁연대가 2000년 1월부터 2007년 6월까지 '특정경제범죄 가중처벌 등에 관한 법률'(이하 특경가법) 상의 배임·횡령 혐의로 기소되어 유죄를 선고받은 기업인들에 대한 판결문 내용을 분석한 결과에 따르면(경제개혁연대(2007.8.21) 및 경제개혁연대(2007.8.28) 참조), 1심 피고인 149명 중 106명(71.1%)이 집행유예를, 43명(28.9%)이 실형을 선고받았다. 그런데 1심에서 집행유예를 선고받은 106명 중 항소심에서도 유죄를 선고받은 피고인은 총 60명인데, 이들 중 실형이 선고된 경우는 단 1명뿐이다. 반대로 1심에서 실형을 선고받은 43명의 피고인 중 항소심 결과가 나온 것은 41명(나머지 2명은 당시 항소심 진행 중)인데, 이들 중 실형에서 집행유예로 변경된 피고인은 24명이다. 결과적으로, 특경가법상 횡령·배임죄로 기소된 149명의 피고인 전체를 대상으로 할 때 1심과 2심의 종합적 집행유예 선고 비율이 83.9%(125명)에 이른다.[9]

---

[9] 1심에서 집행유예를 선고받은 피고인 106명 중에서 2심에서 실형 선고로 변경된 1명과 항소심에서 무죄를 선고받은 4명의 피고인을 제외한 101명, 그리고 1심에

특경가법상의 횡령·배임죄는 법정형이 징역 3년 이상(이득액이 5억 원 이상 50억 원 미만인 경우)이거나 무기 또는 징역 5년 이상(이득액이 50억 원 이상인 경우)으로 정해져 있을 만큼 중범죄임에도, 사실상 징벌의 효과를 갖지 못하는 집행유예의 선고 비율이 83.9%에 이른다는 것은 현재 한국 법원이 기업인 범죄에 대해 지나치게 관대하게 처벌하고 있다는 것을 입증하는 것이다.

한편, 대법원 사법연감의 통계를 이용하여 1심 재판에서의 집행유예 선고 비율(2000~2005년 평균)을 범죄 유형별로 비교해 보면,10) 절도·강도죄 47.6%, 형법상 일반 횡령·배임죄 41.9%, 특경가법 위반죄 전체 47.5%로 나타났다. 따라서 앞서 살펴본 기업인들의 특경가법상 배임·횡령죄의 경우, 그 죄질이 훨씬 무거움에도, 1심에서의 집행유예 선고 비율(71.1%)이 여타 범죄에 비해 훨씬 높게 나타난 것이다.

또한, 법원이 기업인 범죄에 대해 실형 대신 집행유예를 선고하는 사유로 제일 많이 거론하는 것이 '회사의 손해 변제'(63.2%)와 '개인적 이득 없음'(56.5%) 등이었는데, 이 역시 일반 국민의 법감정에 배치되는 것이다. 범죄를 저지르고도 자신의 재력을 이용하여 사후적으로 회사의 손해를 변제했다는 이유로, 또는 총수일가의 입장에서는 그룹에 대한 지배권을 유지하는 것이 가장 큰 사적 편익임에도 불구하고 회사 돈을 '개인적 용도'로 유용하지 않았다는 이유로 집행유예를 선고한다면, 이것이야말로 '유전무죄 무전유죄'라는 일반 국민의 사법부에 대한 불신의 현실적 근거라고 할 수 있다.

나아가, 기업인 범죄에 대해 검찰이 불구속 기소에 그치고, 법원은 집행유예를 선고하고, 곧이어 대통령의 특별사면으로 다시 경영일선

___

서 실형을 선고받은 피고인 43명 중 2심에서 집행유예를 선고받은 24명을 합하여, 총 125명이 실형 선고를 모면한 것이다.

10) 1심 판결 결과만 비교한 것은, 사법연감 자료의 한계로 인해 비교대상군의 2심 집행유예 선고 비율을 계산할 수 없기 때문이다.

에 복귀하는 관행이 되풀이되는 법치주의의 이중 잣대 속에서는 경제성장은 물론 민주주의 발전도 기대할 수 없을 것이다.

나. 광고를 통한 언론 장악

우리나라 언론사의 재무구조는 매우 취약하다. 특히 신문사의 경우, 극소수를 제외하고는, 계속기업으로서의 존속 여부가 불투명한 상황이다. 더구나 언론사 수입의 압도적인 부분이 광고에 의존하고 있기 때문에, 광고주의 직간접적 압력에 의해 언론사 독립성이 훼손될 가능성이 매우 크다. 최근 TV 및 신문 광고시장의 규모는 정체된 반면, 케이블TV · 온라인 등의 뉴미디어 시장이 급성장하는 상황11)을 감안하면 더욱 그렇다.

다음 〈표 5〉에서 보는 바와 같이, TV · 라디오 · 신문 · 잡지 등 4대 매체의 광고비 총액에서 삼성 · 현대차 · LG · SK 등의 4대 재벌은 대체로 13% 안팎의 비중을 차지하고 있으며, 그중 삼성그룹이 가장 높은 비중을 차지하고 있다. 이른바 진보신문들은 삼성을 비롯한 대기업 광고에 대한 의존도가 훨씬 더 높은 것으로 알려지고 있다. 따라서 이들 대형 광고주의 광고 중단 위협은 해당 언론사의 사활을 좌우하는 요소가 되는 것이 현실이다. 삼성그룹의 전 법무팀장 김용철 변호사의 양심고백 이후 한겨레 · 경향신문이 처한 상황이 이를 대변한다.

언론사는 사회의 공기(公器)로서 모든 권력으로부터 독립된 위상을 유지해야 한다. 그러나 우리나라 언론사들은 광고를 무기로 한 경제권력의 요구에 매우 취약한 모습을 드러내고 있다. 특히 최근 방송법

---

11) 전체 광고시장 규모는 꾸준한 성장세를 이어갔으나, 전통적인 4대 매체 시장(TV, 라디오, 신문, 잡지)은 2003년 이후 성장이 정체된 가운데, 총광고비에서 차지하는 비중도 2002년 75.9%에서 크게 하락하여 2008년에는 55.3%까지 떨어졌다. 반면, 뉴미디어 시장(케이블TV, 온라인 등)은 급성장을 이어가 전체 광고비 대비 점유비중도 2002년 6.5%에서 2008년 26.6%로 증가하였다.

의 개정에 따라 재벌과 신문사가 방송사의 대주주가 될 수 있게 됨으로써 언론의 독립성을 더욱 흔들리게 되었으며, 이는 민주주의에 대한 위협이 될 수 있다.

<표 5> 4대 재벌의 4대 매체 광고비 총액 및 점유 비중

(단위 : 억 원, %)

	4대 매체 광고비 총액	삼성		현대차		LG		SK		4대 재벌 합계	
		광고비	비중	광고비	비중	광고비	비중	광고비	비중	광고비	비중
2001	58,203	2,088	3.59	1,144	1.97	2,355	4.05	2,066	3.55	7,653	13.15
2002	67,042	2,914	4.35	1,563	2.33	3,113	4.64	2,537	3.78	10,126	15.10
2003	65,908	3,080	4.67	1,678	2.55	2,925	4.44	2,382	3.61	10,065	15.27
2004	60,691	3,007	4.95	1,697	2.80	2,687	4.43	2,150	3.54	9,541	15.72
2005	60,752	2,739	4.51	1,509	2.48	1,915	3.15	1,776	2.92	7,939	13.07
2006	62,677	2,635	4.20	1,758	2.81	1,997	3.19	1,815	2.90	8,205	13.09
2007	65,424	2,247	3.43	1,345	2.06	1,860	2.84	1,879	2.87	7,330	11.20
2008	60,887	1,936	3.18	1,627	2.67	1,934	3.18	2,138	3.51	7,635	12.54
2009	55,371	1,950	3.52	1,519	2.74	1,675	3.03	1,813	3.27	6,957	12.57

출처 : 이승희(2010.9.8), "재벌의 언론 지배에 관한 보고서(2010)"에서 정리.

다. 재벌 경제연구소의 이데올로기 장악

과거 정부주도의 경제개발 시대에 설립된 한국개발연구원(KDI), 산업연구원(KIET), 대외경제정책연구원(KIEP) 등의 국책연구소들이 경제정책 방향을 설정하고 그 구체적인 프로그램을 마련하는 데 중요한 역할을 수행해 왔다. 그런데 1990년대 들어 삼성, 현대, LG, SK 그룹 등의 재벌들이 설립한 민간경제연구소가 그 활동을 강화하기 시작하였으며, 1997년 외환위기 이후에는 국책연구소를 능가하는 영향력을 행사하고 있다. 특히 삼성그룹 산하의 삼성경제연구소(SERI)는 압도적인 언론보도 건수를 기록[12]하면서 정부의 경제정책, 나아가 일반 국민의 경제인식에 지대한 영향을 미치고 있다.

이들 재벌 경제연구소들은 과거 김대중·노무현정부의 개혁정책을 비판함은 물론 최근 들어서는 이명박정부의 규제완화 정책을 옹호하는 보고서를 쏟아냈고, 보수신문들이 이를 여과 없이 그대로 보도함으로써 경제정책을 둘러싼 이데올로기 논쟁에서 절대적 우위를 점하게 되었다. 진보진영이 위기에 처해 있다고 한다면, 그 원인은 대안의 부족에 있는 것이 아니라, 그 대안의 실현 가능성에 대한 믿음을 대중에게 전달하는 이데올로기 투쟁에서 패배하였기 때문이다. 결론적으로, 경제연구소는 재벌의 지배력을 공고히 하는 최고의 무기인 셈이다.

3. 재벌의 폐쇄적 지배구조 : 개혁 실패의 원인

앞서 2절에서 살펴본 경제력 집중의 폐해는 기본적으로 재벌의 독점자본적 성격에서 비롯된 것이다. 다만 한국의 현실에서 그 폐해가 더욱 극심한 형태로 나타나는 것은 재벌의 천민자본적 성격이 겹쳐져 있기 때문이다. 그 대표적인 예가 '삼성공화국' 논란이다. 삼성그룹은 놀라운 경영성과에도 불구하고 언제나 논란의 한가운데 있다. 특히 이건희 회장은 삼성특검에 따른 형사재판 결과 사실상 징벌의 의미가 없는 집행유예 판결을 받았고, 곧이어 대통령의 단독 특별사면 조치를 거쳐 삼성전자 회장으로 경영에 공식 복귀했다. 또한 해체하였다는 전략기획실은 비공식적으로 과거의 역할을 그대로 수행함으로써 권한과 책임의 괴리 문제는 더 심각해졌다. 이 모든 과정에서 이건희

---

12) 『미디어오늘』(2008.12.26)에 따르면, 2009.1.1~12.21까지 18개 신문사에서 삼성경제연구소를 인용한 보도 건수가 총 3,197건에 이른다. 매일경제, 한국경제 등의 경제신문은 물론 조선·동아·중앙 등의 유력 보수신문의 경우 같은 기간 중 각각 200건 이상의 기사를 내보내, 휴일을 제외하고 거의 매일 삼성경제연구소 관련 기사를 보도한 셈이다.

회장에 대한 충성심을 입증한 임원들에게만 인사적·금전적 보상을 지급함으로써 '회사가 아닌 총수에 충성하는 자만이 살아남는다'는 인센티브 구조 왜곡의 문제도 심화되었다.[13] 이러한 지배구조의 문제가 경제력 집중으로 인한 폐해를 극복하는 길을 더욱 어렵게 만들고 있다. 따라서 재벌의 폐쇄적 지배구조를 개혁하기 위한 자유주의적 과제가 그 자체로 한국사회의 진보를 담보하는 것은 아니지만, 한국의 진보진영이 이러한 자유주의적 과제를 스스로 수행·관리할 수 있는 역량을 축적하지 못하는 한 그 어떤 진보적 과제도 심대한 장애에 봉착할 수밖에 없다는 사실 또한 분명하다.

이에 이하에서는 외환위기 이후 10년간 진행된 이른바 주주자본주의 모델 중심의 기업지배구조 개선 노력에 대해, 그 방향성에 대한 이념적 평가를 떠나, 그것이 사실상 실패하게 된 원인을 구체적으로 분석하고자 한다. 설사 주주자본주의가 아닌 이해관계자 자본주의, 또는 그 어떤 경제모델을 기반으로 한 개혁 노력이 이루어졌다고 하더라도, 유사한 난관에 봉착하고 유사한 시행착오를 범했을 가능성을 배제할 수 없었을 것이기 때문이다.

1997년 외환위기를 초래한 주요 원인 중의 하나가 재벌의 폐쇄적 지배구조에 있다는 인식하에 김대중정부 출범 이후 재벌의 지배구조를 개선하기 위한 수많은 조치가 취해졌다. 그 결과 놀랄 만한 진전이 있었다는 긍정적 평가도 있지만, 근본적 문제점은 여전히 치유되지 않고 있다는 비판적 평가도 적지 않다.

그러면 외환위기 이후 재벌의 지배구조에서 무엇이 변화하였고 무엇이 그대로 온존하고 있는가? 그 변화와 온존을 결정한 요인은 무엇인가? 과거의 잔재가 상당 부분 온존하는 가운데 주주자본주의적 요

---

[13] 삼성특검의 의미 및 삼성그룹 지배구조 문제에 대해서는 김상조(2009.12.17) 참조.

소가 일부 이식된 오늘날 재벌의 지배구조는 효율적으로 그리고 안정적으로 작동하고 있는가? 그것이 비효율성 또는 불안정성의 과도기적 문제점을 드러내고 있다면, 이를 개선하기 위해서는 어떤 노력이 필요한가?

이상의 질문들에 대해서는 여전히 수많은 논쟁이 진행되고 있으므로 이 글에서 답을 제시할 수는 없다. 다만 외환위기 이후 재벌의 지배구조에서 주주자본주의 모델 또는 앵글로－아메리칸 모델로 수렴(convergence)한 부분과 과거의 구조가 그대로 온존(persistence)되고 있는 부분을 나누어 보고14) 이 양자의 불안정한 결합이 가져오는 문제들을 삼성 등 주요 그룹의 구체적 사례를 통해 분석할 것이다. 결론적으로, 과거의 집중된 소유구조가 그대로 온존한 상태에서 앵글로－아메리칸 모델의 이사회 중심 지배구조를 도입한 것에 따른 근본적 한계[경로의존성(path dependency)의 문제]에 더하여, 이사회 중심의 내부규율을 효과적으로 작동시키는 데 필요한 외부규율 장치가 미성숙되어 있었다는 제도적 한계[제도적 상호보완성(institutional complementarity)의 문제]가 개혁 실패의 원인이라고 할 수 있다. 이러한 경로의존성의 문제와 제도적 상호보완성의 문제에 따른 혼란과 갈등은, 앵글로－아메리칸 모델이 아닌 그 어떤 모델을 선택했다고 하더라도 필연적으로 치러야 할 비용이라고 할 수 있고, 이러한 과도기적 비용을 통제할 수 있는 역량을 축적하는 것이 바로 진보진영의 성공을 위한 필수 과제일 것이다.

---

14) 글로벌리제이션이 급격하게 진행되는 환경 속에 각국의 기업지배구조가 하나의 모델, 특히 앵글로－아메리칸 모델로 수렴할 것이냐 아니면 기존의 특성을 계속 유지할 것이냐를 둘러싸고 논쟁이 벌어졌다. 이에 대해서는 Jeffrey N. Gordon & Mark J. Roe ed.(2004), *Convergence and Persistence in Corporate Governance* 참조.

1) 외환위기 직후의 재벌 구조조정 과정 및 한계 : 집중된 소유구조의 온존

1997년 초 한보그룹을 시작으로 1998년 중반까지 약 1년 반 사이에 30대 재벌 중에서 14개 그룹이 부도 상황에 처했다. 1999년 대우그룹의 해체, 그리고 2000년 현대그룹의 사실상 부도 및 계열분리까지 포함하면 30대 재벌 중 16개 그룹이 법정관리·화의·워크아웃 등의 구조조정 절차에 들어간 것이다.

부도난 재벌의 구조조정 과정은, 비록 한국경제에 엄청난 충격을 주었지만, 역설적으로 지배구조의 개선이라는 측면에서는 절호의 기회를 제공해주었다고 할 수 있다. 구조조정 과정에서 총수일가의 지배권이 박탈되었기 때문이다. 따라서 총수일가의 존재라는 과거의 굴레로부터 자유로운 상태에서 새로운 소유·지배구조를 구축할 기회가 제공된 것이다.

그러나 한국 경제는 그 기회를 현실화하지 못하였다. 문제는 다수 부실재벌을 효율적으로 구조조정할 수 있는 파산 관련 법제도 및 시장기구가 제대로 구축되어 있지 않았다는 데 있다. 더구나 다수 재벌의 부도로 인해 채권은행마저도 파산 상태에 내몰렸기 때문에, 결국 부실재벌의 구조조정 과정에 정부가 직접적으로 개입할 수밖에 없었고, 이는 소유·지배구조의 재구축 과정이 정치적 요소에 의해 왜곡되는 결과를 가져왔다.

무엇보다, 재벌의 구조조정 방식이 재벌의 규모라는 자의적 기준에 따라 이원화된 것이 문제였다. 즉 상위 5대 재벌은 구조조정 비용의 자체 부담을 전제로 상호 간에 사업부문을 맞교환하는 이른바 빅딜(Big Deal) 방식이 적용되었고, 6대 이하의 재벌에는 공적자금 투입을 통해 국유화된 은행이 구조조정 과정을 주도하는 워크아웃 방식이 적용되었다.

그러나 현대 · 삼성 · 대우 · LG · SK 등의 5대 재벌이라고 해서 구조조정 비용을 자체 부담할 능력이 하위 재벌에 비해 결코 더 우월했다고 할 수 없는 상황에서 이러한 구분은 결국 정치적 판단에 의한 것이라고 볼 수밖에 없다. 특히 대우그룹의 김우중 회장은 재계의 대표적 이익단체인 전경련의 회장으로서 김대중정부와의 정치적 협상을 통해, 그리고 현대그룹은 당시 김대중정부가 역점을 두고 추진하던 대북 경제협력 사업을 볼모로 해서 위기를 모면하려고 하였다. 이들 두 거대재벌의 대마불사(too big to fail) 전략은 구조조정을 지연시키고 부실을 더욱 키우는 결과만 초래하였다. 결국, 이들 두 그룹의 핵심계열사들 역시 워크아웃 절차에 편입되었다.

한편, 워크아웃 방식은 1980년대 초 영국의 영란은행(Bank of England)이 채권은행과 채무기업 사이의 조정을 중재하였던 사적 구조조정 방식인 런던 어프로치(London approach)를 참고한 것이다. 런던 어프로치(London approach)는 신뢰받을 수 있는 중재자의 존재가 그 성패를 좌우하는 핵심 요소이다. 그래서 애초 IMF는 한국의 특성상 대통령 직속의 구조조정기구 설치를 권고한 것으로 알려져 있으나, 구조조정 결과에 직접적 책임을 지는 것을 두려워한 한국정부는 이를 거부하고 대신 민간 구조조정기구를 설치하였다. 그러나 당시 민간기구가 부실 재벌의 구조조정을 둘러싼 복잡한 이해관계 충돌을 조정하는 것은 불가능하였고, 결국 정부가 암묵적으로 개입할 수밖에 없었다. 이는 부실재벌의 구조조정 과정이 투명성과 책임성이라는 지배구조의 핵심 원칙을 위배함으로써, 주주 · 채권금융기관 · 노동자 · 하도급기업 등 이해관계자 사이의 신뢰 관계를 훼손하고 단기적 이익추구의 기회주의적 행동을 부추기는 결과를 초래하였다.

결국, 워크아웃 기업들은 부실의 상당 부분을 채권은행에 떠넘기고,

이는 다시 공적자금 투입을 통해 국민의 세금부담으로 귀착되는 과정을 거쳐 대부분 성공적으로 회생하였다. 그런데 채권은행이 보유한 워크아웃 기업들의 지분을 매각하는 과정에서 또 다른 문제가 발생하였다. 정부는 은행에 투입된 공적자금을 최대한 회수해야 한다는 정치적 압력에 직면하였기 때문에, 대다수 워크아웃 기업이 경영권 프리미엄을 지불하는 인수자에게 매각되었다. 그리고 그 인수자는 현실적으로 생존한 재벌 아니면 외국자본일 수밖에 없었다. 결국, 외환위기 이전의 30대 재벌 중 절반 이상이 구조조정 과정을 거쳤음에도 불구하고, 집중화된 소유구조라는 재벌체제의 근본 특징은 전혀 변하지 않았다. 특히 생존한 재벌들이 주요 워크아웃 기업을 인수함으로써 경제력 집중의 문제는 더욱 심화되었다. 또한, 외국자본이 워크아웃 기업을 인수하거나 적대적 M&A를 시도한 것이 한국 국민 특유의 민족주의적 정서를 자극하여 재벌개혁 정책의 후퇴를 가져오는 결과를 낳기도 하였다.

결론적으로, 외환위기 당시 재벌들의 연쇄부도 사태는 앵글로−아메리칸 모델에 따른 지배구조 개선을 촉진(convergence)하는 계기가 되었지만, 구조조정 과정의 왜곡을 가져온 정부의 암묵적 개입, 그리고 집중된 소유구조의 온존을 가져온 워크아웃 기업의 매각 방식 등은 지배구조 개선을 저해(persistence)하는 결과를 낳았다.

2) 이사회 제도의 변화 및 한계

외환위기 이후 지배구조 개선 조치의 가장 극적인 부분은 앵글로−아메리칸 모델에 따른 이사회 구성의 변화일 것이다. 우선, 사외이사의 선임이 의무화되었다. 상장기업은 이사 총수의 1/4 이상을 사외이사로 선임하도록 하였고, 특히 자산 2조 원 이상의 대규모 상장기업은 이사의 과반수를 사외이사로 선임하는 것이 의무화되었다. 사외이사 후보는 사외이사가 다수를 차지하는 사외이사후보추천위원회를 통해 주주총회에 추천하도록 하였다.

또한, 일본식의 단독감사 제도 이외에, 감사위원회 제도가 이사회 내 하부위원회로서 도입되었는데, 자산 2조 원 이상의 대규모 상장기업에는 감사위원회 설치가 의무화되었다. 감사위원회는 사외이사가 2/3 이상을 차지하도록 하였으며, 감사위원장은 반드시 사외이사가 맡도록 하였다.

그 외에도, 법령상 의무화된 것은 아니지만, 정관 개정을 통해 이사회 의장과 대표이사(CEO)를 분리하거나, 내부거래위원회·보상위원회 등의 하부위원회를 설치하는 등의 개선 조처를 하는 기업들도 늘어났다.

이처럼 이사회 제도가 앵글로-아메리칸 모델에 따라 극적으로 변화하였지만, 그 실질적인 성과는 기대에 미치지 못하고 있다. 그 주된 이유는 사외이사의 독립성이 확보되지 못하였기 때문이다. 이수정(2009.10.7)에 따르면, 재벌 상장계열사의 사외이사 중에서 총수일가·경영진과 직접적인 이해관계가 있는 인사가 전체의 14.0%를 차지하였으며, 총수일가와 학연관계가 있는 사외이사까지 합칠 경우 전체 사외이사의 26.2%가 독립성을 갖추지 못한 것으로 판단된다.(이수정, 2009)[15] 사외이사의 선임 과정에서 재벌총수가 절대적인 영향력을 발휘한다는 사실을 감안할 때, 나머지 사외이사들도 사실상 독립적이라고 할 수는 없을 것이다.

독립성이 결여된 사외이사는 거수기에 불과하거나, 또는 인적 네트워크를 통해 정관계에 로비를 담당하는 역할에 머물 뿐이다. 그 대표

---

[15] ‘이해관계 있는 사외이사'의 비중은 2006년부터 2009년까지 37.5%, 35.4%, 32.09%, 26.19%로 매년 감소하는 추세에 있다.

적인 사례가 삼성그룹의 사외이사들이다. 참여연대(2005.8.3)에 따르면, 1998년 이후 2005년까지 삼성그룹의 주요 계열사의 사외이사를 역임했거나 역임 중인 사외이사 총 109명 가운데 관료 출신(전직 판검사 포함)이 53명(48.6%)인데, 그 상당수가 재경부·국세청·금감위(금감원)·공정위 등 규제감독 관련 정부부처 출신이었으며, 심지어 법원 고위판사나 검찰 특수부 출신 법조인도 여럿 있었다. 이들은 삼성그룹의 경영권 승계 및 지배구조와 관련한 법률적 현안이 발생하였을 때 대거 영입되었다.

이처럼 외환위기 이후에 도입된 사외이사 제도가 제 기능을 발휘하지 못하는 것은, (후술하는 바와 같이) 주주대표소송 등의 책임추궁 수단이 미흡한데도 그 원인이 있지만, 더 근본적으로는 재벌총수가 자신이 원하는 사외이사를 선임할 수 있을 정도의 의결권을 주주총회에서 행사하기 때문이다. 즉 총수일가가 지분율 5% 미만의 사실상 소수주주임에도 불구하고 40%를 넘는 계열사 출자지분을 통해 주주총회를 장악하는 소유구조가 온존하는 한, 이사회 구성의 외형적인 변화가 갖는 의미는 매우 제한적일 수밖에 없다.

한편, 1999년 공정거래법 개정을 통해 지주회사 제도가 도입됨으로써 재벌의 출자구조에 큰 변화가 야기되고 있다. 2010.5월 말 현재 금융지주회사 10개사를 포함하여 총 92개의 지주회사가 설립되어 있는데, 특히 2007년 4월과 8월 두 차례에 걸친 공정거래법 개정을 통해 지주회사 규제가 대폭 완화된 이후 재벌의 지주회사 체제 전환이 가속화되고 있다.(공정거래위원회, 2010)[16]

그러나 현행 지주회사 제도는 재벌의 소유·지배구조를 개선하는 데에는 근본적인 한계를 보이고 있다. 대부분 100% 완전 자회사 방식

---

[16] 지주회사 수 : 25개(05.8월) → 31개(06.8월) → 40개(07.8월) → 60개(08.9월) → 79개(09.9월) → 92개(10.5월).

을 택하는 선진국의 지주회사체제에 비해, 한국의 지주회사 제도는 상장 자회사의 경우 20% 이상, 비상장 자회사의 경우 40% 이상의 지분 보유만을 요구하고 있기 때문이다.

기업집단의 조직모델 중 지주회사체제는 관계회사 간의 이해 상충의 위험을 최소화함으로써 자회사·손자회사 등의 신규편입 및 매각 등 신축적인 조직변화를 가능하게 하는 장점을 갖고 있다. 그러나 한국의 현행 지주회사 제도는 지주회사－자회사－손자회사 등에 모두 외부주주가 존재하는 모습을 띰으로써 이해 상충의 위험이 그대로 남아 있는 문제를 안고 있다.

반면, 지주회사체제로 전환하는 과정에서 총수일가는 여러 계열사에 분산되어 있던 지분을 모두 지주회사에 집중함으로써 오히려 그룹 전체에 대한 지배력은 더욱 강화되는 효과를 얻을 수 있다. 그 대표적인 사례가 SK그룹이다. SK그룹의 최태원 회장은 지분 지배력이 가장 취약한 재벌총수로 알려져 있다. 2006년 말 현재, 그룹의 사실상 지주회사인 SK(주)의 내부지분율은 12.2%(총수일가의 직접 지분율 1.0%+계열사 출자 지분율 11.2%)에 불과하였다. 그러나 2007년 7월, SK(주)를 지주회사와 사업자회사로 분할한 후 공개매수를 통해 자회사 주식을 지주회사 주식으로 교환함으로써 지주회사의 내부지분율은 27.7%(총수일가의 직접 지분율 2.3%+총수일가의 가족회사인 SK C&C의 출자 지분율 25.4%)로 크게 상승하였다. 최태원 회장은 추가적인 자금부담 없이 단지 지주회사체제 전환을 통해 그룹 지배력을 2배 이상으로 늘린 것이다.[17]

기존의 재벌체제를 그대로 유지하든 아니면 지주회사체제로 전환하든, 총수일가의 소유 지배력은 경제위기 이후에도 전혀 약화되지

---

[17] 인적분할 후 공개매수 방식을 통한 지주회사 전환 시 총수일가의 지배력 강화 효과에 대한 자세한 내용은 경제개혁연대(2009.10.8), 7~9쪽 참조.

않았다. 최근 이명박정부 들어 출자총액제한 제도의 폐지, 지주회사 제도의 추가 규제완화 등이 추진됨으로써 총수일가의 소유 지배력은 오히려 강화되고 있다. 이러한 소유구조의 온존(persistence)이, 개별회사 차원의 이사회 구성 변화 등(convergence)에도 불구하고, 재벌의 지배구조가 개선되지 않는 주된 이유라고 할 수 있다.

3) 외부규율 강화를 위한 제도 개선 및 한계

집중된 소유구조가 온존한 가운데 사외이사·감사위원회 등의 내부통제 장치도 제 기능을 발휘하기 어렵다면, 결국 외부통제 장치, 즉 적대적 M&A시장의 활성화 등을 통한 시장규율, 금융위·공정위 등 감독기구에 의한 감독규율, 주주대표소송 등을 통한 사법규율 등을 강화하는 것이 지배구조 개선을 위한 유일한 대안일 것이다.

Black(2001, 783쪽)은 자본시장 발전과 지배구조 개선을 위해서는 '이사회 등 기업 내부의 통제장치 → 회계법인·법무법인·신용평가회사 등의 평판중개기관(reputational intermediaries) → 거래소·협회 등의 자율규제기관 → 공적 규제감독기구 → 법원·검찰 등의 사법기구'로 이어지는 긴 연쇄의 법적·제도적 장치들이 상호보완적으로 작용하는 것이 필요한데, 이 모두를 단기간 내에 이식하는 것은 불가능에 가까울 정도로 어려운 일임을 강조하였다. 외환위기 이후 한국의 경험은 이러한 어려움을 실증하고 있다. 외부규율의 강화 역시 경로의존성 및 제도적 상호보완성의 제약으로부터 결코 자유롭지 못한 것이다. 이하에서 몇 가지 대표적 사례를 들어본다.

가. 독립적 기관투자가의 부재와 시장규율의 결핍

1997년 이래 시민단체가 주도한 소액주주운동이 지배구조 개선의 필요성에 대한 인식을 확산시키는 데 크게 기여하였다. 이에 따라 주주행동주의(shareholder activism)가 서서히 개별기업의 소액주주 모임에 의해 모방되어 시장 내부에서 자율적으로 전개되는 등 한국의 자본시장이 질적인 변화의 와중에 있음을 보여주는 사례들도 나타나고 있다. 최근에는 최대 기관투자가인 국민연금이 의결권 행사지침을 정하고 이를 실행에 옮김으로써 새로운 전기를 마련하기도 하였다.

그럼에도 불구하고, 지배구조 문제에 대한 시장의 압력은 여전히 미약한 수준에 머물고 있다고 평가할 수밖에 없다. 그 주된 이유는, 자본시장에서 기업에 대한 감시 기능을 주도하여야 할 기관투자가의 위상이 너무나 취약하기 때문이다. 한국의 금융산업은, 소유규제가 엄격하게 시행되고 있는 은행부문을 제외하면, 나머지 비은행 금융부문은 사실상 재벌의 지배 아래에 있었다고 해도 과언이 아니다. 특히 기관투자가의 핵심이라고 할 수 있는 투신사와 생보사는 대부분 재벌의 계열사이다. 따라서 이들이 자신의 소속 그룹은 물론 (지배구조 문제에서 암묵적 담합 관계에 있는) 여타 재벌의 지배구조 문제에 대해 적극적으로 개입하지 못하는 것은 당연한 현상이다. 또한 이들 투신사와 생보사는 대부분 비상장 회사이기 때문에, 자신의 지배구조 문제에 대해서도 시장의 압력을 전혀 느끼지 못하는 상황이다.

앵글로―아메리칸 모델의 기업지배구조를 구성하는 핵심 요소 중의 하나로 기관투자가의 적극적 역할을 들 수 있다. 기관투자가가 상당한 정도의 지분을 장기간 보유하면서 경영진에 견제의 압력을 가하는 주주행동주의를 실현할 때 비로소 이사회 중심의 내부통제 장치가 효과적으로 작동할 수 있다. 그런데 한국에서는 기관투자가 대부분이 피투자기업과 직간접적인 이해관계로 얽혀 있기 때문에 소극적 투자자의 위상을 벗어나지 못하고 있다.

한편, 외환위기 이후 나타난 중요한 변화 중 하나는 외국인투자가의 주식보유 비중이 급증한 것이다. 최근 글로벌 금융위기의 여파에 따라 외국인투자가의 비중이 많이 줄어들었지만, 2004년 말에는 전체 상장기업 시가총액의 40%를 초과할 정도로 압도적인 비중을 차지하였다. 외국인투자가는 국내 기관투자가에 비해 지배구조 문제에 훨씬 더 예민한 반응을 보이고 있지만, 이들 역시 한국시장에서는 대부분 월 스트리트 룰(Wall Street rule)에 입각한 소극적 투자 전략을 견지하고 있다.

외국인 주식보유 비중의 급증, 그리고 몇몇 외국계 PEF의 적대적 M&A 시도 사례는 한국 국민 특유의 민족주의 정서를 자극함으로써 오히려 기업지배구조 개선에 역효과를 초래하기도 하였다. 이른바 외국자본의 위협으로부터 경영권을 보호해 달라는 재벌들의 요구가 재벌개혁 정책에 제동을 걸게 되었고, 결국 최근에는 독약증권(poison pill) 등의 경영권 방어장치 도입을 위한 회사법 개정안이 국회에 제출되기에 이르렀다.

나. 회계 투명성의 훼손과 감독규율의 결핍

한편, 외환위기 직후 부도난 재벌에서 예외 없이 천문학적 액수의 분식회계가 드러났으며, 그 외에도 주가조작, 내부자거래 등의 불법행위가 끊임없이 발생하였다. 이에 자본시장의 투명성을 제고하기 위한 회계·공시 제도의 개선은 외환위기 이후 주요한 정책 과제가 되었다.

특히 미국에서 엔론, 월드콤 등의 대규모 회계부정 사건에 대한 대응으로 2002년에 Sarvanes-Oxley Act가 시행된 것을 계기로, 우리나라에서도 2003년에 유사한 내용의 회계관련법 개혁이 이루어졌다. 그 결과 사외이사들에 의한 회계법인 선정 의무화, 6년 이상 회계업무를 수행한 회계법인의 교체 의무화, 재무제표에 대한 CEO·CFO의 인증

서약 의무화, 주요주주 및 임원에 대한 금전대여 금지 등의 조치가 시행되었다.

이러한 개혁조치의 결과 외환위기 이전에 비해서는 한국 기업들의 회계 투명성은 크게 개선되었지만, 여전히 많은 문제가 남아 있다. 우선, 2011년부터 국제회계기준(IFRS)의 시행[18]에 따라 연결재무제표를 주(主) 재무제표로 사용하게 됨으로써 (2절에서 언급한) 개별재무제표의 한계는 외형상 해결되겠지만, 재벌의 복잡한 출자 구조로 인해 연결재무제표에 포괄되는 계열사가 매우 제한적이어서 기업집단 전체의 회계정보를 정확하게 파악하기가 매우 어렵다. 예를 들어, 2009년 말 현재 삼성그룹의 국내 계열사는 총 65개사인데, 삼성전자의 연결재무제표에는 11개사만이 포함되어 있을 뿐이고, 그나마도 삼성물산, 삼성SDI, 삼성중공업, 삼성생명, 삼성증권 등의 주력 계열사들은 모두 연결대상이 아니다. 따라서 삼성전자의 공시 회계정보만으로는 삼성그룹 전체의 재무구조나 경영성과를 파악할 수 없다. 나아가 2011년부터는 결합재무제표가 폐지될 예정이어서, 기업집단 전체의 회계 투명성 확보와 관련한 제도적 결함은 심각한 상황이다. 이 역시 그룹의 소유구조와 관련한 경로의존성의 문제가 앵글로−아메리칸 모델의 효과적 작동을 방해하는 것의 한 예라고 할 수 있다.

한편, 회계·공시 제도의 결함 자체보다도 더 심각한 문제는 감독 당국의 법집행 의지를 신뢰하기 어렵다는 것이다. 한국의 민사소송절차법에는 증거개시 제도(discovery)가 없기 때문에, 감독 당국이 분식회계 등의 불법행위를 엄정하게 적발·처벌하지 않으면 개개의 투자자가 소송에서 이기기 어려울 뿐만 아니라, 보다 근본적으로 불법행위의 발생 자체를 인지하기도 어렵다. 그런데 투자자의 권익 보호

---

[18] 일부 대형 상장회사는 2009회계연도 재무제표 작성에서부터 자율적으로 국제회계기준을 적용하고 있다.

보다는 피감기업의 기득권을 우선시하는 감독 당국의 관행 때문에 회계정보에 대한 신뢰가 축적되지 못하는 것이 현실이다.

그 대표적인 사례로, 분식회계에 대한 사실상의 특별사면 조치를 들 수 있다. 2005년에 증권관련 집단소송 제도가 입법화되었는데, 분식회계에 대한 집단소송을 두려워한 재벌들의 사면 요구가 빗발쳤다. 결국 감독 당국은 외부 투자자가 알 수 없는 방법(이른바 역분식)으로 과거의 분식회계를 수정하는 것을 허용하였고, 이들 기업에 대해서는 아예 회계감리를 실시하지 않기로 하였다. 그 결과 법 시행 후 5년이 지나도록 단 한 건의 집단소송도 제기되지 못하다가, 최근 KIKO 관련 부실공시 건으로 인한 최초의 증권집단소송이 당사자 간 화해 형태로 마무리되었을 뿐이다. 투자자 권익 보호에 눈을 감은 감독 당국 탓에 앵글로－아메리칸 모델의 집단소송 제도는 완전히 무력화되었다.

다. 소송제도의 결함 및 사법규율의 결핍

건전한 기업지배구조의 작동 원리를 선험적으로 정의하는 것은 매우 어렵다. 한편으로는 지배주주·이사·경영진 등 소수 의사결정자의 자율성을 보장하면서, 다른 한편으로는 소액주주·채권자·노동자·소비자 등 다수 이해관계자의 권익을 보호하는, 양립하기 어려운 두 가지 목표를 조화시켜야 하기 때문이다. 결국 회사법은 경영진에게 '선량한 관리자로서의 주의 의무'(duty of care)와 '충실의무'(duty of loyalty)라는 추상적인 의무를 부여하는 것에 머물고, 대신 그 내용은 법원의 판례 축적을 통해 구체화해 나가는 것이 기업지배구조의 현실이라고 할 수 있다. 그런 의미에서 소수 의사결정자의 의무위반 행위에 대해 효과적으로 책임을 물을 수 있는 소송제도의 구축이 앵글로－아메리칸 모델에 따른 기업지배구조 개선을 위한 최후의 보루이다.

이사의 의무위반 행위에 따른 회사의 손해를 배상할 것을 청구하는

소송은 주주대표소송(derivative suit)이다. 외환위기 이후 소수주주권
강화 차원에서 주주대표소송 제기 요건이 많이 완화되었지만, 주주대
표소송은 여전히 활성화되지 않고 있다. 경제개혁연대(2007.9.5)에 따
르면, 1997년 이후 10년 동안 총 44건의 주주대표소송이 제기되었을
뿐인데, 그중에서도 경제개혁연대가 시민운동 차원에서 제기한 소송,
그리고 최대주주와 2대 주주 간의 경영권 분쟁과 관련된 소송을 제외
하면, 소액주주들이 자발적으로 제기한 소송은 14건에 불과할 정도이
다.

주주대표소송이 활성화되지 못한 것은 증거개시 제도의 미도입 등
소송제도 자체의 결함에도 원인이 있지만, 무엇보다 주주대표소송은
승소하더라도 그 손해배상금이 원고가 아닌 회사에 귀속되기 때문에
주주가 원고로 나설 경제적 유인이 크지 않다는 데 기인한다. 따라서
미국에서도 주주대표소송은 주로 성공보수를 목적으로 하는 전문 법
무법인이 주도하는 것이 현실이다. 그런데 한국에서는 기업을 대리하
는 법무법인은 많으나, 기업을 상대로 주주대표소송을 기획하는 전문
법무법인은 없다. 한국의 법률시장은 이런 법무법인이 존속하는 것
자체가 불가능한 환경이라고 할 수 있다.

한편, 2절에서 언급한 바와 같이, 기업인 범죄에 대해서는 이중 잣
대를 적용하는 사법부의 태도가 사법규율의 확립에 가장 결정적인 걸
림돌로 작용한다. 사법부에 대한 불신을 초래한 대표적인 사례 중의
하나가 1996년 삼성에버랜드 전환사채 헐값발행 사건이다. 세금 없는
경영권 승계를 목적으로 사실상 그룹의 지주회사인 삼성에버랜드의
주식을 헐값에 총수의 아들에게 넘긴 이 사건은 시민단체와 법학교수
들의 거듭된 문제제기에도 불구하고 10년 가까이 방치되어 왔다. 그
러다가 2007년 말 삼성그룹 전 법무팀장인 김용철 변호사의 내부고발
에 의해 다시 문제가 제기된 이후 특별검사가 임명되어 일부 혐의에

대해서만 기소가 이루어졌으나, 이마저도 대법원은 무죄를 선고하였다. '유전무죄, 무전유죄'라는 법치주의에 대한 냉소가 치유되지 않는한, 기업지배구조의 개선은 기대하기 어려울 것이다.[19]

4. 결론을 대신하여 : 재벌개혁을 위한 대안 모색

이명박정부가 출범한 이래 재벌개혁 정책은 결정적으로 후퇴하고있는데, 이는 보수정권의 특성상 당연하게 예상된 것이다. 그런데 이명박정부는 나름의 논리를 내세우고 있다. 즉 '글로벌 스탠다드에 비해 과도한 사전적 규제는 완화하되, 상대적으로 느슨한 사후적 감독은 강화한다'는 것이다.

이러한 논리 자체의 합리성은 부정하기 어렵다. 1987년 이후 도입된 재벌정책의 상당 부분이 행정편의적 발상에 근거한 사전적 규제의성격을 띠고 있기 때문이다. 특히 사전적 규제의 기준이 경제적 합리성을 결여한 경우가 많은데, 이러한 정책기조는 재벌들로 하여금 규제를 준수하기보다는 규제완화를 위한 로비활동에 집중하게 하는 인센티브 구조의 왜곡 문제가 심각하게 발생하도록 하였다는 것도 부정할 수 없다.[20] 따라서 한국경제의 성숙에 따라 재벌정책의 중심을 사

---

[19] 에버랜드 전환사채 저가발행 사건에 대한 대법원의 무죄 판결에 내재한 문제점에 대해서는 김상조(2009.12.17), 8~15쪽 참조.

[20] 예컨대, 지난 20년간 재벌정책의 상징처럼 인식되었던 출자총액제한 제도는 재벌기업이 순자산의 25% 이상을 다른 회사에 출자하는 것을 금지하였는데, 그 기준이 왜 순자산의 25%인지 설명할 수 있는 근거는 없다. 그 결과 출자총액제한제도의 폐지 여부를 놓고 논란이 벌어질 때마다 재벌의 로비에 밀려 다양한 예외조항을 삽입하는 것으로 절충되기 일쑤였다. 결국 출자총액제한 제도는 규제로서의 실효성을 상실하였으며, 나아가 정부정책의 일관성과 예측가능성을 훼손하는 심각한 부작용을 낳았다. 이명박정부 들어 마침내 출자총액제한 제도는 폐지되었다. 문제는 출자총액제한 제도가 목표로 하였던 경제력 집중 억제 및 기업

전적 규제에서 사후적 규율로 전환하는 것은 자연스러운 진화 과정이라고 할 수 있다.

그러나 앞서 누차 강조한 바와 같이, 사후적 규율, 특히 앵글로-아메리칸 모델에 기초한 사후적 규율을 효과적으로 작동시키는 것은 그렇게 간단한 일이 아니다. 재벌의 집중된 소유구조가 온존한 상태에서 개별기업의 이사회 구성만을 변화시키는 것만으로는 큰 의미를 갖기 어려우며, 이러한 내부규율의 공백을 보완하기 위한 외부규율의 강화 노력도 다양한 제도의 상호보완적 발전이 전제되지 않으면 실효성을 갖기 어렵다. 그런 의미에서 외환위기 이후 지난 10년간의 앵글로-아메리칸 모델에 따른 재벌개혁 노력은 여전히 미완성이라고 할 수밖에 없다.

그런데 최근 이명박정부의 정책기조는 그 표면적 언술과는 달리 '일단 사전적 규제를 완화하고, 나중에 문제가 발생하면 사후적 감독을 보완하자'는 방향으로 흘러가고 있다. 그러나 감독 당국 및 사법부에 대한 신뢰가 형성되어 있지 않은 현실을 감안할 때, 일단 사전적 규제부터 제거하고 보자는 식의 정책기조는 자칫 외환위기 이전과 같은 규율의 공백상태로 후퇴할 위험을 안고 있다. 더구나 미국의 서브프라임 모기지 사태에 따른 글로벌 금융위기 상황에서 성급한 규제완화가 초래할 위험성은 아무리 강조해도 지나치지 않을 것이다.

따라서 법치주의의 확립은 재벌개혁을 위한 가장 중요한 전제조건이라고 할 수 있다. 법체계와 현실 관행 사이의 괴리가 좁혀지지 않는 한, 그리고 감독 당국과 사법부가 이 괴리를 방조 또는 조장하는 상황이 계속되는 한, 지배구조 개선 노력은 소기의 성과를 거두지 못할 것이며, 궁극적으로 재벌의 경제력 집중 현상은 더욱 심화될 것이다.

지배구조 개선을 추진할 수 있는 다른 대체 수단이 전혀 도입되지 않았다는 데 있다.

기업지배구조의 바람직한 미래상과 관련하여 주주자본주의 모델 대 이해관계자 자본주의 모델 사이에 격렬한 논쟁이 진행되고 있다. 그러나 법치주의의 이중 잣대 문제가 해결되지 않는 한, 그 어떤 기업지배구조 모델을 설계한다고 하더라도, 그것은 사상누각일 뿐이다. 법의 엄격하고도 공정한 집행이 담보되지 않으면, 주주자본주의 모델은 천민자본주의로, 이해관계자 자본주의 모델은 정실자본주의로 전락할 것이다.

물론, 서구 역사의 관점에서 보면, 법치주의 확립은 자유주의적 과제이고, 부르주아의 과제이다. 그러나 법치주의 확립이 자신의 역사적 책무라는 사실조차 인식하지 못하는 우리나라 보수진영의 현실을 보면, 밑으로부터의 요구에 의해 '법 앞의 평등한 정의'(Equal Justice under Law)를 실현해나가는 것이 현 시점에서 가장 중요한 진보적 과제의 하나라고 할 수 있다. 재벌개혁의 중요성이 여기에 있다.

한편, 법을 엄정하게 집행하는 것도 중요하지만, 법체계를 개선하는 것도 그에 못지않게 중요하다. 외환위기 이후 앵글로-아메리칸 모델에 입각한 경제법 원리가 대거 도입되었지만, 여전히 우리나라 법체계에 내재한 근본적인 한계를 지적하지 않을 수 없다. 그것은 한국의 경제 현실에서 선수(player)는 기업집단임에도 불구하고 경기규칙(rule of game)은 개별법인만을 대상으로 하고 있다는 것이다. 지난 10년간의 기업지배구조 개선 조치는 개별법인, 특히 개별 상장법인 차원에 집중되었다. 앞서 언급한 사외이사 및 감사위원회 제도 도입, 회계·공시 제도 강화, 주주대표소송 등의 소수주주권 강화, 증권집단소송 제도 도입 등이 그 대표적인 예들이다.

그러나 재벌은 기업집단(group of companies)이다. 따라서 재벌의 지배구조를 개선하기 위해서는 개별기업 차원을 넘어서는 새로운 원칙이 확립되어야 한다. 그것은 '지배하는 자'(controlling person)는 그

지배권에 상응하는 책임을 부담한다. 기업집단을 지배하는 자의 책임은 개별기업의 범위를 넘어 선다'는 것이다. 이러한 원칙이 회사법, 금융법, 경쟁법에 일관성 있게 제도화되어야 하며, 감독기구와 사법기구에 의해 엄격하게 집행되고, 그리고 궁극적으로는 노동법과도 정합성을 가져야 한다. 이것이 기업집단의 지배구조를 개선하는 동시에 기업집단의 경제력 집중을 제어할 수 있는 가장 효과적인 방법이다.

물론 기업집단 차원의 지배구조 문제에 접근하는 방식은 나라마다 다르다. 주주자본주의 모델은 개별기업을 회사법 체계의 중심으로 하면서도, '법인격 부인의 법리'(piercing the corporate veil doctrine), 이중대표소송 제도(double derivative suit), 증거개시 제도(discovery) 등을 통해 예외적이지만 매우 효과적인 사후적 구제수단을 제공하고 있다. 반면, 이해관계자 자본주의 모델, 특히 독일은 아예 기업집단(콘체른) 자체를 회사법상의 주체로 인정함으로써 다수 회사의 공동경영에 따른 외부효과를 그룹 내부화(internalizing externalities of group management)하는 것은 합법화하고 있다. 물론 그 전제조건은 그룹경영의 편익에 상응하는 사전적인 법적 의무와 책임을 동시에 부과하는 것이다.

기업집단의 문제에 대한 접근방식 중 어느 쪽이 더 우월한지는 선험적으로 결정할 수 없다. 그러나 분명한 것은, 한국에는 미국식도 아니고 독일식도 아니라는 사실이다. 기업집단의 문제에 대해 이해관계자가 자신의 권리를 주장할 방법이 사실상 없다. 그 결과 삼성그룹처럼 비상장 가족회사와 비상장 금융기관을 중심으로 지배구조를 구축하는 경우 이해관계자 스스로 피해구제를 위해 행동할 수 있는 법적 수단이 존재하지 않으며, 성문법 국가의 특성상 법원의 판례를 통해 이를 보완하는 데에도 명백한 한계가 있다. 이러한 기업집단에 대한 규율의 공백은 경제력 집중을 심화시키고, 그 경제력이 경제영역을 넘어 사회 전체에 대한 지배력으로 확장되는 문제를 제어할 수 없게 만든다.

따라서 재벌의 문제를 극복하기 위해서는 더욱 적극적으로 기업집단 관련 법체계를 개선하는 노력이 필요하다. 이를 위해 가칭 '기업집단법'의 제정을 제안한다. 일단 단기적으로는 각종 경제법에 산재해 있는 기업집단 관련 조항들을 단일 법률로 통합함으로써 그룹 계열사 상호 간의 관계 및 지배주주와의 관계에 대한 규율을 체계화하고, 이후 장기적으로는 기업집단 자체를 법적 권리와 의무의 주체로 인정함과 동시에 주거래은행·하도급기업 등의 준 내부적 조직(quasi-internal organization)에 대해서도 그에 상응하는 권리와 의무를 부여하는 방향으로 발전시켜야 할 것이다.

▣ 참고문헌

경제개혁연대, 2007.8.21 「우리나라 법원의 화이트칼라 범죄 양형분석」, 경제개혁리포트 2007-8호.
______, 2007.8.28 「우리나라 법원의 화이트칼라 범죄 판결의 양형사유 분석」, 경제개혁리포트 2007-9호.
______, 2007.9.5 「주주대표소송 제기 현황 및 과제 분석」, 경제개혁리포트 2007-11호.
______, 2008.2.27 「재벌의 언론 지배에 대한 2차 보고서 : 재벌의 시대, 기로에 선 한국 언론」.
______, 2009.10.8 「총수 지배권 강화 수단으로 전락한 지주회사 제도」, 경제개혁이슈 2009-7호.
공정거래위원회, 2010.5.25 「2010년도 상반기 지주회사 설립 및 전환 동향」, 보도자료.
김상조, 2007 「대-중소기업간 관계의 변화 : 양극화 심화 및 연관관계 약화」, 『사회경제평론』 제29(1)호(한국사회경제학회 편).
______, 2009 「1986~2006년간 한국의 200대 기업의 동태적 변화」, 『한국경제의 분

석』 제15권 제1호(한국금융연구원 편).

______, 2009.11.9「박정희 시대의 개발금융체제와 재벌의 성장, 그리고 모순 : 실패의 원인이 된 성공의 역설」『박정희 시대의 재평가』, 한국경제정책연구회 · 한겨레신문사 주최 정치 · 경제 학술토론회.

______, 2009.12.17「삼성, 어디로 가나?」『특검 이후의 삼성, 얼마나 변했고 어떻게 더 변화해야 하는가?』, 경제개혁연대 주최 삼성그룹의 지배구조 진단과 전망 토론회.

______, 2010.5.3「30대 그룹의 금융계열사 현황 분석(1986~2008사업연도)」, 경제개혁연구소, 경제개혁리포트 2010−6호.

삼성경제연구소, 2010.6.1「최근 한국 수출의 선전 요인과 시사점」, SERI경제포커스 제295호.

상명대 경제정책연구소, 2004.10『외국과 국내 기업(집단)들의 소유규조 비교분석과 정책 시사점 연구』.

이수정, 2009.10.7「사외이사의 실질적 독립성 분석(2009년)」, 경제개혁연구소, 경제개혁리포트 2009−8호.

이승희, 2010.9.8「재벌의 언론 지배에 관한 보고서(2010)」, 경제개혁연구소, 경제개혁리포트 2010−12호.

참여연대, 2005.8.3「삼성의 인적 네트워크를 해부한다」, 삼성보고서 1호.

한국은행, 2010.4.29「2008년 산업연관표 작성 결과」, 보도자료.

Black, Bernard S., 2001 "The Legal and Institutional Preconditions for Strong Securities Markets", *UCLA Law Review*, Vol. 48.

Gordon, Jeffrey N. & Mark J. Roe ed, 2004 *Convergence and Persistence in Corporate Governance, Cambridge* : Cambridge University Press.

제2장 제조업 대-중소기업 양극화에 관한 이중구조론적 검토

홍장표

1. 문제제기 : 기업 간 양극화와 중소기업의 성장 둔화

후발국의 산업화 과정에서 근대적인 제조업부문과 전통적인 농업부문이 병존하는 이중경제(dual economy)에서 두 부문 사이에 성장 격차가 벌어지는 이중구조 현상이 나타난다. 성장 초기에는 상호 관련성이 없는 이질적 두 부문이 공존하다가 이후 부문 간 관련성이 형성되면서 이중구조가 해소된다. 이 현상은 제조업 내에서도 발생하는데, 자금과 노동력이 대기업에 집중될 때 대기업과 중소기업 간 성장격차가 발생한다. 일본의 경제성장 과정에서도 제조업 기업 간 격차 확대로 이중구조 문제가 등장했지만 1960~1970년대 고도성장기에 접어들어 기업 간 격차가 완화되면서 이중구조가 해소되는 방향으로 나아갔다.(高田亮彌, 2003 ; 植田浩史, 2004)

한국 제조업은 재벌 대기업 위주의 불균등 성장방식을 취하였다. 산업화과정에서 정부가 최종재 조립 생산을 담당하는 대기업을 집중 육성하면서 기업 간 성장 격차가 나타났다. 그런데 산업화과정 초기에 발생한 기업 간 격차는 이후 성장과정에서 완화되기는커녕 오히려 지속적으로 확대되었다. 〈그림 1〉에서 보듯이 1980년대 중반까지만 하더라도 중소기업의 노동생산성은 대기업의 50% 수준으로 일본과 비슷한 상황이었다. 그러나 1980년대 후반 생산성 격차가 확대되어 2008년 중소기업의 생산성은 대기업의 30% 수준으로 하락하였다. 이와 같은 생산성 격차를 배경으로 임금격차도 확대되었는데, 2008년 중소기업의 임금은 대기업의 거의 절반 수준까지 하락하였다. 이는 경제 성장에 중소기업이 중요한 역할을 한 대만은 물론 한때 기업 간 격차가 확대되었으나 그 후 대기업과 중소기업이 동반 성장한 일본과도 다른 양상이다.

〈그림 1〉 한국과 일본 대−중소기업 노동생산성 및 임금격차

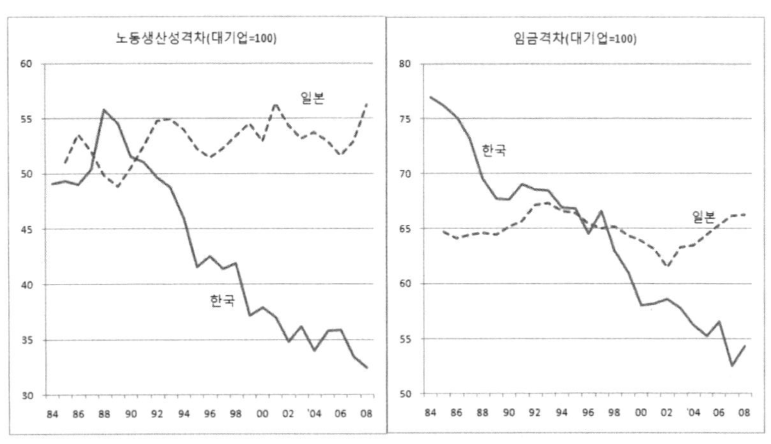

주 : 1. 대기업은 종사자 수 300인 이상, 중소기업은 10~299인.
　　2. 노동생산성은 종업원 1인당 부가가치 생산액, 임금은 종업원 1인당 연간 급여액 기준.
자료 : 통계청, 광업제조업통계조사 ; 日本經濟産業省, 工業統計表.

　　한편 중소기업은 그동안 기업 간 격차가 확대되는 속에서도 성장을 거듭했으며 국민경제에서 중소기업이 차지하는 비중이 지속적으로

높아졌다. 1970년대 중화학공업화 이후 중소기업들은 대기업과의 수직적 생산분업관계를 맺으면서 중소기업이 성장을 지속해 온 것이다. 그런데 2000년대 들어 중소기업의 성장 추세는 과거와 다른 양상을 보이고 있다.(중소기업협동조합중앙회, 2010)[1] 2000년대 중반 이후 제조업 중소기업의 성장이 둔화하였으며 제조업에서의 중소기업 생산 비중이 저하되었다. 〈그림 2〉 제조업 생산액과 부가가치 비중에서 중소기업이 차지하는 비중이 2003년 최고점에 이른 뒤 2004년부터 하락하였다. 제조업 전체 종사자 수에서 중소기업이 차지하는 비중도 2003년 최고치를 기록한 이후 2008년까지 정체된 모습을 보였다. 중소기업의 성장 둔화 현상은 2008년 글로벌 금융위기 이후에도 계속되는데, 경기 회복이 수출 대기업에 의해 주도되면서 중소기업의 생산 비중은 더욱 낮아졌다.(기업은행경제연구소, 2010)[2]

이와 같은 기업 간 격차 확대와 중소기업의 성장 둔화 현상을 어떻게 볼 것인가? 기업 간 양극화란 경제성장 초기단계 성장부문과 지체부문 사이에 성장격차가 나타나는 것과 달리 경제성장 자체가 부문 간 격차를 토대로 하고 성장과 함께 격차가 확대되는 현상이다. 이 글에서는 한국 제조업의 기업 간 양극화 현상을 이중구조론적 관점에서 재조명하고 양극화와 중소기업 성장 둔화 사이의 연관성을 검토한다. 이에 따라 기업 간 양극화를 재벌 대기업 위주의 불균등 발전과 1987년 이후 노동시장의 분단화라는 제도적 여건 속에서 주조된 성장체제의 산물로 이해한다. 이 성장체제는 대기업과 중소기업 간 고기술 자

---

[1] 중소기업과 대기업의 부가가치 생산증가율은 1980년대 21.9%와 16.4%, 1990년대 13.4%와 11.3%로 중소기업이 더 높았지만, 2000년대(2000~2008)에는 상황이 역전되어 중소기업의 부가가치 생산증가율(7.0%)이 대기업(7.5%)보다 낮아졌다.

[2] 2008년 금융위기 직후 대기업의 생산지수가 더 큰 폭으로 하락했지만 대기업이 중소기업보다 더 빠르게 회복하면서 대기업과 중소기업의 생산격차, 출하액 격차, 가동률 격차가 확대되었다.

본집약적인 부문과 저기술 노동집약적인 부문으로 이원화된 생산구
조하에서 저임금 노동력을 동원하여 격차를 확대시키는 체제로서,
2000년대 중반 이후 중소기업의 성장 둔화 현상은 이러한 성장체제의
한계가 드러난 것으로 파악한다.

〈그림 2〉 제조업 중소기업의 생산 비중 및 최근의 생산지수격차

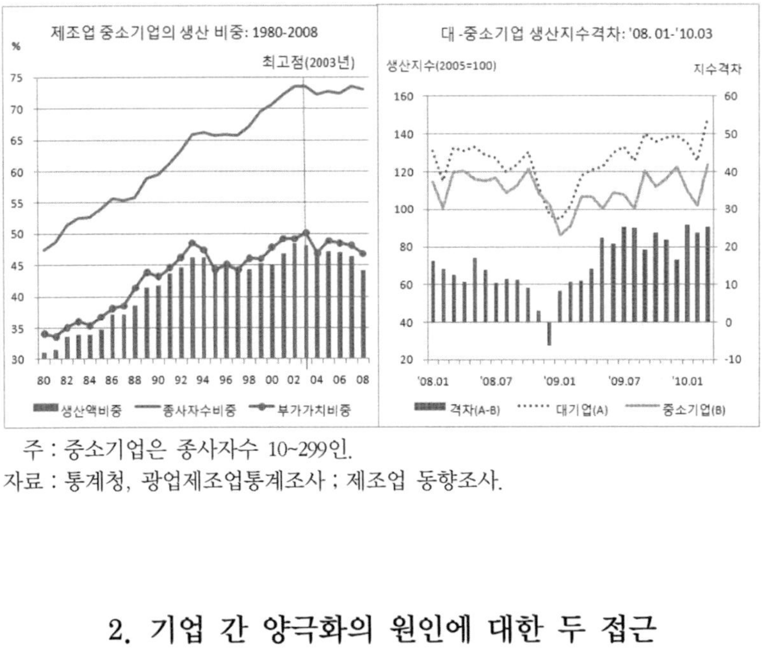

주 : 중소기업은 종사자수 10~299인.
자료 : 통계청, 광업제조업통계조사 ; 제조업 동향조사.

2. 기업 간 양극화의 원인에 대한 두 접근

기업 간 생산성 격차 확대와 최근 중소기업의 성장 둔화 현상을 그
다지 심각하게 받아들이지 않는 견해도 있다. 대기업과 중소기업 간
생산성 격차 확대는 대기업의 약진 때문이지 중소기업의 부진이나 정
체 때문은 아니라는 것이다.[3] 중소기업의 성장 둔화 현상도 제조업에

―――――――――――――――――――――――

[3] 정연승(2006)은 그 근거로 한국 중소기업의 노동생산성 증가율이 외국과 비교해

서 중소기업 비중이 이미 높은 수준에 도달해서 더 이상은 높아질 수 없기 때문에 나타난 현상이라는 것이다. 하지만 이런 견해는 소수이고 많은 논자는 중소기업의 문제를 심각하게 보고 기업 간 양극화의 원인을 대기업 위주로 성장해온 한국경제의 구조적 특성 속에서 찾고 있다.(조성재, 2005 ; 황선웅, 2005 ; 안현효 외, 2007 ; 김승일, 2008 ; 조덕희, 2009) 한국경제에서 대기업 위주의 성장과정에서 중소기업의 성장이 구조적으로 제약되었고 그로 인해 기업 간 격차가 확대되었다는 것이다. 이와 같은 입장은 크게 독점론적 접근과 이중구조론적 접근으로 나누어진다.

1) 독점론적 접근

독점론적 접근에서는 격차 확대를 낳은 구조적 요인으로 대기업의 독점적 시장지배에서 찾는다. 대기업과 중소기업 간 시장지배력과 협상력 차이로 기업 간 양극화가 나타났다는 것이다. 특히 대기업이 수요독점적 지위를 이용한 하도급 불공정 행위와 중소기업의 과당 경쟁이 중소기업의 성장을 구조적으로 제약하고 임금격차를 유발한다는 것이다.(조성재, 2005 ; 노광표, 2005 ; 이규복, 2009) 나아가 대기업이 독점적 시장지배력으로 중소기업을 수탈하여 중소기업의 경영난이 심화된 것으로 보기도 하는데, 대~중소기업 간 수익성 격차와 중소기업의 수익성 악화에서 그 근거를 찾는다.[4] 조덕희(2007)는 중소기업

높다는 점을 들고 있다. 그런데 한 국가 내에서 중소기업의 위상은 대기업과의 관계 속에서 결정되기 때문에 중소기업의 생산성이 대기업에 비해 지나치게 낮다면, 설명 노동생산성 증가율이 다른 나라보다 높더라도 중소기업 문제가 심각하게 나타날 수 있다.

[4] 조덕희(2007)는 제조 중소기업의 2001~2005년 기간 업종별 데이터를 활용해서 분석한 결과 해당 업종의 중소기업 비중 및 하도급 의존도가 높을수록 중소기업의 영업이윤율이 낮다고 보고하였다.

협동조합 중앙회 자료를 이용해 중소기업의 경영자산 영업이익률 추이를 분석하였는데, 중소기업의 경영자산 이윤율이 1990년대 이래 장기간에 걸쳐 하락하였다고 한다.[5]

〈그림 3〉 대－중소기업 매출액 영업이익률　〈그림 4〉 대－중소기업 경영자본　영업이익률

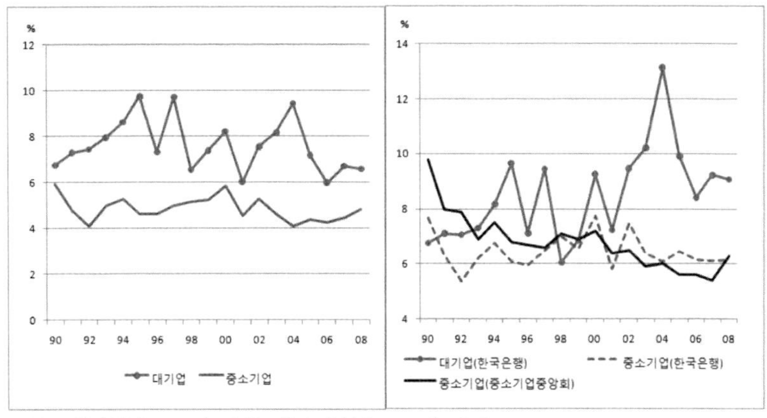

주 : 대기업은 300인 이상, 중소기업은 300인 미만.
자료 : 한국은행, 기업경영분석 ; 중소기업중앙회, 중소기업실태조사.

하지만 중소기업 간 매출액 영업이익률의 격차나 경영자본 영업이익률 변화 추이로부터 곧바로 중소기업의 수익성 악화를 진단하기는 곤란하다.[6] 기업의 주된 관심사는 투하자본에 대한 이윤율이기 때문에 중소기업의 수익성을 판단할 때 매출액에 대한 이윤마진의 비율로 측정되는 이윤마진율보다는 투자자본 이윤율 지표가 적합하다. 중소기업 수익성의 장기적인 하락 여부는 투하자본 이윤율 분석을 통해

---

[5] 경영자본 영업이익률은 영업이익/[총자산－(건설중인 자산+투자자산+이연자산)]으로 계산된다.

[6] 〈그림 4〉에서 보듯이 중소기업중앙회자료를 이용한 추계에서는 중소기업의 경영자본 이윤율은 장기 하락 추세를 보이지만, 기업경영분석 자료를 이용한 추계에서는 그와 같은 하락 추세를 발견할 수 없다.

파악되어야 한다.[7] 게다가 중소기업의 성장 둔화는 2000년대 중반 이후에 나타난 현상이고, 중소기업은 그 이전까지 대기업의 시장지배 속에서도 성장세를 유지해왔다. 대기업의 시장지배력이 강화된 가운데 중소기업이 성장해온 것은 독점론적 접근으로는 제대로 설명되지 않는다.

2) 이중구조론 접근

독점론적 접근이 중소기업에 생산된 가치가 외부로 유출된다는 이윤분배과정에서의 불균등성에 주목한다면, 이중구조론적 접근에서는 대중소기업 격차의 근본 원인을 기업규모별 생산의 불균등성에서 찾는다.(홍장표, 1993 ; 황선웅, 2005 ; 高田亮彌, 2003) 제조업 대－중소기업 생산의 불균등성은 대기업으로의 자금집중에 따른 자본집약도의 차이로부터 시작한다. 금융접근성이 높고 자금조달비용이 낮은 대기업은 자본집약적 기술, 금융접근성이 상대적으로 낮고 자금조달비용이 높은 중소기업은 노동집약적인 기술로 이원화된다. 대기업과 중소기업 사이 이원화된 생산구조에서 노동시장과 생산물시장이 불완전할 때 생산성과 임금격차가 나타난다.

<그림 5> 제조업 대－중소기업 간 격차 발생 경로

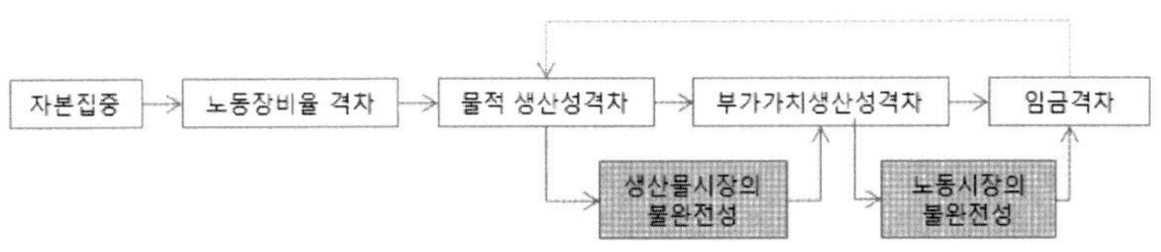

---

7) 투하자본 이윤율을 추계한 선행 연구에서는 중소기업의 이윤율이 대기업보다 높게 나타났다.(주무현, 2005) 그런데 중소기업의 이윤율이 대기업보다 높다고 해서 기업간 양극화 현상이 존재하지 않는다는 것을 뜻하는 것은 아니다. 이 문제에 관해서는 3절에서 다룬다.

우선 노동시장의 불완전성이다. 노동시장은 단일의 경쟁시장이 아니라 서로 다른 두 시장으로 분단된다. 대기업은 고임금과 높은 고용안정성, 노조조직률이 높은 1차 노동시장, 중소기업은 저임금과 낮은 고용안정성, 노조조직률이 낮은 2차 노동시장으로 차별화된다. 이때 노동이동은 1차 시장에서 2차 시장으로의 하향 이동은 가능하지만 상향 이동은 제한된다. 다음으로, 생산물시장에서 대기업의 시장구조는 독점적이고 중소기업은 경쟁시장으로 분화된다. 이와 같은 조건 속에서 기업 간 자본장비율 격차는 물적 생산성 격차를 유발한다. 기업 간 물적 생산성 격차는 생산물시장에서의 불완전성이 더해져 부가가치 생산성 격차를 낳는다. 이 부가가치 생산성 격차는 노동시장이 분단된 조건 속에 기업 간 임금격차를 유발하고 임금격차가 다시 기업 간 물적 생산성 격차를 확대시키는 피드백 효과를 낳는다.

이중구조론 접근에서는 대기업의 시장지배로 인한 중소기업의 경영 악화에 초점을 두는 것이 아니라 이원화된 생산구조에서 기업규모 간 격차를 활용하는 성장체제와 이를 뒷받침하는 제도적 조건에 주목한다. 다음에서는 이 접근에 입각해 한국경제에서 양극화 성장체제의 성립과정과 2000년대 중반 이후 중소기업 성장 둔화 현상의 원인을 검토하기로 한다.

3. 대기업 위주의 불균등 발전과 양극화 성장체제

1) 대기업 위주의 불균등 발전과 양극화 성장체제

개발시대 한국 제조업은 재벌 대기업 위주로 불균등하게 성장하였다. 정부가 국내외에서 동원한 자금을 대기업에 집중적으로 배분한 결과 대기업은 고기술 자본집약적 고부가가치 부문, 중소기업은 저기술 노동집약적 저부가가치 부문으로 이원화되었으며, 생산물시장에서도 대기업은 독과점적 시장, 중소기업은 경쟁적 시장으로 분화된다.[8]

대기업 위주의 불균등 발전에서 중소기업의 성장기반은 대기업과의 하도급거래에서 주어졌다. 하도급거래가 확대되면서 중소기업의 축적영역은 과거의 전통적 시장판매 영역에서 대기업의 축적 하위 영역으로 이동하였으며 중소기업은 대기업과의 수직적 분업관계 속에서 성장기반을 마련하였다. 중화학공업 최종재 조립부문에서 대기업이 먼저 진입하고 그 뒤를 이어 중간재 부문 중소기업이 육성되었다. 최종 조립부문의 대기업이 성장을 주도하고 이들 대기업 성장의 낙수효과(trickle-down effect)를 통해 소재와 부품 중소기업의 성장이 유발되었다. 중소기업은 노동집약적 분야에서 저임금 노동력을 활용하고 대기업으로부터의 기술지원을 통해 생산효율성을 높였다.

한편 대기업과 중소기업의 생산구조와 생산물시장은 이원화되었지만, 노동시장은 시장규율이 일률적으로 적용되는 단일의 경쟁적 시장을 유지하였다.(김선빈 외, 2009) 그런데 1987년 이후 대기업 생산직 내부노동시장이 형성되고 노동시장이 분단되면서 양극화 성장체제 작동의 여건이 완비된다.

대규모 사업장에서의 전투적 노동운동의 등장에 대응해 재벌 대기업은 노동시장을 분할하고 이를 이용하는 분할-지배전략으로 대응한다. 대기업 조직 노동자에 대해서는 상대적 고임금과 고용안정성을 제공하여 일정한 양보를 하는 한편 외주를 확대하여 중소기업의 저임

---

[8] 개발시대 제조업의 성장은 노동과 자본투입 증가에 의존하는 요소투입형 성장패턴을 보였으며 산업의 경쟁력은 제품차별화를 통한 품질경쟁력보다는 자본과 노동 투입증가를 통한 비용경쟁력에 의존하였다. 대기업은 대규모 설비투자에 의한 규모의 경제효과와 저임금 노동력 활용으로 비용경쟁력을 확보하였다.

금 노동력을 활용하였다. 이와 같은 분할－지배전략으로 대기업은 고임금과 높은 고용안정성, 내부노동시장이 발달한 1차 노동시장, 중소기업은 저임금과 낮은 고용안정성이 낮은 외부노동시장이 발달한 2차 노동시장으로 분화된다. 대기업이 이처럼 노동계급을 계층적으로 분할 지배하고 이를 하도급관계를 통해 통합 관리하면서 양극화 성장체제가 본격화된다. 1980년대 후반 하도급거래가 크게 확대되었는데, 〈그림 6〉에서 보듯이 중소기업 전체 매출액에서 국내기업에 대한 주문생산액이 차지하는 비중은 1986년 24.8%에서 1991년 66.8%로 급격하게 높아졌다. 이와 같은 하도급거래와 수직적 분업생산의 확대로 소기업의 진입이 유발되고 중소사업체 수가 증가하였다.

〈그림 6〉 제조업 중소기업 하도급 생산 비중과 중소사업체 수의 증감

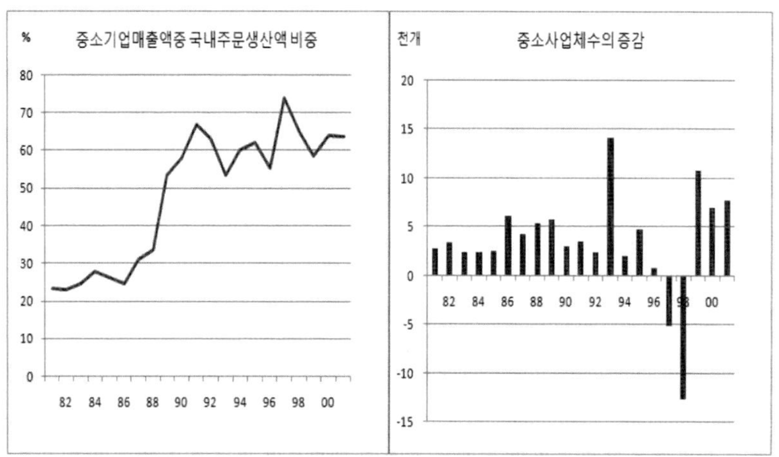

주 : 중소사업체는 종업원수 5~299인.
자료 : 중소기업중앙회, 중소기업실태조사.

〈그림 7〉 제조업 기업규모별 고용추이 　〈그림 8〉 대–중소기업 임금, 노동생산성, 자본장비율 격차(대기업=100)

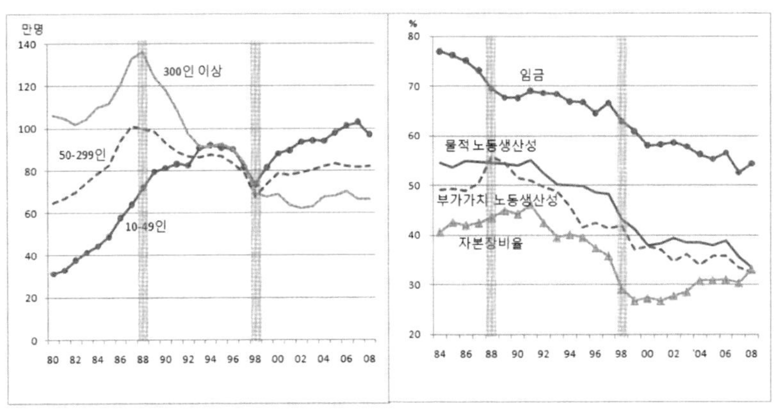

주 : 1. 부가가치 노동생산성은 종사자 1인당 부가가치 생산액
　　2. 물적 노동생산성은 기업규모별 이윤마진율[(부가가치 생산액–급여액)/
　　　　(생산비+급여액)]이 동일하다는 조건에 따라 부가가치 생산액을 산출하고
　　　　이를 종사자 수로 나눈 값으로 추정하였음
자료 : 통계청, 광공업통계조사

　대기업은 노동집약적인 품목의 생산을 중소기업에 이양하고 기계화와 자동화를 수반하는 대규모 설비자본 투자를 통해 고용을 줄였다. 〈그림 7〉에서 보듯이 1987년 이후 제조업 대기업과 중규모 기업의 고용은 급속히 줄어든 반면 소규모 기업의 고용이 늘어났으며 영세 자영업자가 증가하였다. 이처럼 양극화 성장체제가 본격적으로 가동됨에 따라 대기업에서 방출된 노동력은 중소기업과 저부가가치의 생계형 서비스부문으로 이동한다.

　〈그림 8〉에서 1980년대 중반 완화되던 기업 간 자본장비율 격차는 1990년대 초 대기업이 대규모의 설비투자에 나서면서 확대되었다. 이처럼 대기업이 자본장비율을 높이고 노동생산성이 빠른 속도로 증가하면서 기업 간 물적 생산성 격차가 확대된 것이다.

기업 간 부가가치 생산성 격차는 이와 같은 물적 생산성 격차에 생산물시장의 불완전성 요인이 부가된다. 대기업과 중소기업 간 이윤이 불균등하게 배분되는 경우 부가가치 생산성 격차는 물적 생산성 격차보다 더 크게 나타난다. 대기업과 중소기업 생산구조의 재편에 따른 외주화와 하도급 생산의 확대로 대기업의 시장지배력이 강화되었고, 중간재시장에서 대기업의 수요독점적 지위가 공고해졌다. 이를 배경으로 〈그림 8〉에서 대중소기업 간 부가가치 생산성 격차는 물적 생산성 격차보다 더 크게 나타남을 확인할 수 있다.

기업 간 부가가치 생산성 격차 확대는 임금지불능력 차이를 확대시키는 방향으로 작용한다. 종사자 1인당 부가가치 생산성은 기업 임금지불능력의 상한을 뜻하는 만큼, 기업 간 부가가치 생산성 격차의 확대는 임금격차 확대를 유발한다. 이런 측면에서 중소기업의 취약한 임금지불능력은 기본적으로 대기업과 중소기업 간 생산구조의 불균등성에 따른 물적 생산성 격차에서 비롯된다고 할 수 있다. 여기에 생산물 시장의 불균등성으로 중소기업에서 생산된 가치 일부가 분배과정에서 유출되면서 부가가치 생산성 격차는 더욱 커진다. 그리고 기업 간 임금지불능력의 차이는 노동시장이 분단된 조건에서 기업 간 임금격차 확대로 이어진다. 요컨대 1987년 이후 대기업의 분할지배전략으로 노동시장의 분단화가 진행되면서 기업규모 간 생산구조의 이원화 → 자본장비율 격차 확대 → 물적 생산성 격차 확대 → 부가가치 생산성 격차 확대 → 임금격차 확대의 메커니즘이 작동한 것으로 볼 수 있다.

2) 양극화 성장체제에서 중소기업의 성장기반과 그 한계

양극화 성장체제에서 대기업과 중소기업은 생산과정과 이윤배분과정 양면에서 불균등하다. 먼저 생산의 불균등성이다. 기업 간 분업생산구조에서 대기업은 고기술 자본집약적, 중소기업은 저기술 노동집약적 부문으로 이원화된다. 대기업은 노동절약적인 설비자본투자를 통해 노동생산성이 빠르게 증가하지만, 노동집약적 분야에서 저임금 노동력을 활용하는 중소기업은 대기업보다 노동생산성 증가율이 낮다.

다음으로, 이윤 분배과정에서의 불균등성이다. 대기업은 시장에서 우월한 지배력을 행사하여 독점적 고이윤 마진을 수취하지만 경쟁적인 시장구조에서 중소기업의 이윤마진율은 낮다. 하지만 중소기업의 이윤마진율이 낮다고 해서 투하자본 이윤율도 낮다고 말할 수는 없다. 대기업은 이윤마진율이 높지만 자본투자량이 많기 때문에 투하자본 이윤율은 높지 않다. 이에 비해 중소기업은 이윤마진율이 낮지만 투하자본이 적기 때문에 높은 이윤율을 얻을 수 있다.

양극화 성장체제에서 중소기업의 성장기반은 저임금 노동력을 활용한 비용경쟁력에 있다. 이 체제에서 중소기업은 다음과 같은 두 조건이 충족될 때 비용경쟁력이 유지될 수 있다. 하나는 저임금 노동력의 지속적인 공급이다. 노동시장에서 유휴 노동력이 존재하거나 대기업의 고용축소로 노동력이 방출될 때 이 조건이 충족된다. 다른 하나는 일정 수준의 노동생산성 향상이다. 중소기업의 노동생산성이 대기업보다 지나치게 낮다면 저임금의 이점이 상쇄되어 비용경쟁력은 확보되지 않는다. 이 두 조건이 충족될 때 대기업과 중기업-소기업으로 이어지는 생산분업구조의 계층화가 진행되며 분업구조의 하층부에서 소기업의 신규 진입이 이루어지면서 중소기업의 성장국면이 나타난다.[9]

---

[9] 기업 내부 자원이 부족한 중소기업은 대기업과의 연계를 통해 외부기술자원을 활용하여 생산성을 향상시킨다.(김윤지, 2009)

하지만 중소기업의 비용경쟁력을 뒷받침해주는 조건이 약화되면, 중소기업의 성장국면은 지속될 수 없다. 중소기업은 저임금 노동력을 활용하여 생산효율을 향상시켜야 하지만, 저임금 활용과 생산성 증대는 상호 모순적이다. 중소기업이 생산성을 높이기 위해서는 기술능력을 향상시켜야 하지만 저임금이 생산성 향상을 제약한다. 노동시장에서 저임금 노동력이 소진되고 중소기업의 노동생산성 향상이 둔화할 때 중소기업의 성장국면은 마감되고 계층적 분업생산구조의 최하층에 있는 영세 소기업들은 퇴출된다. 다음에서는 이와 같은 논의를 토대로 1997년 외환위기 전후 기업규모별 이윤율과 생산성 변화 추이를 검토해보기로 한다.

4. 기업규모별 이윤율과 생산성 변화 추이

1) 이윤율

이윤율은 식 (1)과 같이 부가가치에 대한 이윤의 비율로 정의되는 이윤몫(P/Y)과 자본스톡에 대한 부가가치비율로 정의되는 산출−자본비율(Y/K)로 분해될 수 있다. 이윤몫은 잉여가치율의 대리변수인 이윤−임금비율(P/W)과 같은 방향으로 움직이며, 산출−자본비율은 자본가치구성의 대리변수인 자본스톡−임금비율(K/W)과 같은 방향으로 움직인다.(정성진, 2005)

$$\frac{P}{K} = \frac{P}{Y} \times \frac{Y}{K} \quad \left(\frac{\dot{P}}{K}\right) = \left(\frac{\dot{P}}{Y}\right) + \left(\frac{\dot{Y}}{K}\right) \quad (1)$$

이윤몫(P/Y)은 식 (2)에서 보듯이 노동생산성(Y/L)과 노동자 1인당 생산물임금(W/L)에 좌우된다. 다른 조건이 일정할 때 이윤몫은 노동생산성(Y/L)의 증가함수이고 노동자 1인당 생산물임금(W/L)의 감소함수이다.

$$\frac{P}{Y} = \frac{Y-W}{Y} = 1 - \frac{(W/L)}{(Y/L)} \quad (2)$$

다음으로, 산출-자본비율(Y/K)은 식 (3)에서 보듯이 노동생산성(Y/L)과 자본장비율(K/L)에 좌우된다. 산출-자본비율은 노동생산성의 증가함수이고 자본장비율의 감소함수이다.

$$\frac{Y}{K} = \frac{(Y/L)}{(K/L)} \quad \left(\frac{\dot{Y}}{K}\right) = \left(\frac{\dot{Y}}{L}\right) - \left(\frac{\dot{K}}{L}\right) \quad (3)$$

〈그림 9〉 대기업, 중기업, 소기업의 이윤율

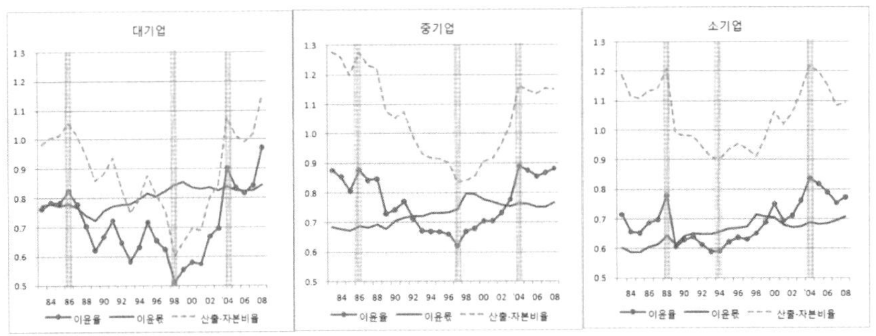

주 : 대기업은 종사자수 300인 이상, 중기업은 50~299인, 소기업은 10~49인.

〈그림 9〉는 이 식들을 토대로 통계청의 광공업통계자료를 이용하여 1984~2008년 기업규모별 이윤율을 추계한 것이다.[10) 우선 기업규

___

10) 자본스톡(K)은 (유형자산 연말총액-건설중인 자산), 산출(Y)은 부가가치 생산액, 임금(W)은 급여액, 노동(L)은 종사자 수, 이윤(P)은 (부가가치 생산액-급여액)으로 계산하였다. 자본스톡(K)은 한국은행 자본계정의 디플레이터(총고정자본 형성),

모별 이윤율 수준을 비교해보면, 2000년대 중반 이전까지 중소기업의 이윤율이 대기업보다 높았다. 중소기업은 대기업보다 이윤몫은 작지만, 산출-자본비율이 높아 이윤율이 높았던 것이다. 이는 자본집약적인 부문에서 대량의 자본투자에 의존하는 대기업은 자본효율이 낮은 반면, 노동집약적인 부문에서 소량의 자본을 가동하는 중소기업은 자본효율이 높았다는 것을 말해준다. 이처럼 양극화 성장체제에서 중소기업은 생산 집약화와 자본이용의 효율성을 통해 대기업보다 높은 이윤율을 보였으며, 중소기업의 고이윤율이 신규 창업과 생산 확대를 추동한 것으로 볼 수 있다.

다음으로 이윤율의 변화를 보면, 대기업과 중기업은 1987~1998년 사이에는 하강 추세에서 외환위기 이후 상승 추세로 전환하였다. 대기업의 이윤율은 1987년 이후부터 외환위기까지 하락추세를 보였으며 외환위기 때 최저점에 도달한 뒤 뚜렷한 상승추세를 보였다. 중기업도 대기업과 거의 비슷한 추세를 보였으며 외환위기 이후 회복되는 모습을 보였다. 다만, 소기업은 이와는 다른 양상을 보였는데, 외환위기 이전인 1994년 최저점에 도달한 이후 상승국면으로 반전되었다. 이와 같은 이윤율 추이로부터 중소기업의 장기 하락추세를 관찰할 수 없으며 대기업의 시장지배가 중소기업의 수익성 악화를 지속적으로 초래한 것은 아님을 확인할 수 있다.

다만 여기서 2000년대 중반 이후 기업규모별로 이윤율 변화 추이가 달라졌다는 점은 주목할 필요가 있다. 대기업은 2005~2006년 이윤율이 일시 하락하다가 다시 상승한다. 중기업은 2004년 정점에 도달한 뒤 그 수준을 유지하고 있다. 이에 비해 소기업의 이윤율은 2004년 최고점에 도달한 뒤 하락하였다.

나머지 변수들은 GDP 디플레이터를 사용해 불변가격으로 전환하여 추계하였다.

〈표 1〉 제조업 기업규모별 이윤율·이윤몫·산출─자본비율 변화율 : 1988~2008

(단위 : %)

		이윤율 (P/K)	이윤몫 (P/Y)	산출─자본 비율(Y/K)	자본장비율 (K/L)	노동생산성 (Y/L)	생산물임금 (W/L)
대기업	'88~'98	-3.8	0.9	-4.7	15.1	11.0	7.4
	'99~'08	6.5	0.0	6.4	-0.3	6.1	6.1
	'99~'04	(9.6)	(-0.1)	(9.7)	(-3.1)	(6.5)	(7.1)
	'05~'08	(1.8)	(0.2)	(1.6)	(3.9)	(5.5)	(4.4)
중기업	'88~'98	-2.1	1.4	-3.5	13.9	10.4	6.4
	'99~'08	2.7	-0.4	3.1	0.1	3.3	4.7
	'99~'04	(4.7)	(-0.7)	(5.4)	(-2.6)	(2.8)	(5.3)
	'05~'08	(-0.2)	(0.1)	(-0.3)	(4.4)	(4.1)	(3.9)
소기업	'88~'98	-0.6	1.4	-2.0	10.9	8.8	6.0
	'99~'08	1.7	-0.1	1.8	2.4	4.2	4.5
	'99~'04	(4.2)	(-0.7)	(4.8)	(-1.1)	(3.7)	(5.3)
	'05~'08	(-2.0)	(0.7)	(-2.7)	(7.7)	(5.0)	(3.3)

주 : 대기업은 종사자 수 300인 이상, 중기업은 50~299인, 소기업은 10~49인.

다음으로 〈표 1〉는 이윤율을 결정하는 요인을 분해한 결과이다. 이윤율은 이윤몫(P/Y)과 산출─자본비율(Y/K)에 좌우되는데, 대─중소기업 모두 이윤몫보다는 산출─자본비율 변화가 결정적인 역할을 하였음을 알 수 있다. 1988~1998년 기간 이윤몫이 증가했지만 산출─자본비율 하락폭이 더 커 이윤율이 하락하였고, 1999~2008년 기간에는 이윤몫이 감소했지만 산출─자본비율 증가폭이 훨씬 커 이윤율이 상승하였다. 산출─자본비율은 다시 자본장비율(K/L)과 노동생산성(Y/L) 증가율의 상대적 크기에 의해 좌우된다.

1988~1998년 산출─자본비율의 하락은 자본장비율 상승률이 노동생산성 증가율을 초과한 데 따른 것이다. 이 기간 산출─자본비율의 하락폭은 대기업이 가장 크고 소기업이 가장 작았는데, 이로 인해 이윤율의 감소폭도 대기업이 가장 컸다. 이 기간 대기업의 자본장비율 상승률은 15.1%로 매우 높았지만 노동생산성 증가율은 이보다 낮은 11.0%였다. 이로부터 대기업은 생산효율이 뒷받침되지 않는 자본구성의 고

도화로 수익성이 악화하면서 외환위기를 맞은 것으로 해석할 수 있다.

외환위기 이후 1999~2008년 이윤율의 상승폭은 대기업이 가장 컸다. 이 기간 소기업의 이윤율 상승폭은 연평균 1.7%였지만 대기업은 6.5%에 달한다. 대기업의 급속한 이윤율 상승은 산출－자본비율이 급상승한 결과인데, 이 기간 대기업은 자본장비율이 하락(-0.3%)하는 가운데 높은 노동생산성 증가율(6.1%)을 보였다.[11] 그 결과 앞의 〈그림 9〉에서 보았듯이 2000년대 후반에는 중소기업보다 더 높은 이윤율을 실현하였다. 자본효율 향상이 뒷받침되지 않은 설비자본투자로 수익성 위기를 맞았던 대기업은 외환위기 이후 생산효율을 높여 이윤율을 상승시킨 것이다.

1999~2008년 기간 중소기업의 이윤율 상승 역시 산출－자본비율의 증가에 의해 뒷받침되었다. 그런데 중소기업은 자본장비율 증가의 둔화 속에서도 노동생산성이 향상되었지만, 노동생산성 증가율은 대기업보다 크게 낮았다는 점에 주목할 수 있다. 중기업의 노동생산성 증가율은 3.3%로 대기업의 절반 수준에 불과했고, 이 기간 자본장비율 상승율이 2.4%로 중기업보다 높았던 소기업도 노동생산성 증가율은 4.2%에 그쳤다. 이처럼 둔화한 노동생산성은 2005~2008년 기간에 자본장비율 상승으로 이윤율 하락을 초래하였다. 이 기간 중소기업은 자본장비율을 높였지만 노동생산성 증가 효과가 미흡해 이윤율이 하락하였는데, 자본장비율 증가율이 높았던 소기업의 이윤율 하락폭이 가장 컸다. 이와 같은 이윤율 결정요인 분석으로부터 1987년 이후 이윤율 변동은 분배 측 요인보다는 주로 자본장비율과 노동생산성이라는 생산 측 요인에 의해 좌우되었으며, 생산성 향상 방식이 외환위기 이후

---

11) 1999~2004년간 대기업의 자본장비율 증가율은 -0.3%였지만 노동생산성은 6.5% 증가하였다. 2005~2008년에는 자본장비율 증가율이 3.3%로 바뀌었지만 이보다 노동생산성 증가율(5.5%)이 더 커 산출-자본비율 상승이 계속되었다.

기업규모별로 달라졌다는 것을 시사한다. 다음에서 이를 살펴보자.

2) 생산성

〈그림 10〉에서 노동생산성 증가율을 보면, 1990년대 이전과 이후 기업규모별로 달라졌음을 알 수 있다. 1980년대까지만 하더라도 대기업의 노동생산성 증가율이 중소기업보다 낮았지만, 양극화 성장체제가 가동된 1990년대 이후부터 상황이 역전되었다. 1990~1999년 대기업의 노동생산성 증가율이 중소기업보다 더 높았는데, 이 기간 기업규모별 노동생산성 증가율의 차이는 주로 자본장비율의 차이에서 비롯되었다. 그런데 2000~2008년에는 대기업의 자본장비율 하락으로 기업규모 간 자본장비율 격차가 더 이상은 확대되지 않았지만 대기업의 노동생산성 증가율이 중소기업보다 더 높았다. 이는 2000년대 이후 기업규모별 생산성 격차 확대는 자본장비율이 아닌 다른 요인이 작용하였음을 시사하고 있는데, 총요소 생산성 분석을 통해 이를 확인해 보기로 한다.

〈그림 10〉 노동생산성 증가율

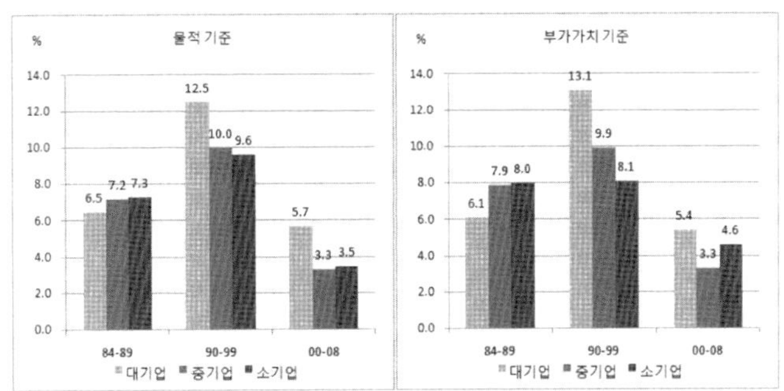

주 : 1. 물적 기준은 이윤마진율[=(부가가치 생산액-급여액)/(생산비+급여액)]이 기업규모 간 동일하다는 조건을 부여하여 추정한 노동생산성 증가율.
　　 2. 대기업은 종사자 수 300인 이상, 중기업은 50~299인, 소기업은 10~49인.

총요소 생산성(total factor productivity)은 노동과 자본 등 생산과정에 투입된 생산요소들을 결합할 때 투입요소 단위당 산출량을 측정하는 생산성 지표이다. 총요소 생산성 증가율은 산출량 증가율에서 생산요소 투입증가율을 차감한 잔여(residual)로 측정되기 때문에 산출량 증가율 가운데 생산요소 투입량의 증가로 설명되지 않는 다른 모든 요인의 효과를 보여준다. 여기에는 생산기술 수준의 변화뿐 아니라 규모의 경제효과, 기술적 배분적 효율성, 시장구조 변화가 포함된다. 본 연구에서는 생산효율개선의 대용지표로 이용되는 총요소 생산성(TFP)을 다음의 성장회계 방정식을 사용해 추정하였다.[12]

$$\dot{TFP} = \dot{Y} - (V_K \dot{K} + V_L \dot{L}) \quad {}^{4)}$$

TFP : 총요소 생산성, Y : 산출량, V_K : 자본소득분배율, V_L : 노동소득분배율

〈그림 11〉에서 기업규모별 총요소 생산성 증가율 추이를 보면, 대기업의 총요소 생산성은 1990년대까지 거의 정체되다가 2000년대 이후 크게 높아졌다.[13] 이에 비해 소기업의 총요소 생산성 증가율은 2000년

---

[12] 총요소 생산성은 통계청의 광공업통계조사 자료를 이용해 추정하였다. 이 가운데 산출(Y)은 부가가치 생산액, 노동투입(L)은 종사자수, 자본투입(K)은 (유형자산 연말총액-건설중인 자산)을 사용하였으며, 한국은행 국민계정의 디플레이터를 이용해 불변가격으로 전환하여 사용하였다. 노동소득분배율은 (급여액/부가가치생산액), 자본소득분배율은 (부가가치 생산액-급여액)/부가가치 생산액으로 측정하였다. 보다 상세한 총요소 생산성 추정방법은 양현봉(2005), 황윤섭 외(2009) 참조.

[13] 총요소 생산성 추정에서 부가가치 생산액을 산출 지표로 사용하면, 기업규모간 시장구조의 차이에 따른 분배측 요인이 포함된다. 부가가치 생산액은 생산 측 요인뿐 아니라 시장구조 특성에 따른 분배 측 요인에 의해서도 영향을 받기 때문이다. 이 분배측 요인을 통제하기 위해서는 산출지표로 부가가치 생산액 대신 물적 생산액을 반영하는 지표를 사용할 필요가 있다. 이에 따라 이윤마진율[=(부가가치 생산액-급여액)/(생산비+급여액)]이 기업규모 간 동일하다는 조건을 부가하여 물적 생산액을 추정하고 이를 산출 지표로 사용하였다. 본 연구에서는 이와 같은 방법으로 총요소 생산성을 부가가치 생산성 기준과 물적 생산성 기준으로 나누어 추정하였다.

대 오히려 둔화되었다. 이처럼 기업규모별 총요소 생산성 증가율이 역
전되면서 생산성 격차가 확대되었다. 기업 간 생산성 격차 발생의 주
된 요인이 자본장비율 차이에서 2000년대 이후 총요소 생산성 차이로
달라진 것이다.

<그림 11> 총요소 생산성 증가율

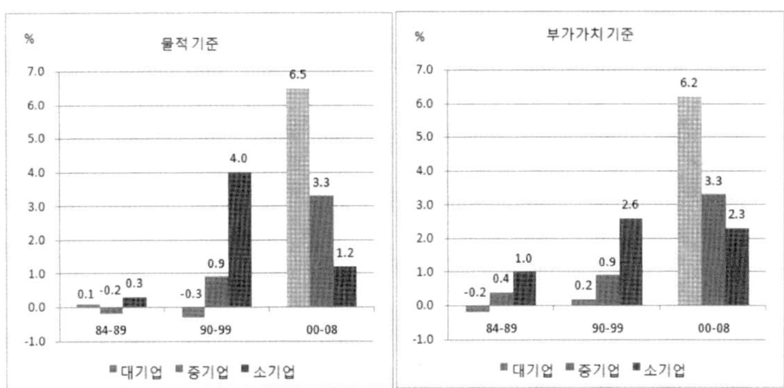

주 : 1. 물적 기준은 기업규모별 이윤마진율[(부가가치 생산액-급여액)/(생산비+급여
　　　액)]이 동일하다는 조건을 부가하여 추정한 총요소 생산성 증가율.
　　2. 대기업은 종사자수 300인 이상, 중기업은 50~299인, 소기업은 10~49인.

<표 2> 투입요소별 부가가치 생산 증가의 기여도(단위 : %)

	투입요소	1984~1989		1990~1999		2000~2008	
대기업	부가가치생산 증가율	8.8	(100.0)	6.1	(100.0)	4.8	(100.0)
	노동투입	0.6	(6.7)	-1.2	(-20.0)	0.0	(-0.9)
	자본투입	8.4	(95.8)	7.1	(116.1)	-1.3	(-26.6)
	총요소 생산성	-0.2	(2.5)	0.2	(3.8)	6.2	(127.6)
중기업	부가가치생산 증가율	12.3	(100.0)	6.5	(100.0)	4.4	(100.0)
	노동투입	1.5	(12.4)	-0.8	(-12.6)	0.3	(6.1)
	자본투입	10.4	(84.3)	6.4	(98.6)	0.8	(19.0)
	총요소 생산성	0.4	(3.3)	0.9	(14.0)	3.3	(74.9)
소기업	부가가치생산 증가율	18.5	(100.0)	7.9	(100.0)	6.3	(100.0)
	노동투입	4.3	(23.1)	0.1	(1.3)	0.6	(9.4)
	자본투입	13.2	(71.3)	5.2	(66.0)	3.5	(54.8)
	총요소 생산성	1.0	(5.6)	2.6	(32.7)	2.3	(35.8)

주 : 대기업은 종사자 수 300인 이상, 중기업은 50~299인, 소기업은 10~49인.

다음으로 〈표 2〉에서 부가가치생산 증가의 기여도를 기업규모별로 비교해 보면, 1980~1990년대 대기업은 자본투입, 소기업은 노동투입의 기여도가 상대적으로 높지만, 요소투입 증가를 중심으로 성장했다는 점에서는 다르지 않았다. 그런데 2000년대 이후 성장요인은 기업규모별로 뚜렷이 달라졌다.

2000년대 대기업의 부가가치생산 증가는 자본투입이 감소하는 가운데 전적으로 총요소 생산성 향상으로 이루어졌다. 대기업은 생산요소 투입규모가 절대적으로 감소하는 가운데 생산효율 향상과 기술진보를 통해 성장한 것이다. 이로부터 대기업은 외환위기 이후 자본투입의 양적 확대에 의존하는 외연적 성장에서 내포적 성장으로 전환한 것으로 볼 수 있다. 다음으로, 중기업은 자본투입의 기여도는 크게 낮아졌고 총요소 생산성의 기여도가 높아졌다. 하지만 대기업보다 총요소 생산성 증가율이 낮아 부가가치생산 증가율도 낮았다. 소기업에서는 자본투입의 기여도가 감소한 대신 노동투입의 기여도가 다소 증가하였지만, 요소투입의 기여도가 여전히 높았다. 이처럼 대기업은 2000년대 이후 자본투입 증가에 의존한 성장에서 총요소 생산성 향상에 의한 내포적 성장으로 전환하였지만, 소기업은 요소투입의 양적 증가에 의존하는 외연적 성장에서 벗어나지 못하고 있다.

5. 1997년 외환위기 이후 중소기업 구조조정의 성과 부진과 성장둔화의 원인

1) 중소기업 구조조정 성과 부진의 원인 : 정부의 실패인가 시장의 실패인가?

외환위기 이후 중국경제의 부상과 세계화, 기술진보 가속화 등 경제환경의 변화 속에 대기업은 요소투입의 양적 증가에 의존하는 외연적 성장에서 기술개발과 생산효율 개선에 의존하는 내포적 성장으로 전환하였다. 중소기업 또한 중국경제의 급속한 성장과 아시아 개도국으로부터의 수입증가로 저기술 노동집약적 업종으로부터 고기술 자본집약적인 업종으로의 전환을 요구하는 시장압력이 거세졌다. 그렇지만 앞서 보았듯이 중소기업은 대기업과 달리 성장방식의 전환이 제대로 이루어지지 않았다. 이처럼 중소기업 구조조정의 성과가 부진한 이유는 어디에 있는가?

가. 시장주의적 시각 : 정부의 실패

시장주의적 입장에서 중소기업의 구조조정이 부진한 원인을 정부의 중소기업지원정책에서 찾는다. 김주훈 외(2009)는 1997년 외환금융위기 이후 중소기업에 대한 정책금융이 시장기구의 작동을 저해하고 구조조정과 퇴출을 지연시켰다고 한다. 외환위기를 맞아 대폭 증가한 정부지원은 경제가 정상화되고 나서도 지속되어 부실기업의 퇴출이 지연되는 부작용을 가져왔다. 정부지원은 중소기업의 성장 촉진보다 부실기업의 퇴출 지연에 더 크게 작용하였으며 퇴출 지연으로 인해 신규업체 진입이 저하되었다는 것이다. 이와 같은 입장에서는 정부의 정책적 개입이 생산성이 낮은 중소기업으로 자원을 인위적으로 배분시키는 비효율성을 낳았으며 시장규율에 입각한 구조조정이 필요하다고 주장하고 있다.

그런데 정책금융이 중소기업의 구조조정을 지연시켰다는 주장은 실증연구에서 반박되고 있다. 강종구·정형권(2006)은 1994~2004년 외부감사대상 중소기업을 대상으로 한 분석에서 혁신적 중소기업에 대한 금융지원이 수익성과 성장성을 높였음을 보여주었다. 정연승 외(2007)는 중소기업에 대한 신용보증지원이 기업의 자산 수익률을 증가시킨다는 결과를 얻었다. 이와 같은 실증연구들은 신용보증 제공을 비롯한 정부지원이 중소기업의 구조조정을 지연시키지 않았음을 보여준다.

외환위기 이후 중소기업정책의 기조가 보호에서 경쟁촉진 위주로 바뀌고 시장개방으로 시장경쟁이 강화되었다는 점을 감안할 때, 시장규율에 입각한 구조조정의 성과가 부진했다고 보는 것이 합당하다. 신인석·한진희(2006)에 따르면, 외환위기 이후 저임금국가로부터의 수입 확대로 저기술 저숙련 업종에서의 퇴출 압력이 증가하였지만, 중소기업이 고기술 자본집약적 부문으로 이동하는 데 어려움을 겪고 있다. 대기업의 독점적 시장구조 속에서 중소기업은 중견기업이나 대기업으로 상향 이동이 저지된 가운데 성장이 정체된 기업들이 늘어났다.[14]

---

[14] 안상훈(2006)은 1990~2003년 통계청 광공업통계조사의 미시데이터를 이용하여 제조업 중소기업의 성장과정을 추적하였는데, 1990년 설립된 기업이 2003년까지 생존한 기업의 평균 종업원 수는 50인 미만에 불과하고 상위 1%의 규모도 350인을 하회한다고 한다.

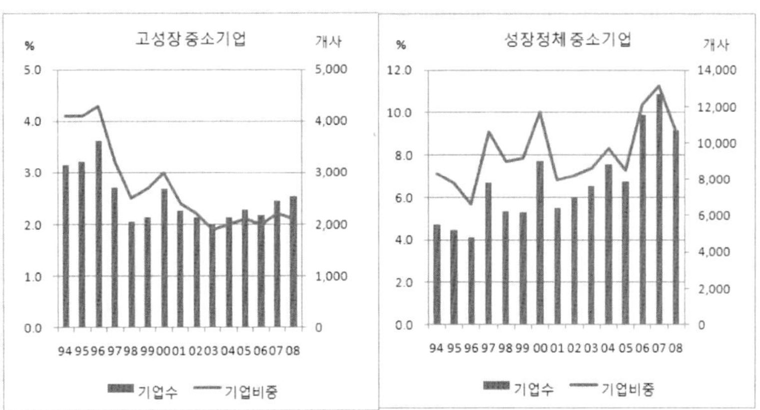

〈그림 12〉 고성장중소기업과 저성장중소기업의 비중 추이

주 : 1. 고성장중소기업 : 업력 10년 미만이면서 50인 이상 중기업으로 성장한 중소기업.
    2. 성장정체중소기업 : 업력 20년 이상이지만 20인 미만의 소기업에 머물러 있는 중소기업.
자료 : 중소기업중앙회, 중소기업실태조사.

〈그림 12〉에서 제조업 중소기업의 규모별 업력 분포 변화(1994~2008)를 보면, 2000년 이후 고성장 중소기업의 비중은 감소하고 성장정체 중소기업의 비중이 증가하였다. 전체 중소기업 중 업력이 10년 미만이면서 종업원 수 50인 이상의 중기업으로 성장한 고성장 중소기업은 1994년 3,150사(4.1%)에서 2008년 2,531사(2.1%)로 감소하였다. 이에 비해 창업 이후 20년이 경과한 뒤에도 종업원 수 20인 미만에 머물러 있는 성장정체기업은 1994년 5,488사(7.1%)에서 2008년 10,688사(9.9%)로 매우 증가하였다. 이와 같은 사실들은 중소기업의 성장을 저해하는 구조적인 요인이 시장 내부에 존재하고 있음을 말해주고 있다. 다음에서는 중소기업의 성장을 제약하는 시장구조적 요인을 검토하기로 한다.

나. 이중구조론적 시각 : 시장의 실패

불완전한 시장구조는 중소기업의 기술개발투자 확대와 내포적 성장으로의 전환을 제약한다. 우선 생산물시장의 불완전성이다. 외환위기 이후 생산물시장에서 대기업과 중소기업의 불균등성이 강화되었다. 외환위기 이후 구조조정을 통해 대기업의 수가 감소하고 대기업의 시장지배력은 한층 높아졌다. 그리고 중소기업 수 증가에 기초한 성장이 중소기업 간 과당경쟁을 낳았으며, 이는 시장개방으로 더욱 심화되었다.

2000년대 이후 대기업의 시장지배력이 강화된 가운데 중소기업의 기술투자 부진으로 대기업과 중소기업의 기술능력 격차가 확대되었다. 〈그림 13〉에서 보듯이 2000년대 대기업의 R&D투자는 많이 늘어났지만 중소기업의 투자는 위축되었다. 외환위기 이후 대기업은 R&D투자를 크게 늘렸지만, 중소기업은 벤처 버블의 붕괴와 기술창업의 부진으로 연구개발투자가 정체된 양상을 보였다.

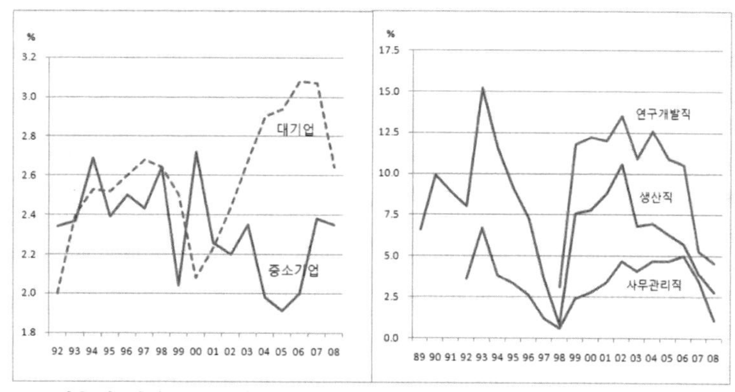

〈그림 13〉 대-중소기업 R&D투자/매출액　　〈그림 14〉 중소기업 인력 부족률

주 : 매출액 대비 R&D투자비중은 R&D투자기업 대상.
자료 : 한국과학기술기획평가원, 연구개발활동조사 ; 중소기업중앙회, 중소기업실태조사.

재벌 대기업의 시장 지배력이 높을수록 중소기업의 기술개발투자 유인은 그만큼 약화된다. 교섭력이 높은 대기업이 기술개발이익의 상당 부분을 가져가면 수익률이 낮아진 중소기업의 기술개발투자 유인은 감소한다. 이규복(2009)은 주목할 만한 실증결과를 보고하고 있다. 그는 1998~2006년 한국은행의 기업경영분석 자료를 이용하여 중소기업의 연구개발투자가 수익성에 미치는 효과를 분석하였는데, 중소기업의 연구개발투자는 대기업의 수익성을 개선하지만 중소기업 자신의 수익성 개선에는 기여하지 못하는 것으로 나타났다. 이는 교섭력이 취약한 중소기업 기술개발의 성과가 제대로 보호되지 않고 대기업으로 유출되어 중소기업의 투자 유인이 감퇴한다는 것을 보여준다.

다음으로는 노동시장의 불완전성이다. 이는 중소기업의 성장을 저해하는 가장 중요한 요인이라 할 수 있다. 이중구조에서 임금격차가 지속적으로 확대되는 상황에서 중소기업은 인력조달난을 겪는다. 〈그림 14〉에서 노동수요가 일시적으로 위축되는 불황국면을 제외하고 중소기업은 만성적인 인력부족 문제에 시달리고 있음을 알 수 있다. 중소기업은 2000년대 이후 노동절약적 설비투자 확대로 인력수요가 억제되었음에도 불구하고 생산인력 부족 문제는 해소되지 않았으며, 이 가운데 기술인력 부족이 가장 심각하다. 취업대란 속에서 중소기업이 겪는 극심한 인력난은 이와 같은 한계를 극명하게 보여준다. 임금격차 확대는 중소기업 기술인력 확보를 어렵게 하고 이것이 저임금-저생산성의 악순환을 초래하고 있는 것이다.

2) 양극화 성장 체제의 한계와 중소기업의 성장둔화

외환위기 이후 재벌 대기업에서 단기 수익성 위주의 경영이 나타나면서 하도급 중소기업에 대한 비용절감 요구가 한층 강화되었다. 중소기업은 외주와 비정규직 고용 확대를 통해 이러한 요구에 대응하였지만, 위기국면에서 벗어난 2000년대 중반 이후 노동력 차별화와 저임금 노동력 활용에 의존한 비용경쟁력 추구는 한계를 노정하게 된다.

우선 2차 노동시장에서 노동력 공급 부족 현상이 나타난다. 경제위기 회복국면에 접어들어 대기업으로부터 인력 방출이 줄면서 2차 노동시장에서 노동력 공급부족이 현실화된다. 다음으로, 대−중소기업 간 협력관계의 약화에 따른 생산성 향상의 둔화이다. 개도국 해외생산공장 설립으로 글로벌 생산네트워크를 구축한 재벌 대기업이 글로벌 아웃소싱을 확대하면서 대기업과 중소기업 간 국내적 분업연관관계가 이완되었다. 생산의 세계화로 대기업의 성장이 중소기업의 성장을 유발하는 낙수효과가 감소하고 대−중소기업 간 협력이 약화되면서 중소기업의 저임금−저생산성의 악순환이 나타난다. 이처럼 노동시장에서 저임금 노동력이 소진되고 중소기업의 생산성 향상이 둔화할 때 중소기업의 비용경쟁력 약화로 성장이 둔화한다.

가. 중소기업의 고용비중 감소

중소기업의 비용경쟁력 변화 추이는 부가가치생산 단위당 노동비용(=종사자 1인당 인건비/종사자 1인당 부가가치생산액)으로 파악될 수 있다. 부가가치 단위당 노동비용은 노동생산성 증가율이 임금상승률보다 높을 때 하락하고 노동생산성 증가율이 임금상승률보다 낮을 때 상승한다.(조덕희, 2009) 부가가치 단위당 노동비용이 하락할 때 중소기업의 비용경쟁력은 유지되며 고용비중이 확대된다.

〈그림 15〉에서 보듯이 외환위기 이전 중소기업의 단위노동비용은 장기 하락추세를 보였는데, 1982년 35.5%였던 단위당 노동비용은 1999년 23.9%까지 하락하였다. 중소기업 부가가치 단위당 노동비용이 하락하

는 동안 대기업의 고용이 감소하고 중소기업의 고용이 증가하였다. 그런데 1997년 외환위기국면에서 임금 하락으로 급감했던 중소기업의 부가가치단위당 노동비용은 2000년대 이후 하락을 멈추고 정체되었다. 중소기업의 노동 생산성 향상 둔화가 저임금 활용의 이점을 상쇄시킨 것이다. 이를 배경으로 2000년대 중반 이후 중소기업 고용비중의 증가추세가 멈춘 것으로 나타나고 있다.

〈그림 15〉 중소기업 단위당 노동비용과 고용비중 추이

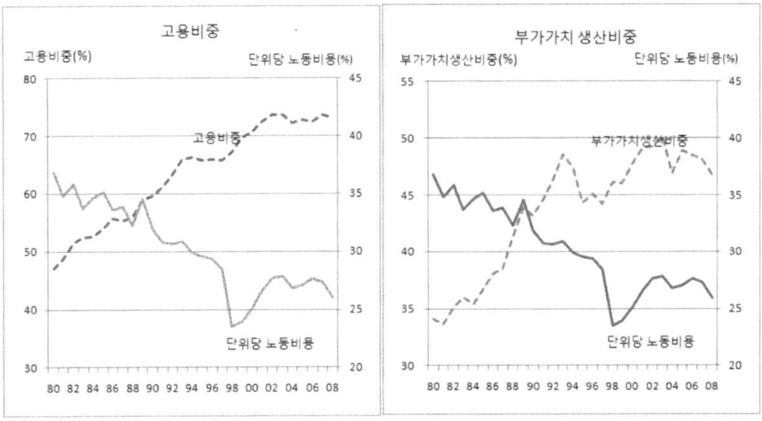

자료 : 통계청, 광공업통계.

나. 계층적 하도급 분업생산구조의 약화

양극화 체제에서 중소기업이 비용경쟁력을 확보할 때, 하도급 생산이 확대된다. 대기업이 생산비용 절감을 위해 중소기업에 외주를 확대하고 중소기업은 대기업의 비용절감 요구에 대응해 그보다 낮은 단계의 소기업에 외주를 늘리면 하도급 분업생산구조가 계층화된다. 이와 같은 하도급 분업생산구조의 계층화는 중소기업의 부가가치단위당 노동비용의 하락에 의해 뒷받침되었다.

그런데 2000년대 이후 단위당 노동비용 하락이 중단되면서 하도급
분업생산구조에 변화가 나타났다.

〈그림 16〉 하도급 중소업체 수와 하도급 생산 비중 추이

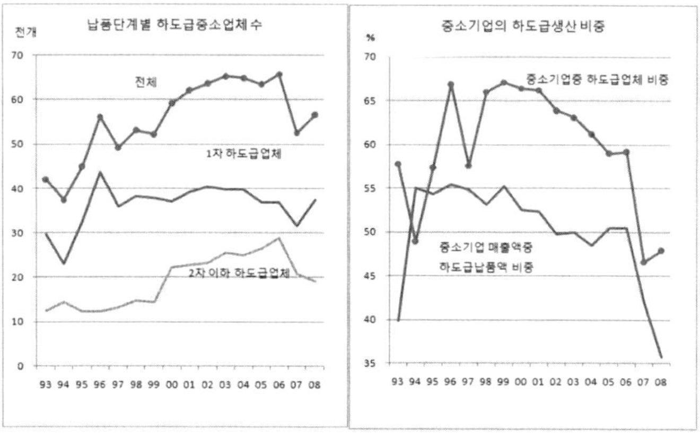

자료 : 중소기업중앙회, 중소기업실태조사.

〈그림 16〉에서 전체 중소기업 가운데 하도급기업의 비중은 2000년
대 초반에 정점에 이른 뒤 감소 추세를 보이고 있다. 하도급 중소업체
수도 2006년 정점에 이른 뒤 2007년 이후 감소하였다. 하도급업체 수
의 감소는 분업생산구조의 최하층을 구성하는 2차 이하 하도급업체의
감소에 따른 것인데, 저임금 노동력이 소진된 가운데 생산성 둔화가
저임금을 활용하는 하도급의 이점을 상쇄시킨 것이다. 이는 그동안
지속해온 하도급생산구조의 계층화가 더 이상은 진행될 수 없는 지점
에 이르렀고 노동시장의 분단화와 차별화된 저임금 노동력을 활용한
비용경쟁력 위주의 중소기업 성장이 한계에 도달하였음을 보여준다.

3) 중소사업체 수의 감소

〈그림 17〉 연도별 제조업 중소사업체 수와 고용자 수 증감

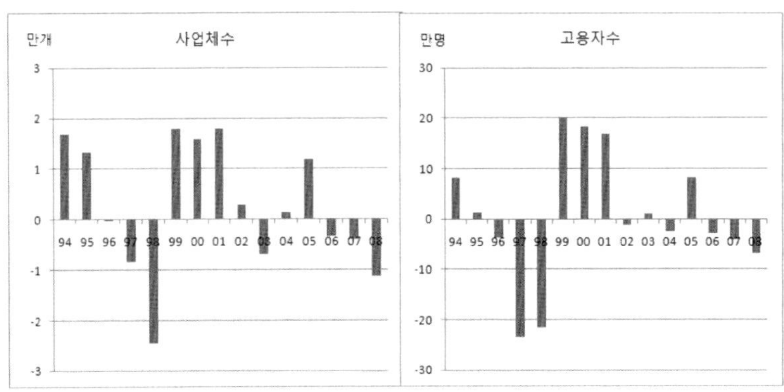

주 : 중소사업체는 종업원수 1~299인 기준.
자료 : 통계청, 전국사업체조사.

〈그림 17〉에서 외환위기 이후 2001년까지 중소사업체가 증가하였지만 이후 사업체 증가가 둔화하였고 2006년 이후 감소추세로 반전되었다. 이와 같은 사업체 수의 감소는 소기업의 퇴출이 증가한 반면 창업이 부진한 데 따른 것인데, 이는 앞서 살펴본 2000년대 중반 이후 소기업의 이윤율 하락과 조응하고 있다. 글로벌 아웃소싱으로 핵심부품에 대한 일본 의존도가 높아지고 범용 부품의 중국, 동남아시아 조달이 확대되면서 계층적 분업구조의 최하층에 있는 소기업은 상향 이동이 제약된 가운데 해외이전이냐 퇴출이냐의 기로에 놓여 있다. 산업의 저변을 구성하는 이와 같은 하위 중소기업 층의 감소는 지역경제의 위기로 이어진다. 요컨대 저임금 노동력 공급의 소진과 중소기업 생산성 둔화로 양극화 성장체제에서 비용경쟁력을 토대로 한 중소기업의 성장국면이 마감되고 있는 것이다.

6. 맺음말

지금까지 한국 제조업 대기업과 중소기업 간 양극화와 2000년대 중반 이후 중소기업의 성장 둔화 현상을 이중구조론적 접근에 입각해 검토하였다. 이에 따라 대기업의 독점적 지배로 인한 중소기업의 수익성 악화나 경영위기보다는 대기업과 중소기업 간 이원화된 생산구조에서 차별화된 저임금 노동력 활용을 통한 비용경쟁력에 의존하는 중소기업 성장의 한계에 주목하였다.

양극화 체제에서 중소기업의 성장은 차별화된 저임금 노동력을 활용한 비용경쟁력을 기반으로 하지만 기업 간 격차 확대와 저임금－저생산성의 악순환을 낳는다는 점에서 지속 가능하지 않다. 저임금 노동력의 소진과 생산성 둔화로 중소기업의 비용경쟁력 기반이 약화되면서 2000년대 중반 이후 성장이 둔화된다. 이로 인해 계층화된 분업 생산구조의 최하층부에 위치하여 저임금 노동력에 의존한 소기업의 존립기반이 와해되고 있다. 이로부터 중소기업의 성장둔화는 경기순환과정에서의 일시적 현상이 아니라 1987년 이래 20년간 지속한 양극화 성장체제의 한계가 드러난 것으로 평가하였다.

저임금에 의존한 중소기업의 성장이 한계에 도달하였다면 기업 간 양극화 현상은 향후 어떻게 변모될 것인가? 일본은 전후 1960~1970년대 고도성장 국면에서 노동력 공급부족 현상으로 임금이 상승하고 저임금 활용이 한계에 봉착하자 이에 대응하여 중소기업이 설비투자를 확대하면서 저임금 의존 경영으로부터 점차 벗어났다. 중소기업의 설비투자 증가로 자본장비율 격차가 완화되었으며 이를 통해 기업 간 생산성 격차와 임금격차 확대되던 국면에서 이중구조 문제가 해소되는 국면으로 전환한 것이다.(植田浩史, 2004) 우리나라도 과연 일본처럼 중소기업이 저임금 의존 경영에서 벗어나 이중구조 문제가 점진적으로 해소되는 방향으로 전개될 것인가?

한국의 중소기업은 2000년대 중반 이후 인력절감을 위한 설비투자를 늘려왔고 노동력 부족 문제가 해소되지 않는 한 투자가 지속될 것으로 예상되기 때문에 대기업과의 자본장비율 격차는 일정하게 완화될 것으로 전망된다.[15) 하지만 중소기업의 설비투자 증가로 자본장비율 격차가 축소되더라도 기업 간 양극화가 완화되기는 어려운 것으로 보인다. 기업 간 생산성 격차의 주된 원인이 자본장비율 차이에서 총요소 생산성 차이로 달라졌기 때문에 중소기업의 기술능력이 향상되지 않는 한 생산성 격차는 완화될 수 없다. 2000년대 이후 기업 간 자본장비율 격차의 축소에도 불구하고 생산성 격차는 더욱 확대되고 있다. 이처럼 생산성 격차가 확대되는 상황에서 중소기업의 임금지불능력이 제약되기 때문에 임금격차 또한 완화될 것으로 기대하기 어렵다.

대-중소기업 사이의 협력에서도 우리나라는 일본과 커다란 차이가 있다. 일본에서 기업 간 격차가 축소될 당시 장기계속거래와 공동기술개발을 특징으로 하는 '협조적 거래관계'가 확립된 시기였으며 기업 간 협력 강화와 신뢰 구축으로 중소기업의 기술개발과 설비투자가 촉진되었다. 반면 우리나라는 현재 해외생산과 글로벌 아웃소싱의 확대로 국내적 연관과 기업 간 협력관계가 약화되는 상황에 있으며 이것이 중소기업의 기술개발투자 유인을 위축시키고 있다. 이와 같은 측면을 감안할 때 일본처럼 시장 자체의 내부 동학으로 이중구조와 양극화 현상이 완화될 가능성은 작아 보인다.

양극화 현상은 대기업과 중소기업 간 생산구조와 성장방식의 이원

---

15) 물론 외환위기 이후 소비자금융이 확대되고 기업금융이 상대적으로 축소된 상황에서 중소기업이 설비투자자금을 조달하는 데 어려움을 겪고 있다는 것을 감안할 필요가 있다.

화에 그 뿌리를 두고 있는 만큼, 중소기업이 비용경쟁력과 요소투입에 의존하는 외연적 성장에서 품질경쟁력과 기술개발을 통한 내포적 성장으로 전환할 때 해소될 수 있다. 이와 같은 성장방식의 전환은 중소기업의 기술투자 확대와 기술인력의 안정적 공급이 뒷받침될 때 가능하다. 문제는 양극화 성장체제에서 주조된 불완전한 노동시장과 생산물시장으로 그와 같은 전환이 구조적으로 제약되고 있다는 데에 있다. 이런 측면에서 기업 간 양극화 문제는 불완전한 시장구조를 그대로 둔 채 시장개방으로 중소기업 간 경쟁을 촉진시키는 시장해법으로는 해결되기 어려우며 대기업=경쟁부족, 중소기업=경쟁과잉을 낳는 왜곡된 시장 자체를 교정하는 구조개혁해법이 요구된다. 기업 간 양극화에 관한 이와 같은 이중구조론적 관점에 입각한 해석은 다음과 같은 개혁과제를 부각시켜주고 있다.

우선 최우선의 구조개혁과제로 분단 노동시장의 극복이다. 계층화되고 분단된 노동시장에서 대기업은 작업의 단순화·탈숙련화와 생산의 외주화를 통해 외부의 저임금 노동력을 활용해왔으며 이것이 중소기업의 저임금－저생산성의 악순환을 낳고 있다. 기업 간 양극화는 이처럼 계층화된 노동시장을 토대로 작동하는 만큼, 기업규모 간 그리고 고용형태 간 근로조건 격차가 해소되지 않고서는 중소기업의 지속가능한 성장은 보장되지 않는다. 저임금－저생산성의 악순환에서 벗어나 고임금－고생산성의 선순환을 낳는 성장체제로 전환하기 위해서는 분단 노동시장의 극복이 선결되어야 할 가장 중요한 과제라 할 수 있다.

다음으로는 독과점적 시장구조의 개선이다. 대기업의 독점적 시장지배와 불공정 하도급거래가 독점론적 접근에서 주장하듯이 중소기업의 이윤율 하락과 경영난을 초래하고 기업규모 간 격차를 낳은 근본 원인으로 보기는 어렵다. 하지만 대기업의 이윤수탈과 부담 전가

행위는 기업 간 격차를 확대시키고 중소기업의 기술투자 유인을 위축시키는 요인으로 작용하고 있다. 이런 측면에 주목할 때 하도급거래의 공정화와 대중소기업 간 상생협력은 중소기업의 기술투자유인을 회복시킨다는 차원에서 그 의미를 찾는 것이 합당할 것이다.

　마지막으로 양극화 성장체제에서 계층화된 수직적 분업구조와 대기업 의존적인 중소기업 성장의 한계가 드러난 현 시점에서 중소기업 간 수평적 네트워크와 자립적 성장경로를 추구하는 방향을 모색할 필요가 있음을 시사하고 있다. 중소기업이 대기업 의존적 성장경로에서 벗어나 협동화 사업, 협업기업 등 수평적인 협력네트워크 구축을 통한 자립적 성장경로와 그 생태계를 조성하는 방안이 검토될 필요가 있다.

▣ 참고문헌

강종구·정형권, 2006「중소기업 정책금융지원 효과 분석」,『금융경제연구』, 제250호, 한국은행.

기업은행경제연구소, 2010「위기 이후 대−중소기업 양극화 실태와 정책과제」.

김승일, 2008『대·중소기업 납품거래 실태조사』, 중소기업연구원.

김윤지, 2009「대기업과의 연계가 중소기업의 성과에 미치는 영향」,『경제발전연구』, 제15권 제1호.

김주훈 외, 2006『혁신주도형 경제로의 전환에 있어서 중소기업의 역할』, 한국개발연구원.

김선빈 외, 2009『상생의 경제학』, 삼성경제연구소.

김주훈 외, 2009「위기극복 이후의 중소기업 구조조정 : 외환위기 경험을 중심으로」, KDI정책포럼 제216호.

노광표, 2005「중소기업의 구조적 문제와 정책대안 모색」『중소기업의 구조적 문제와 지역산업의 실태』(고영호 외), 진보정치연구소.

민주노총 정책실, 2007『영세중소기업정책과 노동자조직화 방안』, 전국민주노동조합총연맹.

신인석·한진희, 2006 『경제위기 이후 한국경제 구조변화의 분석과 정책방향』, 한국개발연구원.

안상훈, 2006 「중소기업의 성장결정요인 분석과 정책적 시사점」, 한국개발연구원.

안현효·황선웅·남기곤, 2007 「제조업 공동화의 원인으로서의 기업 간 양극화」, 『산업노동연구』, 제13권 제2호.

양현봉, 2005 「중소기업과 대기업의 총요소 생산성 비교분석 : 외환위기 전후를 중심으로」, 『중소기업연구』, 제27권 제3호.

이규복, 2009 『대중소기업 간 수익성 양극화와 경제성장 : 기업 간 협상력(bargaining power) 변화를 중심으로』, 한국금융연구원.

정성진, 2005 『마르크스와 한국경제』, 책갈피.

정연승, 2006 「대중소기업 간 노동생산성 및 노동소득 격차에 관한 연구 : 광제조업통계조사를 중심으로」, 『중소기업연구』, 제28권.

정연승·이종욱·노용환, 2007 「신용보증의 성과분석과 발전방안」, 중소기업연구원.

조덕희, 2007 「제조 중소기업 이윤율 장기 하락의 실태 및 원인 분석」, 산업연구원.

조덕희, 2009 「제조 중소기업의 장기성장추세 둔화 진단」, 산업연구원.

조성재, 2005 「하도급구조와 고용관계의 계층성」, 한국사회경제학회 여름학술대회 발표문.

주무현, 2005 「1990년대 제조업에서 중소자본의 축적양식 : ‘양극화가설’ 검토를 중심으로」, 한국사회경제학회 여름학술대회 발표문.

중소기업협동조합중앙회, 2010 『중소기업현황』.

홍장표, 1993 「한국에서의 하청계열화에 관한 연구」, 서울대 박사학위논문.

황선웅, 2005 「제조업 기업규모 간 양극화의 실체와 원인」『중소기업의 구조적 문제와 지역산업의 실태』(고영호 외), 진보정치연구소.

황윤섭·최영준, 2009 「단계별 R&D가 총요소 생산성에 미치는 영향에 관한 분석 : 중소기업과 대기업 비교를 중심으로」, 『생산성논집』, 제23권 제4호.

高田亮彌, 2003 『現代中小企業の經濟分析』, ミネルヴァ書房.

植田浩史, 2004 『現代日本の中小企業』, 岩波書店.

제3장 비정규직 규모와 임금불평등 추이

김유선

1. 머리말

최근 들어 비정규직 규모가 감소하고 있다. 그렇지만 정규직과 비정규직 간에 임금격차는 확대되고, 임금불평등과 저임금계층은 OECD 국가 중 가장 높은 수준에서 고착화되고 있다. 이 글에서는 비정규직 규모와 임금불평등 추이를 살펴보고, 요인분석을 통해 비정규직 규모가 감소세로 돌아선 원인을 규명한다.

2. 비정규직 규모

1) 비정규직 감소세로 전환

통계청은 2000년 8월부터 매년 경제활동인구조사 근로형태별 부가조사를 실시하고 있다. 이 조사에서 비정규직 규모 추이를 살펴보면, 꾸준히 증가하던 비정규직이 2007년 3월(879만 명)을 정점으로 감소세로 돌아서, 2010년 3월(828만 명)까지 50만 명 감소했다. 이에 비해 정규직은 2001년 8월(585만 명)부터 2010년 3월(833만 명)까지 꾸준히 증가하고 있다. 이에 따라 55~56% 수준을 유지하던 비정규직 비율이 2007년 3월(55.8%)부터 2010년 3월(49.8%)까지 6.0%p 감소했다(〈그림 1〉 참조).

〈그림 1〉 정규직과 비정규직 규모 추이

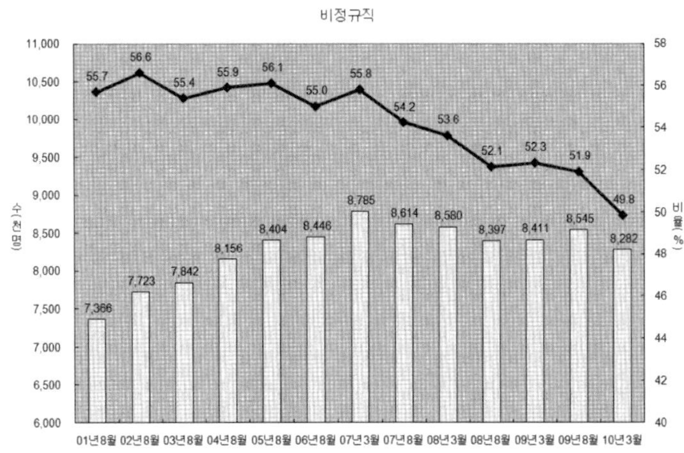

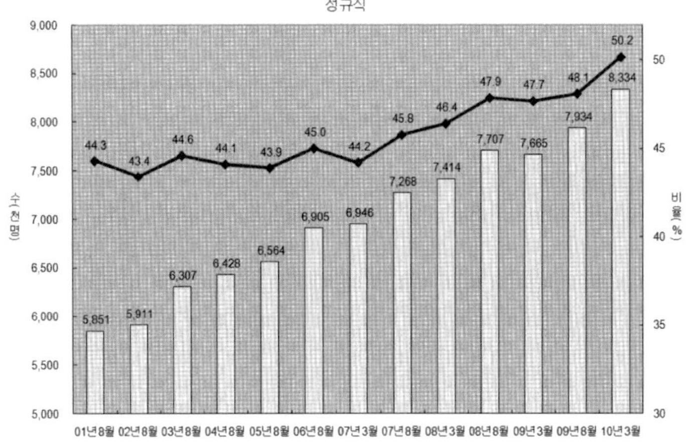

국내에서 비정규직 규모는 3가지 방식으로 추정되고 있다. 〈그림 2〉에서 노동사회연구소는 비정규직을 ①+②+③으로 정의하는 데 비해, 노동부 등은 ②+③으로 정의하고, 통계청 임시일용직은 ①+②로 정의된다. 이에 따라 똑같이 경제활동인구조사 부가조사 자료(2010년 3월)를 분석했음에도, 노동사회연구소는 비정규직을 828만 명(49.8%)으로 추정하는 데 비해, 노동부 등의 비정형근로[1]는 550만 명(33.1%), 통계청의 임시일용근로는 669만 명(40.3%)으로 추정된다.

〈그림 2〉 비정규직 규모 추계 방식 (2010년 3월)

(단위 : 천 명, %)

| | | | 본조사(종사상 지위) | | 소계 |
			상용	임시일용	
부가조사	설문문항 없음	(정형)	④ 8,334(50.2)	① 2,855(17.2)	①+④ 11,189(67.3)
	한시, 시간제, 파견, 용역, 가내, 호출근로, 특수고용형태	(비정형)	③ 1,592(9.6)	② 3,836(23.1)	②+③ 5,428(32.7)
	소계		③+④ 9,926(59.7)	①+② 6,691(40.3)	16,617(100.0)

주 : 노동사회연구소 비정규직=①+②+③, 노동부 등 비정형근로=②+③, 통계청 임시일용=①+②

따라서 비정규직 이외에 임시일용직과 비정형근로도 감소하고 있는지 확인할 필요가 있는데, 〈그림 3〉에서 임시일용직과 비정형근로 모두 2007년 3월 이후 감소하고 있다. 임시일용직은 2007년 3월(730만 명)부터 2010년 3월(669만 명) 사이 61만 명 감소했고, 비정형근로는 577만 명에서 550만 명으로 27만 명 감소했다.

---

[1] 정부 추정방식에 따른 비정규직은 혼란을 줄이기 위해 비정형근로로 표기한다. 정부가 공식 발표한 비정형근로는 549만 8천 명(33.1%)인데, 〈그림 2〉에서 ②+③은 542만 8천 명(32.7%)으로 7만 명(0.4%) 차이 난다. 이는 한시근로 정의를 달리한데서 비롯된 것으로 본질적인 차이는 아니다.

임시일용직 비율은 2002년 8월(51.6%)을 정점으로 감소세로 돌아서 2007년 3월(46.4%)부터 2010년 3월(40.3%) 사이 6.1%p 감소했고, 비정형근로 비율도 2007년 3월(36.7%)부터 2010년 3월(33.1%) 사이 3.6%p 감소했다. 감소세로 전환한 시점과 감소폭에서는 차이가 있지만, 비정규직과 임시일용직, 비정형근로 모두 2007년 3월 이후 감소하고 있는 것이다.

<그림 3> 비정규직. 임시일용직. 비정형근로 추이

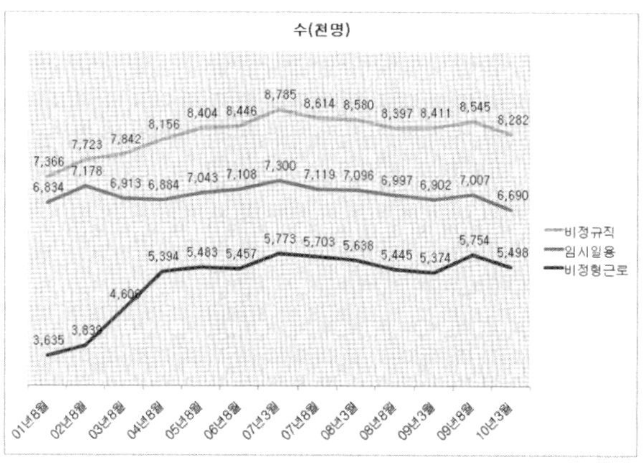

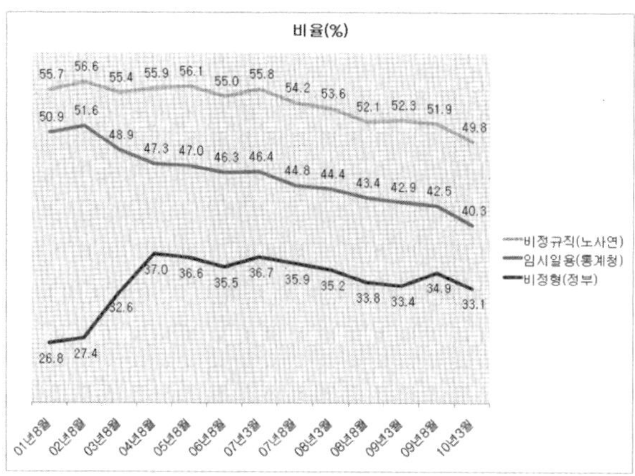

2) 감소세로 전환한 이유

그렇다면 2007년 3월 이후 비정규직은 6.0%p, 임시일용직은 6.1%p, 비정형근로는 3.6%p 감소한 이유는 무엇인가? 이는 상용직은 증가하고 임시일용직은 감소했기 때문이다. 〈표 1〉에서 지난 3년 동안 '정형 -비정형'과 종사상 지위에 따른 증감 현황을 살펴보면, 정형이냐 비정형이냐에 관계없이 상용직은 증가하고 임시일용직은 감소했다. 이에 따라 비정형-임시일용(②)과 비정형-상용(③)만 포함하는 비정형근로보다, 정형-임시일용(①)까지 포함하는 비정규직의 감소폭이 컸다.

〈표 1〉 지난 3년간 정형-비정형과 종사상 지위별 증감 현황 (2007.3~2010.3)

	수(천명)			비율(%)		
	2007년 3월	2010년 3월	증감	2007년 3월	2010년 3월	증감
정형-임시일용 ①	3,173	2,855	-318	20.2	17.2	-3.0
비정형-임시일용 ②	4,126	3,836	-290	26.2	23.1	-3.1
비정형-상용 ③	1,485	1,592	107	9.4	9.6	0.1
정형-상용 ④	6,946	8,334	1,388	44.2	50.2	6.0

〈그림 4〉에서 장기 추세를 기준으로 종사상 지위별 추이를 보면, 상용직은 1999년 11월(633만 명)을 저점으로 꾸준히 증가해 2010년 5월(988만 명)까지 355만 명 증가했다. 임시직은 2007년 2월(514만 명)을 정점으로 2010년 5월(507만 명)까지 같은 수준을 유지하고 있다. 이에 비해 일용직은 2001년 9월(232만 명)을 정점으로 2009년 3월까지 200만 명대를 유지하다가, 2009년 4월부터 190만 명대, 2009년 12월부터 180만 명대로 감소폭이 커지고 있다.

〈그림 4〉 종사상 지위별 추이(1982.7~2010.5,) (단위 : 천 명, %)

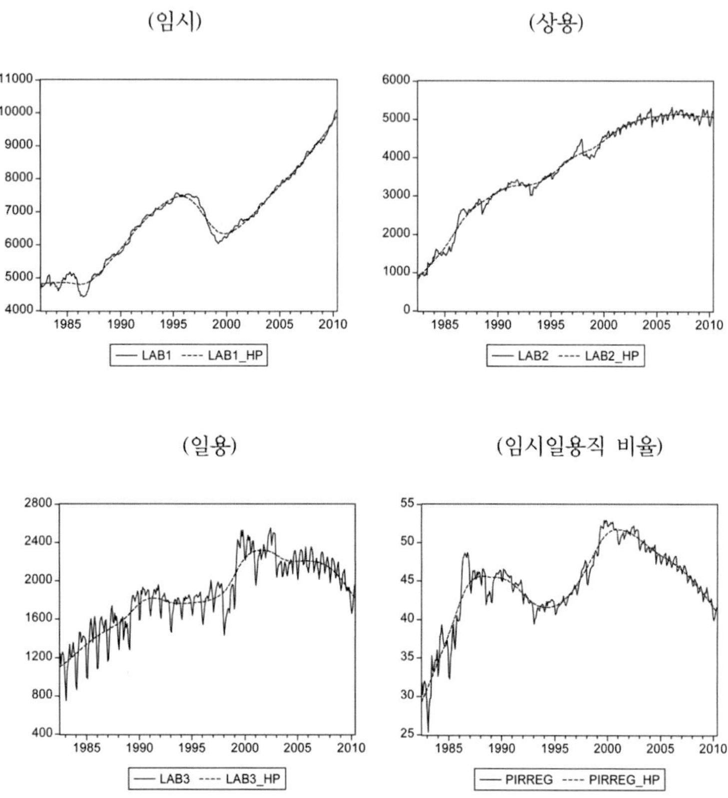

〈표 2〉에서 세부 고용형태별 추이를 살펴보면 지난 3년 동안 시간제근로(29만 명)와 파견근로(4만 명)만 증가하고 다른 고용형태는 모두 감소했다.[2] 여기서 기간제 근로가 22만 명 감소한 것은, 일용직 감소 추세와 더불어 2007년 7월부터 시행한 기간제 보호법의 영향 때문이다.

---

[2] 파견근로와 용역근로의 구분이 모호한 점을 감안하면 실제로는 시간제근로만 증가했다.

〈표 2〉 지난 3년간 고용형태와 종사상 지위별 증감 (2007.3~2010.3)

		수(천명)				비율(%)			
		상용	임시	일용	전체	상용	임시	일용	전체
임금노동자(1)		1,495	-212	-398	885	6.1	-3.1	-3.1	0.0
정규직 (2=1-3)		1,388	0	0	1,388	6.0	0.0	0.0	6.0
비정규직 (3=①+~+⑧, 중복제외)		107	-212	-398	-503	0.2	-3.1	-3.1	-6.0
고용계약	임시근로	112	-212	-398	-498	0.2	-3.1	-3.1	-5.9
	장기임시근로 ①	0	-207	33	-174	0.0	-2.5	-0.2	-2.7
	한시근로 ②	112	-4	-430	-322	0.2	-0.5	-2.8	-3.2
	(기간제근로)	155	82	-461	-224	0.5	0.2	-3.0	-2.2
근로시간	시간제근로 ③	51	266	-24	293	0.3	1.4	-0.3	1.4
근로제공방식	호출근로 ④	0	1	-59	-58	0.0	0.0	-0.7	-0.6
	특수고용 ⑤	-2	39	-91	-54	0.0	0.0	-0.6	-0.6
	파견근로 ⑥	59	-3	-19	37	0.3	0.0	-0.1	0.2
	용역근로 ⑦	71	-62	-43	-34	0.3	-0.4	-0.3	-0.4
	가내근로 ⑧	1	-33	-56	-88	0.0	-0.2	-0.4	-0.6

그렇다면 최근 비정규직 감소의 주된 원인인 일용직이 감소한 이유는 무엇인가? 지금까지 제기된 가설은 다음과 같다. 첫째, 글로벌 금융위기의 타격이 취약계층인 일용직에 집중되었다.(김유선 2010a) 둘째, 2007년 이후 급증한 외국인 노동자 유입[3]이 국내 일용직 노동자의 일자리를 대체했다. 일용직 감소는 경제활동인구조사가 외국인 노동자들을 제대로 포착하지 못한 데 따른 통계적 착시 현상이며, 급격한 고용탄력성 감소도 이러한 착시 현상에서 비롯되었다.(김정호, 2009 ; 유경준·김정호, 2010)

---

[3] 외국인 노동자 추이(김정호 2009에서 재인용).

연도	2000	2001	2002	2003	2004	2005	2006	2007	2008	2009
수(천명)	307	352	387	417	467	429	540	656	705	692

그렇지만 상용직 증가와 일용직 감소가 2000년대 초반부터 계속된 추세임을 감안하면, 글로벌 금융위기나 경기요인, 외국인 노동자 유입만으로는 그 원인이 설명되지 않는다. 이에 따라 최근에는 상용직 위주로 고용관행이 변한 것 아니냐는 가설이 제기되고 있다.(황덕순, 2010 ; 김유선, 2010b)[4]

3) 요인분해

여기서는 요인분해를 사용해서 '상용직 위주로 고용관행 변화' 가설을 검증한다. 이를 위해 2007년 3월과 2010년 3월 두 시점의 비정규직 결정요인을 분석한 뒤, Oaxaca 방법을 이용해서 노동력 구성 변화와 고용관행 변화 효과를 추정한다.(Charlwood, 2005)

분석모형은 종속변수를 비정규직(또는 임시일용직, 비정형근로)으로 하고, 설명변수를 인적속성(성별혼인, 가구주관계, 연령, 학력)과 일자리속성(직업, 산업, 기업체규모, 노조유무)으로 하는, 프라빗(또는 선형확률) 모형을 사용한다.

관측 불가능한 잠재방정식은 $y^* = X\beta + \varepsilon$, $\varepsilon \sim N(0, \sigma^2)$로 표현되며, y^*는 관측 불가능한 잠재변수, X는 비정규직 사용에 영향을 미치는 설명변수, β는 계수값, ε는 오차항을 의미한다. 관측 가능한 종속변수는 $IR = 1$ if $y^* > 0$, $IR = 0$ if $y^* \leq 0$로 정의된다.

프라빗(또는 선형확률모형) 분석을 통해 추정한 비정규직 결정식에 Oaxaca 방식을 적용하면, 2007~2010년 비정규직 감소는 노동력 구성 변화 효과와 고용관행 변화 효과 및 조정항목으로 분해된다.

---

[4] 상용직과 임시직, 일용직 조사기준에 일정한 변화가 생긴 것 아니냐는 의문도 제기될 수 있지만, 상용직 증가와 일용직 감소가 지속적인 장기 추세로 나타나므로 그 가능성을 배제한다(〈그림 4〉 참조).

$$\Delta IR = X^{10}\beta^{10} - X^{07}\beta^{07} = (X^{10} - X^{07})\beta^{07} + (\beta^{10} - \beta^{07})X^{07} + (X^{10} - X^{07})(\beta^{10} - \beta^{07})$$

$(X^{10} - X^{07})\beta^{07}$: 고용관행이 2007년 수준에서 변함이 없을 때 노동력 구성 변화 효과

$(\beta^{10} - \beta^{07})X^{07}$: 노동력 구성이 2007년 수준에서 변함이 없을 때 고용관행 변화 효과

$(X^{10} - X^{07})(\beta^{10} - \beta^{07})$: 현실적으로 노동력 구성과 고용관행이 2007년 수준에서 변함이 없다는 가정은 성립하기 어려우므로 조정항목 필요

〈표 3〉과 〈부표 1〉은 Oaxaca 방법을 이용해서 노동력 구성 변화와 고용관행 변화가 비정규직 비율에 미친 영향을 요인 분해한 결과다.[5] 노동력 구성 변화와 고용관행 변화가 비정규직 변화(-6.0%p)에 미친 영향은 각각 -0.6%p와 -5.7%p다. 인적속성과 일자리속성의 구성 변화가 미친 영향은 각각 -0.3%p와 -0.2%p로 비정규직 감소요인으로 작용했고, 인적속성과 일자리속성의 고용관행 변화가 미친 영향은 2.8%p와 1.9%p로 비정규직 증가요인으로 작용했다. 이에 비해 상수 값 변화가 미친 영향은 -10.4%p로, 비정규직 감소에 결정적 요인으로 작용했다.

〈표 3〉 비정규직 감소 요인분해 결과 (2007.3~2010.3, 선형확률모형)

	노동력 구성 변화 효과	고용관행 변화 효과	조정항목	비정규직 비율변화
비정규직	-0.006	-0.057	0.003	-0.060
인적속성	-0.003	0.028	0.000	0.025
성별혼인	-0.001	0.002	0.000	0.001
가구주관계	0.001	0.003	0.000	0.004
연령	0.000	0.015	0.001	0.016
학력	-0.004	0.008	-0.001	0.004
일자리속성	-0.002	0.019	0.003	0.019
직업	0.001	-0.011	0.000	-0.010
산업	0.001	0.021	0.003	0.025
규모	-0.003	0.008	0.000	0.005
노조유	-0.002	0.000	0.000	-0.001
상수	0.000	-0.104	0.000	-0.104

---

[5] 프라빗 모형(probit model) 분석 결과는 수치가 정확하게 맞아떨어지지 않아 생략한다.

〈표 4〉와 〈부표 2〉는 동일한 방법으로 노동력 구성 변화와 고용관행 변화가 임시일용직 비율에 미친 영향을 분해한 결과다. 노동력 구성 변화와 고용관행 변화가 임시일용직 증감(-6.1%p)에 미친 영향은 각각 -0.5%p와 -5.7%p다. 인적속성과 일자리속성의 구성변화가 미친 영향은 -0.2%p와 -0.3%p고, 인적속성과 일자리속성의 고용관행 변화가 미친 영향은 -0.2%p와 -1.0%p로, 모두 임시일용직 감소요인으로 작용했다. 상수 값의 변화가 미친 영향은 -4.4%p로 다른 요인들을 압도한다. 이는 인적속성과 일자리속성 이외의 요인에서 비롯된 고용관행 변화가 임시일용직 감소에 결정적 요인으로 작용했음을 말해준다.

〈표 4〉 임시일용직 감소 요인분해 결과 (2007.3~2010.3, 선형확률모형)

	노동력 구성 변화 효과	고용관행 변화 효과	조정항목	임시일용직 비율변화
임시일용	-0.005	-0.057	0.000	-0.061
인적속성	-0.002	-0.002	-0.001	-0.005
성별혼인	0.000	-0.005	0.000	-0.006
가구주관계	0.001	-0.001	0.000	-0.001
연령	0.001	0.008	-0.001	0.009
학력	-0.004	-0.003	0.000	-0.007
일자리속성	-0.003	-0.010	0.001	-0.012
직업	0.002	0.008	0.000	0.009
산업	0.001	0.005	0.001	0.007
규모	-0.004	-0.030	0.000	-0.033
노조유	-0.002	0.006	0.000	0.005
상수	0.000	-0.044	0.000	-0.044

〈표 5〉와 〈부표 3〉은 동일한 방법으로 노동력 구성 변화와 고용관행 변화가 비정형근로 비율에 미친 영향을 분해한 결과다. 구성변화와 고용관행 변화가 비정형근로 변화(-3.6%p)에 미친 영향은 각각 0.3%p와 -4.3%p다. 인적속성과 일자리속성의 구성변화가 미친 영향은 0.2%p와 0.1%p고, 인적속성과 일자리속성의 행위변화가 미친 영향은

1.7%p와 3.5%p로, 모두 비정형근로 증가요인으로 작용했다. 이에 비해 상수 값의 변화가 미친 영향은 -9.4%p로 다른 요인들을 압도한다. 인적속성과 일자리속성 이외의 요인에서 비롯된 고용관행 변화가 비정형근로 감소에 결정적 요인으로 작용했음을 알 수 있다.

〈표 5〉 비정형근로 감소 요인분해 결과 (2007.3~2010.3, 선형확률모형)

	노동력 구성 변화 효과	고용관행 변화 효과	조정항목	비정형근로 비율변화
비정형근로	0.003	-0.043	0.004	-0.036
인적속성	0.002	0.017	-0.001	0.018
성별혼인	0.000	0.000	0.000	0.000
가구주관계	0.001	0.009	0.000	0.010
연령	0.002	-0.008	0.000	-0.006
학력	-0.001	0.015	-0.001	0.013
일자리속성	0.001	0.035	0.005	0.041
직업	0.001	-0.006	0.000	-0.005
산업	0.001	0.011	0.004	0.017
규모	0.000	0.032	0.000	0.032
노조유	-0.001	-0.002	0.000	-0.003
상수	0.000	-0.094	0.000	-0.094

이상을 요약하면 다음과 같다. 노동력 구성 변화는 비정규직 감소(-0.6%), 임시일용직 감소(-0.5%), 비정형근로 증가(0.3%) 요인으로 작용했다. 인적 속성과 일자리 속성의 고용관행 변화는 비정규직 증가(4.7%), 임시일용직 감소(-1.2%), 비정형근로 증가(5.2%) 요인으로 작용했다. 그렇지만 상수 값 즉 인적속성과 일자리속성 이외의 요인에서 비롯된 고용관행 변화가 다른 요인들을 압도하면서, 비정규직과 임시일용직, 비정형근로 모두 하락했다.

3. 임금불평등 확대

1) 성별 고용형태별 임금격차 확대

정규직 임금을 100이라 할 때 비정규직 임금은 2001년 8월 55.9%, 2007년 3월 52.4%, 2010년 3월 47.5%로, 그 격차가 빠른 속도로 확대되고 있다. 2007년 3월부터 2010년 3월까지 3년 동안 임금격차는 4.9%p 확대되었다. 정규직 임금은 12,349원에서 14,375원으로 2,026원(16.4%) 인상된데 비해, 비정규직 임금은 6,473원에서 6,828원으로 355원(5.5%) 인상되었다(〈그림 5〉 참조). 용역근로를 제외한 모든 고용형태에서 정규직과 비정규직 임금격차가 확대되었다.(〈표 5〉 참조)

〈그림 5〉 고용형태별 시간당 임금 추이(단위 : 원, %)

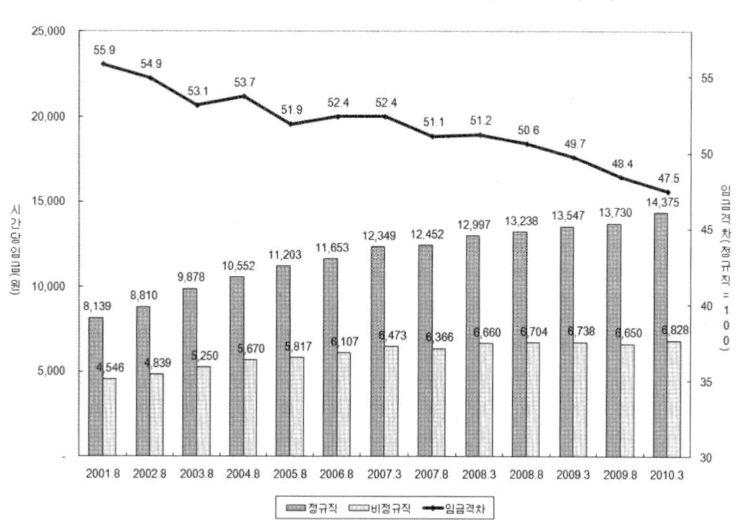

〈표 5〉 연도별 고용형태별 시간당 임금 및 격차(정규직=100)

	시간당 임금(원)			인상률	임금격차(%)		
	2007년 3월	2010년 3월	증감		2007년 3월	2010년 3월	증감
임금노동자	9,068	10,613	1,545	17.0	73.4	73.8	0.4
정규직	12,349	14,375	2,026	16.4	100.0	100.0	
비정규직	6,473	6,828	355	5.5	52.4	47.5	-4.9
임시근로	6,465	6,788	323	5.0	52.4	47.2	-5.2
장기임시근로	5,933	6,297	364	6.1	48.0	43.8	-4.2
한시근로	7,224	7,532	308	4.3	58.5	52.4	-6.1
(기간제근로)	7,868	8,168	300	3.8	63.7	56.8	-6.9
시간제근로	7,332	6,721	-611	-8.3	59.4	46.8	-12.6
호출근로	5,373	5,555	182	3.4	43.5	38.6	-4.9
특수고용	8,044	9,150	1,106	13.7	65.1	63.7	-1.4
파견근로	6,887	7,821	934	13.6	55.8	54.4	-1.4
용역근로	4,883	5,923	1,040	21.3	39.5	41.2	1.7
가내근로	4,483	3,128	-1,355	-30.2	36.3	21.8	-14.5

성별 고용형태별 임금격차도 확대되고 있다. 남자 정규직 임금을 100이라 할 때 남자 비정규직은 53.7%에서 47.9%로 5.8%p 확대되었고, 여자 정규직은 68.7%에서 67.3%로 1.4%p, 여자 비정규직은 41.2%에서 38.3%로 2.9%p 확대되었다.(〈그림 6〉 참조)

〈그림 6〉 성별 고용형태별 임금격차(시간당 임금 기준. 남자 정규직 = 100)

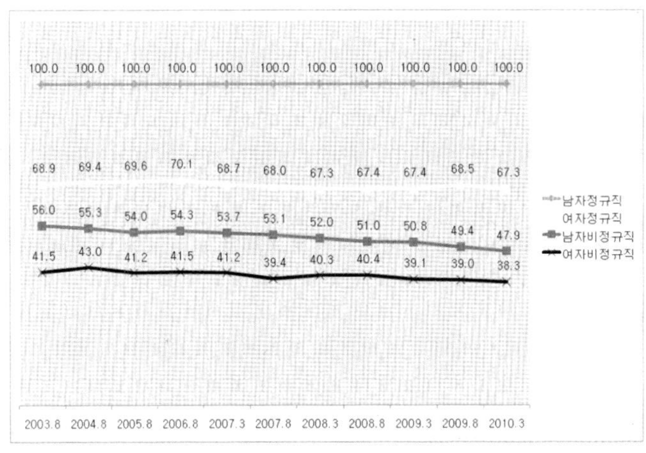

〈표 6〉은 시간당 임금 로그 값을 종속변수로 하고, 인적 속성(성, 혼인, 가구주관계, 연령, 교육연수)과 일자리 속성(근속연수, 직업, 산업, 규모, 노조유무, 비정규직)을 설명변수로 하여 회귀 분석한 결과다. 다른 조건을 통제한 상태에서 고용형태별 순임금격차(모형1)는 2007년 3월 14.2%에서 2010년 3월 16.4%로 2.2%p 확대되었다. 성별 고용형태별 순임금격차(모형2)는 남자비정규직은 14.9%에서 18.6%로 3.7%p 확대되고, 여자정규직은 17.6%에서 19.2%로 1.6%p, 여자비정규직은 28.4%에서 30.1%로 1.7%p 확대되었다. 성별 고용형태별 격차가 확대되고 있는 것이다.

〈표 6〉 성별 고용형태별 순임금격차 추이

		2007.3			2010.3		
		계수값(b)	P〉t	exp(b)-1	계수값(b)	P〉t	exp(b)-1
(모형1)	여성	-0.181	0.000	-0.165	-0.179	0.000	-0.164
	비정규직	-0.153	0.000	-0.142	-0.179	0.000	-0.164
(모형2)	남자비정규직	-0.161	0.000	-0.149	-0.206	0.000	-0.186
	여자정규직	-0.194	0.000	-0.176	-0.213	0.000	-0.192
	여자비정규직	-0.334	0.000	-0.284	-0.358	0.000	-0.301

주 : 다른 변수는 생략

2) 임금불평등과 저임금계층

상위 10%와 하위 10% 임금격차(P9010)는 2007년 3월 5.25배, 2010년 3월 5.25배로, 임금불평등이 고착화되어 있다. 한국의 임금불평등은 OECD 국가 중 임금불평등이 가장 심한 것으로 알려진 미국(2008년 4.89배)보다 심하다. 상위 10%와 50%의 임금격차(P9050)는 2.50배에서 2.43배로 조금 줄고, 하위 10%와 50%의 임금격차(P5010)는 2.10배에서 2.16배로 조금 늘었다.(〈그림 7〉 참조)

〈그림 7〉 임금불평등 추이(시간당 임금 기준. 단위: 배)

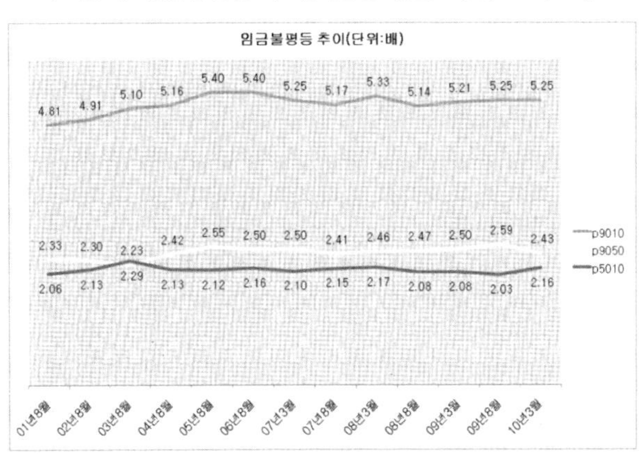

EU(유럽연합) LoWER(Low Wage Employment Research Network, 저임
금고용연구네트워크)는 '임금노동자 중위임금의 2/3 미만'을 저임금계
층, '중위임금의 2/3 이상 3/2 미만'을 중간임금계층, '중위임금의 3/2
이상'을 고임금계층으로 정의하고 있다. 시간당 임금 기준으로 저임금
계층은 2010년 3월 26.5%로 2007년 8월 이후 거의 같은 수준을 유지하
고 있다.(〈그림 8〉 참조)

〈그림 8〉 저임금계층 추이(시간당 임금 기준. 단위: %)

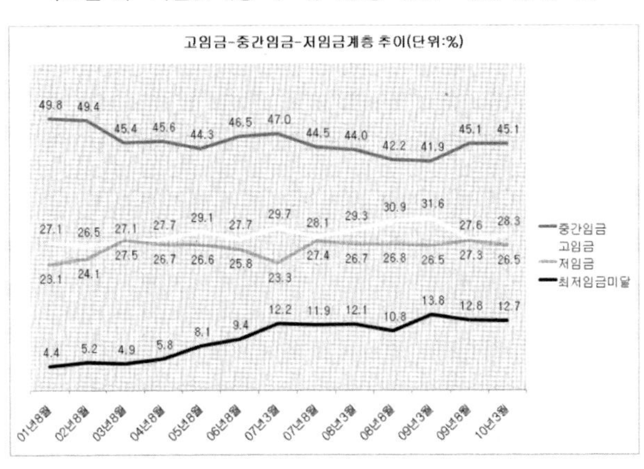

〈표 7〉에서 OECD 20개 회원국 중 한국은 저임금계층이 25.6%로 가장 많다. 스웨덴, 벨기에, 핀란드는 6~7%대로 가장 낮고, 미국은 24.5%로 한국 다음으로 높다. 20개 회원국 평균은 17.6%다. 한국의 임금불평등(P9010)은 4.74배로 미국(4.85배) 다음으로 높다. 그러나 이는 사업체 조사에서 계산한 결과를 보고했기 때문으로, 미국처럼 경제활동인구조사에서 임금불평등을 계산하면 미국보다 높은 5.21배다. OECD 20개 회원국 평균은 3.48배로 한국과 차이가 크다.

〈표 7〉 저임금계층과 임금불평등 국제비교 (OECD 20개국)

	저임금계층비율(%)			P9010(배)		
	2000	2005	2007	2000	2005	2007
Australia	14.6	15.9	16.0	3.01	3.12	3.31
Austria		15.3	16.2		3.26	3.37
Belgium		6.7		2.37	2.49	
Canada	23.2	21.3	22.0	3.61	3.74	3.75
Czech Republic	14.0	17.1	16.8	2.90	3.10	3.11
Denmark	8.8	11.3	12.0	2.51	2.64	2.69
Finland		6.9	7.9	2.41	2.49	2.55
France				3.04	2.91	
Germany	12.9	17.5		2.93	3.26	
Hungary	23.4	23.1		4.66	4.46	
Ireland	17.8	20.1	21.7	3.27	3.73	3.78
Japan	14.6	16.1	15.4	2.98	3.12	3.06
Korea	24.6	25.4	25.6	4.04	4.48	4.74
Netherlands				2.90	2.91	
New Zealand	15.6	11.5	12.9	2.62	2.79	2.94
Norway				2.00		
Sweden	6.1			2.35		
Switzerland				2.56		
United Kingdom	20.4	20.7	20.5	3.46	3.60	3.59
United States	24.7	24.0	24.5	4.49	4.86	4.85
20개국 평균	17.0	16.9	17.6	3.06	3.35	3.48

자료 : OECD.Stat에서 2010.6.7 추출

　　법정 최저임금 미달자는 2001년 8월 59만 명(4.4%)에서 2007년 3월
에는 192만 명(12.2%)으로 증가했고, 2010년 3월에는 211만 명(12.7%)
으로 고착화되고 있다.6) 이는 최저임금제도가 '저임금계층 일소, 임금
격차 해소, 분배구조개선'이라는 본연의 목적에 부응하지 못하고 있을
뿐만 아니라, 정부가 근로감독 행정의무를 다하지 않고 있음을 말해
준다.7) 게다가 정부부문인 공공행정마저 최저임금 미달자가 12만 3천
명(12.6%)인 것은, 정부가 선량한 사용자로서 민간에 모범을 보여야
한다는 사실조차 망각하고 있음을 보여준다.(〈그림 9〉 참조)

〈그림 9〉 법정 최저임금 미달자 및 비율 추이(단위 : 천 명, %)

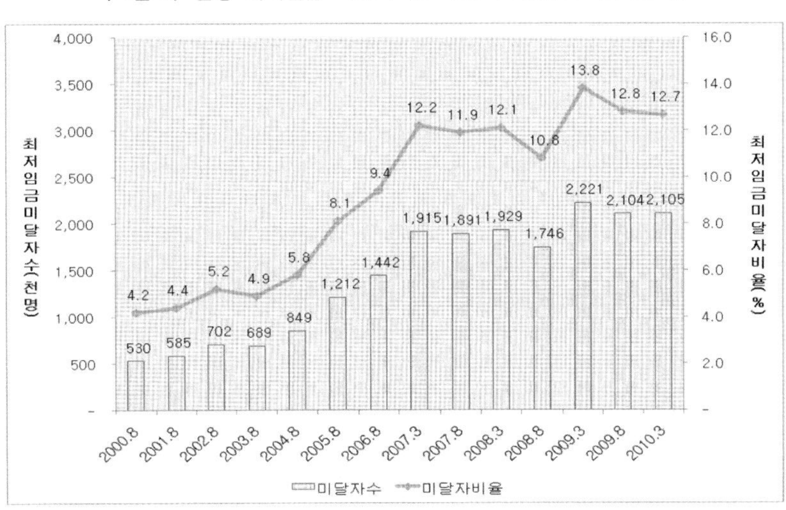

---

6) 노동부 '고용형태별 근로실태조사'에서 최저임금 미만자 비율은 2007년 6월 75만
　명(6.9%), 2008년 6월 74만 명(6.8%), 2009년 6월 95만 명(8.4%)으로 증가 추세임.
7) ILO(2008)의 Global Wage Report는 '최저임금 준수는 근로감독관의 사업장방문 확
　률과 최저임금을 준수하지 않을 때 벌칙 수준의 함수다. 근로감독 행정이 취약
　하고 벌칙 수준이 낮으면 최저임금은 종이호랑이가 된다'고 강조하고 있다.

4. 맺음말

비정규직 규모는 2007년 3월 55.8%에서 2010년 3월 49.8%로 3년 만에 6.0%p 감소했다. 그렇지만 정규직과 비정규직 간에 임금격차는 52.4%에서 47.5%로 4.9%p 확대되고, 임금불평등과 저임금계층은 OECD 국가 중 가장 높은 수준에서 고착화되고 있다.

여기서 비정규직 규모가 감소한 원인으로는 지금까지 (1) 2007년 7월부터 시행된 기간제 보호법에 따른 정규직 전환 효과, (2) 2008년 글로벌 금융위기에 따른 타격이 비정규직 등 취약계층에 집중, (3) 2007년부터 급증한 외국인 노동자들이 국내 일용직 일자리를 대체했음에도 이들이 조사 과정에서 포착되지 않은데 따른 통계적 착시 현상 등이 제시되었다.

그렇지만 상용직 증가와 일용직 감소가 2000년대 초반부터 계속된 추세임을 감안할 때, 글로벌 금융위기나 경기요인, 외국인 노동자 유입, 기간제 보호법만으로는 그 원인이 설명되지 않는다. 이 글에서는 '상용직 위주로 고용관행 변화' 가설을 세운 뒤 요인분해 방법을 사용해서 검증했다.

검증결과 (1) 노동력 구성 변화가 비정규직 감소에 미친 영향은 매우 적고 고용관행 변화가 미친 영향이 대부분을 차지하며, (2) 인적속성과 일자리속성별 고용관행 변화는 비정규직 사용을 늘리는 방향으로 작용한데 비해, (3) 상수 값 즉 인적속성과 일자리속성 이외의 요인에서 비롯된 고용관행 변화가 다른 요인을 압도하면서 비정규직이 감소했다는 사실을 확인할 수 있었다. 그렇지만 이러한 고용관행 변화를 추동한 요인이 무엇인지는 방법론 상의 제약으로 규명할 수 없었다. 이 점은 추후 시계열 분석 등을 통해 규명해야 할 것으로 판단된다.

▣ 참고문헌

김복순·이규용, 2010 「최근 일용직 일자리의 구조변화와 원인」『노동리뷰』62호.

김유선, 2010a 「경제위기와 노동조합의 대응」『노동사회』151호(2010년 3·4월).

김유선, 2010b 「비정규직 규모와 실태 : 통계청, '경제활동인구조사 부가조사'(2010.3) 결과」『노동사회』153호(2010년 7·8월).

김정호, 2009 『저숙련 외국인력 유입의 경제적 영향 분석』, 정책연구시리즈 2009 -15, 한국개발연구원.

안주엽, 2001 「정규근로와 비정규근로의 임금격차」『노동경제논집』.

유경준·김정호, 2010 「외국인력의 대체성과 통계 문제」, KDI 정책포럼 226호.

황덕순, 2010 「최근의 상용직 근로자 증가 실태분석」『노동리뷰』62호(2010년 5월).

Charlwood, 2005 *The Anatomy of Union Membership Decline in Great Britain 1980~1998.*

〈부표 1〉 비정규직 비율 감소 요인분해 결과(2007.3~2010.3. 선형확률모형)

	2007.3			2010.3			구성 변화 효과	행위 변화 효과	조정 항목	합
	mean	계수	p값	mean	계수	p값				
비정규직	0.558			0.498			-0.006	-0.057	0.003	-0.060
미혼남자	0.157	0.097	0.000	0.147	0.097	0.000	-0.001	0.000	-0.000	-0.001
미혼여자	0.134	0.151	0.000	0.129	0.150	0.000	-0.001	-0.000	0.000	-0.001
기혼여자	0.287	0.126	0.000	0.297	0.134	0.000	0.001	0.002	0.000	0.004
배우자	0.197	0.055	0.000	0.207	0.050	0.000	0.001	-0.001	-0.000	-0.000
기타가구원	0.231	0.032	0.003	0.236	0.049	0.000	0.000	0.004	0.000	0.004
20세 미만	0.010	0.095	0.000	0.009	0.141	0.000	-0.000	0.000	-0.000	0.000
20~24세	0.078	0.062	0.000	0.063	0.106	0.000	-0.001	0.003	-0.001	0.002
25~29세	0.156	0.021	0.108	0.142	0.016	0.220	-0.000	-0.001	0.000	-0.001
35~39세	0.152	0.035	0.002	0.146	0.043	0.000	-0.000	0.001	-0.000	0.001
40~44세	0.138	0.035	0.002	0.139	0.034	0.002	0.000	-0.000	-0.000	-0.000
45~49세	0.125	0.010	0.379	0.129	0.049	0.000	0.000	0.005	0.000	0.005
50~54세	0.084	0.010	0.446	0.103	0.039	0.001	0.000	0.002	0.001	0.003
55~59세	0.052	0.055	0.000	0.061	0.077	0.000	0.001	0.001	0.000	0.002
60세 이상	0.062	0.122	0.000	0.070	0.163	0.000	0.001	0.003	0.000	0.004
중졸이하	0.172	0.124	0.000	0.154	0.124	0.000	-0.002	0.000	-0.000	-0.002
고졸	0.385	0.063	0.000	0.359	0.085	0.000	-0.002	0.009	-0.001	0.007
전문대졸	0.133	0.008	0.487	0.147	0.004	0.668	0.000	-0.000	-0.000	-0.000
재학휴학	0.036	0.144	0.000	0.037	0.144	0.000	0.000	0.000	0.000	0.000
관리전문직	0.249	-0.156	0.000	0.243	-0.185	0.000	0.001	-0.007	0.000	-0.006
사무직	0.196	-0.203	0.000	0.205	-0.233	0.000	-0.002	-0.006	-0.000	-0.008
판매서비스직	0.168	0.083	0.000	0.178	0.071	0.000	0.001	-0.002	-0.000	-0.001
단순노무직	0.155	0.132	0.000	0.166	0.159	0.000	0.001	0.004	0.000	0.006
기타재화생산	0.106	0.225	0.000	0.099	0.223	0.000	-0.001	-0.000	0.000	-0.002
생산자서비스	0.168	0.195	0.000	0.166	0.219	0.000	-0.000	0.004	-0.000	0.004
유통서비스업	0.182	0.119	0.000	0.197	0.094	0.000	0.002	-0.005	-0.000	-0.003
개인서비스업	0.142	0.148	0.000	0.130	0.167	0.000	-0.002	0.003	-0.000	0.001
사회서비스업	0.177	0.082	0.000	0.208	0.192	0.000	0.003	0.019	0.003	0.025
1~4인	0.202	0.300	0.000	0.191	0.315	0.000	-0.003	0.003	-0.000	-0.000
5~9인	0.171	0.207	0.000	0.167	0.218	0.000	-0.001	0.002	-0.000	0.001
10~29인	0.216	0.119	0.000	0.224	0.133	0.000	0.001	0.003	0.000	0.004
30~99인	0.197	0.053	0.000	0.203	0.064	0.000	0.000	0.002	0.000	0.003
100~299인	0.099	0.032	0.015	0.097	0.007	0.534	-0.000	-0.003	0.000	-0.003
노조유	0.234	-0.130	0.000	0.247	-0.128	0.000	-0.002	0.000	0.000	-0.001
상수	1.000	0.210	0.000	1.000	0.107	0.000		-0.104		-0.104
관측치	26,673			26,423						
모형의 설명력	0.356			0.403						

〈부표 2〉 임시일용 비율 감소 요인분해 결과(2007.3~2010.3, 선형확률모형)

	2007.3			2010.3			구성변화효과	행위변화효과	조정항목	합
	mean	계수	p값	mean	계수	p값				
임시일용직	0.464			0.403			-0.005	-0.057	0.000	-0.061
미혼남자	0.157	0.090	0.000	0.147	0.078	0.000	-0.001	-0.002	0.000	-0.003
미혼여자	0.134	0.138	0.000	0.129	0.118	0.000	-0.001	-0.003	0.000	-0.003
기혼여자	0.287	0.127	0.000	0.297	0.123	0.000	0.001	-0.001	-0.000	0.000
배우자	0.197	0.050	0.000	0.207	0.038	0.000	0.000	-0.002	-0.000	-0.002
기타가구원	0.231	0.039	0.000	0.236	0.043	0.000	0.000	0.001	0.000	0.001
20세 미만	0.010	0.062	0.017	0.009	0.173	0.000	-0.000	0.001	-0.000	0.001
20~24세	0.078	0.036	0.021	0.063	0.084	0.000	-0.001	0.004	-0.001	0.002
25~29세	0.156	-0.008	0.469	0.142	-0.002	0.841	0.000	0.001	-0.000	0.001
35~39세	0.152	0.049	0.000	0.146	0.046	0.000	-0.000	-0.000	0.000	-0.001
40~44세	0.138	0.062	0.000	0.139	0.047	0.000	0.000	-0.002	-0.000	-0.002
45~49세	0.125	0.038	0.000	0.129	0.061	0.000	0.000	0.003	0.000	0.003
50~54세	0.084	0.036	0.002	0.103	0.040	0.000	0.001	0.000	0.000	0.001
55~59세	0.052	0.043	0.002	0.061	0.051	0.000	0.000	0.000	0.000	0.001
60세 이상	0.062	0.113	0.000	0.070	0.131	0.000	0.001	0.001	0.000	0.002
중졸이하	0.172	0.110	0.000	0.154	0.118	0.000	-0.002	0.001	-0.000	-0.001
고졸	0.385	0.064	0.000	0.359	0.058	0.000	-0.002	-0.003	0.000	-0.004
전문대졸	0.133	-0.015	0.118	0.147	-0.026	0.003	-0.000	-0.001	-0.000	-0.002
재학휴학	0.036	0.176	0.000	0.037	0.150	0.000	0.000	-0.001	-0.000	-0.001
관리전문직	0.249	-0.183	0.000	0.243	-0.169	0.000	0.001	0.004	-0.000	0.005
사무직	0.196	-0.210	0.000	0.205	-0.183	0.000	-0.002	0.005	0.000	0.004
판매서비스직	0.168	0.104	0.000	0.178	0.088	0.000	0.001	-0.003	-0.000	-0.002
단순노무직	0.155	0.125	0.000	0.166	0.134	0.000	0.001	0.001	0.000	0.003
기타재화생산	0.106	0.229	0.000	0.099	0.223	0.000	-0.001	-0.001	0.000	-0.002
생산자서비스	0.168	0.051	0.000	0.166	0.049	0.000	-0.000	-0.000	0.000	-0.000
유통서비스업	0.182	0.098	0.000	0.197	0.069	0.000	0.001	-0.005	-0.000	-0.004
개인서비스업	0.142	0.132	0.000	0.130	0.159	0.000	-0.002	0.004	-0.000	0.002
사회서비스업	0.177	0.085	0.000	0.208	0.130	0.000	0.003	0.008	0.001	0.012
1~4인	0.202	0.395	0.000	0.191	0.378	0.000	-0.004	-0.003	0.000	-0.008
5~9인	0.171	0.283	0.000	0.167	0.249	0.000	-0.001	-0.006	0.000	-0.007
10~29인	0.216	0.164	0.000	0.224	0.114	0.000	0.001	-0.011	-0.000	-0.010
30~99인	0.197	0.060	0.000	0.203	0.031	0.000	0.000	-0.006	-0.000	-0.006
100~299인	0.099	0.018	0.072	0.097	-0.019	0.024	-0.000	-0.004	0.000	-0.004
노조유	0.234	-0.125	0.000	0.247	-0.098	0.000	-0.002	0.006	0.000	0.005
상수	1.000	1.111	0.000	1.000	1.066	0.000		-0.044		-0.044
관측치	26,673			26,423						
모형의 설명력	0.438			0.417						

〈부표 3〉 비정형근로 비율 감소 요인분해 결과(2007.3~2010.3, 선형확률모형)

	2007.3			2010.3			구성 변화 효과	행위 변화 효과	조정 항목	합
	mean	계수	p값	mean	계수	p값				
비정형근로	0.367			0.331			0.003	-0.043	0.004	-0.036
미혼남자	0.157	0.039	0.002	0.147	0.047	0.000	-0.000	0.001	-0.000	0.001
미혼여자	0.134	0.081	0.000	0.129	0.088	0.000	-0.000	0.001	-0.000	0.000
기혼여자	0.287	0.092	0.000	0.297	0.086	0.000	0.001	-0.002	-0.000	-0.001
배우자	0.197	0.062	0.000	0.207	0.071	0.000	0.001	0.002	0.000	0.002
기타가구원	0.231	-0.001	0.921	0.236	0.032	0.005	-0.000	0.008	0.000	0.008
20세 미만	0.010	0.260	0.000	0.009	0.247	0.000	-0.000	-0.000	0.000	-0.000
20~24세	0.078	0.042	0.018	0.063	0.053	0.006	-0.001	0.001	-0.000	0.000
25~29세	0.156	0.023	0.089	0.142	-0.006	0.643	-0.000	-0.004	0.000	-0.004
35~39세	0.152	0.037	0.001	0.146	0.019	0.076	-0.000	-0.003	0.000	-0.003
40~44세	0.138	0.033	0.005	0.139	0.020	0.069	0.000	-0.002	-0.000	-0.002
45~49세	0.125	0.023	0.055	0.129	0.031	0.007	0.000	0.001	0.000	0.001
50~54세	0.084	0.030	0.025	0.103	0.025	0.042	0.001	-0.000	-0.000	0.000
55~59세	0.052	0.109	0.000	0.061	0.080	0.000	0.001	-0.001	-0.000	-0.001
60세 이상	0.062	0.177	0.000	0.070	0.203	0.000	0.001	0.002	0.000	0.003
중졸이하	0.172	0.049	0.000	0.154	0.064	0.000	-0.001	0.003	-0.000	0.001
고졸	0.385	-0.003	0.760	0.359	0.029	0.001	0.000	0.012	-0.001	0.012
전문대졸	0.133	0.008	0.458	0.147	-0.003	0.762	0.000	-0.002	-0.000	-0.002
재학휴학	0.036	0.167	0.000	0.037	0.199	0.000	0.000	0.001	0.000	0.001
관리전문직	0.249	-0.088	0.000	0.243	-0.114	0.000	0.001	-0.006	0.000	-0.006
사무직	0.196	-0.124	0.000	0.205	-0.167	0.000	-0.001	-0.008	-0.000	-0.010
판매서비스직	0.168	0.021	0.078	0.178	0.058	0.000	0.000	0.006	0.000	0.007
단순노무직	0.155	0.173	0.000	0.166	0.188	0.000	0.002	0.002	0.000	0.004
기타재화생산	0.106	0.381	0.000	0.099	0.319	0.000	-0.002	-0.007	0.000	-0.009
생산자서비스	0.168	0.297	0.000	0.166	0.315	0.000	-0.001	0.003	-0.000	0.002
유통서비스업	0.182	0.089	0.000	0.197	0.088	0.000	0.001	-0.000	-0.000	0.001
개인서비스업	0.142	0.077	0.000	0.130	0.039	0.001	-0.001	-0.005	0.000	-0.006
사회서비스업	0.177	0.115	0.000	0.208	0.231	0.000	0.004	0.020	0.004	0.028
1~4인	0.202	0.018	0.201	0.191	0.050	0.000	-0.000	0.007	-0.000	0.006
5~9인	0.171	-0.034	0.012	0.167	0.012	0.330	0.000	0.008	-0.000	0.008
10~29인	0.216	0.001	0.910	0.224	0.048	0.000	0.000	0.010	0.000	0.010
30~99인	0.197	0.004	0.730	0.203	0.044	0.000	0.000	0.008	0.000	0.008
100~299인	0.099	0.027	0.047	0.097	0.021	0.066	-0.000	-0.001	0.000	-0.001
노조유	0.234	-0.062	0.000	0.247	-0.071	0.000	-0.001	-0.002	-0.000	-0.003
상수	1.000	0.146	0.000	1.000	0.052	0.000		-0.094		-0.094
관측치	26,673			26,423						
모형의 설명력	0.180			0.230						

제3부

신자유주의의 후퇴와 한국경제의 대안

이정우

여러분 대단히 반갑습니다. 제가 사회경제학회 회원이긴 합니다만 기조발제를 할 만한 그릇은 못 됩니다. 그런데도 오늘 이렇게 명예로운 자리에 서게 되어 무척 영광으로 생각합니다. 오늘 이 자리는 사회경제학회 주최이기도 하지만 마침 민주화운동기념사업회와 공동주최라 정근식 교수님을 오랜만에 뵙게 돼 대단히 반갑습니다. 오늘 이 자리에서 저는 강연이라기보다는 다들 잘 아는 선후배, 동문, 동료사이기 때문에 제가 생각하는 바를 솔직하고 쉬운 이야기로 말씀드리도록 하겠습니다.

오늘 강연의 제목은 '신자유주의의 후퇴와 한국경제의 대안'이라고 잡혀 있습니다. 개인적으로는 신자유주의라는 용어보다는 시장만능주의라고 했으면 좋겠지만, 주최 측에서 제안한 제목이므로 그냥 이 제목을 쓰도록 하겠습니다. 최근 신자유주의가 퇴조, 후퇴하는 조짐이 분명히 나타나고 있습니다. 2008년 9월의 금융위기, 즉 리먼 브러더스의 도산이 기점이라 하겠고, 올해 거의 2년 정도 지났는데 신자유주의가 상당히 후퇴하고 있다고 생각합니다. 그런데 왜 신자유주의의 위기가 갑자기 발생했느냐 하는 원인을 두고는 아직도 의견이 분분합니다.

얼마 전에 시카고 대학의 경제학자이며 법경제학에서 세계적인 명성이 있는 Richard Posner가 쓴 책을 읽어보았습니다. 2008년 금융위기 이후 그가 두 권의 책을 냈는데, 책 제목이나 내용을 보면 시카고학파의 경제학자답지 않게 썼습니다. 먼저 2009년에 나온 책이『자본주의의 실패』(A Failure of Capitalism)이고 올해 2010년도에 나온 책이 '자본주의적 민주주의의 위기'라고 번역할 수 있는『The Crisis of Capitalist Democracy』입니다. 제목이 거창하고 좌파적 냄새가 나는 제목이라 깜짝 놀라서 책을 읽어보았습니다. 첫 번째 책이 '자본주의의 실패'라고 하니 사람들이 모두 놀라서 시카고학파인 그가 대전향을 한 거 아닌가 또는 그가 반자본주의자가 된 게 아닌가 하는 오해를 하는 바람에 오해를 불식하기 위해서 두 번째 책을 쓴 것으로 보입니다.

두 번째 책인『The Crisis of Capitalist Democracy』에서 포스너는 이런 이야기를 합니다. 영국에 London School of Economics(LSE)라는 대학이 있는데 2008년 금융위기 발발 직후에 엘리자베스 여왕이 이곳을 방문했다고 합니다. 이 학교는 영국 내에서 다른 대학보다 비교적 시장주의자들이 많다고 합니다. 이곳을 방문한 여왕이 학자들에게 이런 질문을 했습니다. "이렇게 위기가 왔는데 왜 당신들은 그렇게 모르고 있었습니까?" 그런데 그들이 대답을 못했습니다. 몇 달 뒤에 어떤 경제학자들은 서면으로 여왕에게 답변했고, 또 그 몇 달 뒤에 다른 경제학자들이 우리의 생각은 다르다며 다른 내용을 답했다고 합니다. 결국 제대로 된 답이 없다는 겁니다. 경제학자들이 얼마나 무능했기에 저렇게 위기가 닥쳐올 동안 아무런 대비도 안 하고 있었느냐면서 여왕에게 질책을 당했던 일화인데, 한마디로 경제학자들의 무능을 고발하는 내용입니다. 그런데 더 중요한 것은 2년이 지난 지금도 그 답을 잘 모른다는 사실입니다.

포스너는 이 책에 미국 대통령 오바마에게 보내는 열 가지 제안을 담고 있습니다. 그중에서 첫 번째 제안이 중립적, 초당적 위원회를 만

들어달라는 것입니다. 이번 금융위기의 원인이 무엇인지, 그리고 그 원인에 대한 처방이 어떻게 되어야 하는지를 조사하는 위원회를 빨리 구성해달라는 내용입니다. 포스너는 자기 나름의 진단을 하고 있습니다. 크게 보아 두 가지로 이번 위기의 원인을 지적합니다. 첫째는 지나친 규제완화를 실시한 것이고, 둘째는 2000년대 초부터 연방은행이 줄기차게 제로 금리에 가까운 지나친 저금리 정책을 편 것이라고 합니다.

사실 지나친 규제완화는 시카고학파의 사고방식으로 무엇이든지 시장에 맡긴다고 하는 주장에 따른 것이죠. 포스너는 특히 시카고 대학의 동료인 Robert Lucas Jr.와 Eugene Fama를 계속 비판하고 있습니다. 거시경제학의 거물인 루카스는 우리가 많이 아는 합리적 기대가설, 실물경기순환(real business cycle) 이론으로 노벨경제학상을 받았습니다. 그는 2003년에 쓴 논문("Macroeconomic Priorities", American Economic Review)에서 "이제 불황 문제는 끝났으니 거시경제학자들은 다른 문제로 이동해야 한다"고 자신만만하게 단언했습니다. 경제학이 충분히 발달해서 이제 더 이상 불황은 없을 것이라고 큰소리친 거죠. 그러나 바로 몇 년 뒤에 세계적인 불황이 닥친 겁니다. 포스너는 루카스가 얼마나 무지몽매한 사람이냐고 직설적으로 비판하고 있습니다. 유진 파머는 효율적 자본시장(efficient capital market) 모델을 만든 사람으로 유명한데, 다 알다시피 이 모델은 금융이론에서 꽤나 중요한 자리에 있는 이론이지요.

그런데 포스너는 책에서 이 두 사람의 주장이 틀린 것이 아닌가 하고 지적합니다. 아주 신랄한 자기비판인 것입니다. 그렇다고 해서 이 사람이 좌파도 아니고 케인지안도 아닙니다. 여전히 보수적인, 즉 시장을 크게 신봉하는 시카고 학파의 학자입니다. 그리고 포스너는 책의 여러 부분에서 조셉 스티글리츠, 폴 크루그만 등을 좌경적인 경제학자라며 계속 비판하고 있습니다. 따라서 지나친 금융완화가 원인이라는 것에 동의하는 것 외에는 제대로 밝혀진 것이 없어서 우리가 금융위기로부터 얻는 교훈이라 할까, 그런 것은 아직 없습니다. 그것이 금융위기를 맞고 2년이 흐른 현재 경제학의 상태가 아닌가 합니다.

금융위기에 대한 조치로 최근 미국 하원에서 금융규제를 강화하고 금융소비자 보호조치를 강화하고 금융감독을 강화하는 것을 주요 내용으로 하는 법안이 통과되었습니다. 다만 그 법안도 보는 사람에 따라서는 미흡하거나 월가와 너무 타협했다고 말하는 이가 있습니다. 특히 그중에서 Paul Volker가 월가 규제를 주장하며 좀 개혁적인 목소리를 내고, 그보다 훨씬 보수적이며 월가와 가까운 재무장관 가이트너와 국가경제위원장 로렌스 서머스는 월가의 입장을 계속 반영하려고 합니다. 이렇듯 많은 내부 알력과 투쟁 그리고 타협 끝에 나온 것이 금융규제 법안인데, 그래도 꽤 진전된 것으로 봅니다. 물론 이것을 큰 개혁이라고 하면서 의료보험 개혁과 더불어 '오바마의 두 번째 승리'라고 보는 사람들도 있고, 대단히 미흡하고 미온적이라고 평가절하하는 사람들도 있습니다만 한계에도 불구하고 이만하면 상당한 성과라고 인정하는 것이 옳다고 봅니다.

어쨌든 이번 금융위기를 마주하며 오바마 대통령에게 미국경제의 체제를 근본적으로 바꾸고 개혁하는 새로운 뉴딜을 바라고 기대하는 목소리에는 많이 미흡한 방향으로 가고 있다고 봅니다. 특히 월가의 이익을 충실하게 대변해주는 가이트너, 서머스와 같은 사람이 핵심요직에 있는 한 큰 기대는 할 수가 없을 겁니다.

그러나 개혁할 만한 사람들, 특히 스티글리츠나 크루그먼 등은 외국에서는 인기가 있으나 미국 내에서 큰 평판을 얻지 못하는 것 같습니다. 오바마 대통령이 두 사람을 불러 함께 식사한 적은 있는데, 그렇다고 앞으로 이들을 참모로 기용하거나 이들에게 정책자문을 받지는 않을 것 같습니다. 따라서 미국 경제에 큰 변화가 없겠지요. 포스너가 제안한 대로 조사위원회를 통해 철저한 조사를 한다거나 학문적으로 분석해서 위기의 원인을 밝혀내고 뭔가 처방을 내린다면 그 자체로도 훌륭한 성과라고 할 수 있을 테지만, 그것마저도 잘 될 것으로 보이지 않습니다. 태산이 떠나갈 듯이 요란을 떨더니 튀어나온 것은 고작 쥐 한 마리뿐이었다(泰山鳴動鼠一匹)는 식으로 이번 금융위기가 세계경제의 규칙이나 방향에 대해 큰 변화를 주지 못하고 그냥 지나가지 않을까 하는 걱정이 듭니다.

앞으로 다가올 서울 G20 회의에서도 국제금융 개혁을 논의하겠지만, 금융위기가 시작한 지 2년 만에 벌서 개혁의지가 많이 퇴색한 것으로 보입니다. 세계적 경제위기의 극복과정에서 각국이 특히 선진국들이 케인스식 적자재정정책을 써 왔는데 지금 한계에 부딪히고 있습니다. 특히 그리스 등 남유럽에서 급속한 재정위기가 닥쳤는데, 이는 결국 일국적 케인스주의의 한계를 보여줍니다. 한 나라가 적극적 재정정책을 통해서 경기를 회복하는 것이 교과서에서는 충분히 일리가 있지만 실제는 많은 어려움이 따릅니다. 우선 그 정책을 편 나라는 투기자본의 공격을 받기 쉽습니다. 또한 그리스, 스페인의 경우에서 보듯이 신용평가회사들이 바로 그런 국가들의 신용등급을 강등시켜버리니까 적극적으로 확장적 재정정책을 펴기가 쉽지 않습니다. 이런 관점에서 일국 케인스주의는 분명히 한계가 있다고 봅니다.

그러므로 앞으로 국제적 대불황, 공황상태가 올 때 이를 벗어날 국제공조방안이라는 게 도대체 있는가 하는 회의가 듭니다. 지금 유럽은 대체로 재정정책을 적극적 재정정책에서 상당히 후퇴해 그냥 재정적자를 줄여 국제적 투기자본의 위협을 면해보자는 쪽으로 급속히 선회하고 있습니다. 반면 미국의 오바마 대통령은 오히려 그렇게 해선 안 된다며 계속 적극적인 재정정책을 써야 한다고 호소하고 있습니다. 그런데 사실 유럽 각국은 적극적 재정정책 펴기를 두려워하고 있습니다. 따라서 이번의 위기는 원인도 모르고, 처방도 제대로 되지 않고, 국제공조도 안 되는 혼란상태에 와 있다고 볼 수 있습니다.

포스너가 이야기하는 것 중에서 재미있는 것 한 가지 더 이야기하겠습니다. 그는 미국의 보수주의가 후퇴한다고 말하고 있습니다. 그는 보수주의를 경제보수주의, 안보보수주의, 사회보수주의로 분류했는데, 경제보수주의는 모두 잘 아는 시장만능주의로 감세, 작은 정부 등을 내건 레이건, 부시를 지탱한 시장만능주의 경제사상을 말합니다. 안보보수주의(Security Conservatism)란 '악의 축', 대외 강경주의, 국내치안 강화를 통틀어서 말하고, 사회보수주의는 낙태 반대, 종교의 자유 등에서 보는 보수주의를 말합니다. 그런데 흥미롭게도 이 세 가지 보수주의가 지금은 뭔가 서로 장단이 안 맞는다고 합니다. 전반적으로 레이건정부나 부시정부 때에 이 세 가지가 모두 강조되었는데, 지금 미국은 경제보수주의를 주장하는 사람이 사회에서는 보수주의가 아닌 성향을 보이는 등 퇴조하고 있다는 겁니다.

한국의 상황을 보겠습니다. 세계적으로 보면 신자유주의가 후퇴하는 것은 분명한데, 그렇다고 대안이 명확한 것은 아닙니다. 케인스주의도 아닌 것 같고 근본적 뉴딜도 미국이 하는가 싶더니 전혀 그쪽으로 가지 못하고 있어 불확실성이 계속될 수밖에 없는 상황입니다. 그런데 한국은 어떤가요? 한국은 1997년도 외환위기를 거치면서 시장만능주의가 급속히 도입되었습니다. 그전에도 시장만능주의가 있긴 했으나 매우 약했습니다.

전두환 정권에서 일한 김재익이라는 청와대 경제수석이 있었는데, 그가 박정희식 관치경제를 반대하고 시장을 강조하며 우리나라에 최초의 시장중시 사상을 가져 온 사람이 아닌가 하는 생각이 듭니다. 그런데 그가 경제수석을 할 때의 회고록을 보면, 1980년 초기 무렵에 한

국에 처음 와서 시장, 시장하니까 아무도 곧이들으려 하지 않고 반대
하며 그를 미친 사람 취급했다고 합니다. 심지어 청와대 안에서도 인
기가 없어서, 화장실에 가려고 복도를 나오면 아무도 인사를 하지 않
을 정도로 외톨이였다고 합니다. 이 사람의 사상은 관치경제에 대한
반대로서의 신자유주의 또는 시장중시 사상이었어요. 지금 생각해보
면 그가 혜안이 있었던 겁니다.

당시 관치경제의 폐해가 극에 달했기 때문에 이를 치유하는 데 시
장요소를 많이 도입할 필요가 있다고 주장한 점은 한편으로는 옳았던
것이죠. 그러나 아무도 거기에 귀 기울이려 하지 않았고 미친 사람처
럼 여겼다고 합니다. 이것이 1980년대 초의 이야기인데 그로부터 불
과 얼마 지나지 않은 1997년에 시장만능주의가 급속히 뿌리내립니다.

외환위기 당시 국제통화기금(IMF)이나 미국 재무부의 압력이 강하
기도 했지만 우리나라 내부의 호응세력이 훨씬 더 중요한 역할을 했
습니다. 지금은 보수파들이 매우 철저하고 강고한 시장만능주의 또는
신자유주의 동맹을 맺고 있다고 생각합니다. 이 동맹의 세력이 아주
강력합니다. 신자유주의의 5대 동맹 세력은 한나라당, 보수언론, 우리
나라 경제학자의 80~90%인 보수경제학자들, 관료들, 마지막으로 재벌
들입니다.

이 중에 제일 강하고 깊은 뿌리는 재벌이 아닌가 생각합니다. 재벌
은 관치경제를 싫어하고 시장경쟁을 좋아합니다. 자기 마음대로 링
위에 올라가서 상대를 쓰러뜨리고 싶어 하지요. 재벌들이 관료도 구
워삶고, 경제학자들도 예사로 구워삶고, 언론은 광고 수입 때문에 재
벌 눈치를 보지 않을 수 없어 재벌 입맛에 맞는 시장논리를 매일같이
사설로 내보내고 있습니다. 한나라당은 소신이나 이념이 있는지는 몰
라도 항상 시장, 시장이라고 강조합니다. 지금의 야당을 전부 반시장
적 정당이라고 몰면서 자신들만 친시장적인 정당이라는 확고한 신념

을 보이고 있습니다.

이 5대 세력이 우리나라 신자유주의의 강고한 동맹을 구축하고 있지요. 너무나 강고해서 여기에 반대하면 대번에 반시장적 인물로 낙인찍히고 경제학 기본원리도 모르는 사람으로 매도당하기 십상입니다. 재벌의 힘이 굉장히 뿌리 깊다고 할 수 있는데, 진짜 문제입니다.

얼마 전에 김기원 교수가 재미있는 글을 올렸습니다. 내용을 보면, 스폰서 검사만 있는 것이 아니고 스폰서 교수도 있다는 것입니다. 교수가 거지도 아닌데 꼭 남의 돈을 얻어서 그렇게 먹고 살아야 하겠는가 하고 비판하는데, 그런 사람 중에 경제학자들도 있다고 합니다. 가수 나훈아는 삼성 회장 이건희의 생일잔치에 와서 노래 몇 곡만 불러주면 3천만 원을 주겠다고 초청을 받았지만 가지 않았다고 합니다. 왜 그랬는가? 그가 말하길 "나는 대중 가수인데 대중이 부르는 곳은 어디든 가지만 개인이 부르는 그런 곳에서는 노래 부르지 않겠다"라고 하며 자존심을 내세웠다고 합니다. 그래서 경제학자들도 나훈아의 자존심을 배워서, 재벌이 부른다고 뽀르르 쫓아가 재벌들 이익에 봉사하는 글이나 쓰고 강연하는 그런 스폰서 교수가 되지 말자는 식의 자성 글이었습니다. 본인의 경험을 가지고 쓰셨더라고요. (웃음)

앞서 말한 신자유주의 5대 동맹세력이 우리나라의 경제정책과 경제철학을 지배하고 있습니다. 2년 전의 금융위기 때문에 다행히도 조금 힘을 잃었습니다. 이명박정부 들어서자마자 금융위기가 나타나서 그나마 더 심해지지 못하게 되어 아주 극단적인 시장만능주의는 먹혀들지 않게 되었습니다. 이명박정부가 처음에는 전봇대 뽑기와 같은 규제 완화 정책을 시행했지요. 박근혜도 역시 세금 줄이고, 규제 풀고, 기강 세우고 하는 이른바 '줄푸세'해야 된다고 2007년 대통령 선거 내내 강조했습니다. '줄푸세'야말로 전형적인 레이건, 대처 사상 아니겠습니까. 따라서 한나라당이 집권하면서 신자유주의가 더욱 강해질 뻔

했는데 그걸 막은 것이 2008년 금융위기입니다. 이걸 불행 중 다행이라고 불러야 할까요.

이명박 대통령이 정권을 잡고 펼치고자 준비했던 경제철학과 정책을 실천에 옮기지 못하고 있습니다. 처음에 부자감세에 대한 정책은 프로그램대로 진행하지 않았느냐고 하겠지만 일부만 하고 일부는 국회에서 막혔습니다. 100% 원하는 만큼 감세하지 못했습니다. 규제 완화와 전봇대 뽑기 식 정책도 많이 했을 텐데, 그것도 시들해졌지요.

작년 2009년에 들어와서는 엉뚱하게 중도실용이니 서민정부니 하는 이야기가 나왔습니다. 이것은 정체성의 혼란입니다. 원래 이명박 정부는 중도실용이나 서민정부 아니지 않습니까? 분명히 신자유주의, 시장만능주의 철학으로 가려고 했는데 금융위기 때문에 1회전에서 슬립다운 된 권투선수가 된 꼴입니다. 권투 선수로 치면 경기를 시작해 1회전에서 슬립다운을 당하고 제 실력을 발휘하지 못한 채 어느 방향으로 펀치를 돌려야 할지 몰라서 가끔 잠꼬대도 하는 그런 상태가 중도실용 정부, 서민정부가 아닌가 합니다. 그러면서 멀리 내다보는 정책은 없고, 시장 가서 떡볶이 사먹고 하는 정도지요. 그건 정책이 아니라 쇼입니다.

이명박정부에 대해 저는 대단히 걱정이 됩니다. 이명박정부의 3대 사업이 부자감세, 대운하에서 후퇴한 4대강 사업, 세종시 수정입니다. 세종시 수정은 무참하게 폐기되었고, 부자감세도 추진하다가 조금 줄여서 하긴 했지만 과연 잘한 것인지 아닌 건지 스스로 찜찜한 상태고, 이젠 4대강 사업만 남아 있습니다. 4대강 사업은 시장만능주의도 아니고 개발주의입니다. 전형적인 박정희식 개발주의지요. 건설재벌들과의 유착인지, 건설 경기가 워낙 어려워 예전에 몸담았던 건설사 쪽 사람들 도와주자는 건지, 아니면 미래에 어떤 혜택을 볼 수 있지 않을까 하는 계산이 있어서인지는 모릅니다. 어쨌든 이해할 수 없는 정책을 펴고 있습니다.

저는 우리나라의 역대 정부가 아무리 무능하고 욕먹는 정권이라고 해도 정부마다 자랑거리가 세 가지 정도는 있었다고 봅니다. 김영삼 정부도 금융실명제 시행, 하나회 청산, 전임 대통령을 둘이나 법정에 세운 역사 바로 세우기 등이 있고, 노태우정부도 권위주의 청산, 북방외교로 러시아, 중국과 관계개선을 했다든지 하는 것들이 있었습니다. 이명박정부는 정체성 혼란 속에서 갈팡질팡하며 최초로 업적이 하나도 없는, 자랑거리가 하나도 없는 정부가 되지 않을까 싶어 정말 걱정스럽습니다. 뭐 그것까지 제가 걱정할 것은 아니지만(웃음) 걱정이 되기 시작합니다. 왜냐하면 부자감세가 업적이 될 수 없거든요. 명백히 잘못된 것으로 기록될 것입니다. 세종시 수정도 명백히 잘못된 것이었고 사필귀정으로 패배했습니다. 이제 남은 것이 4대강 사업인데 역사에 잘했다고 기록할 것 같지 않습니다. 자연을 파괴한 아주 무모한 사업이며 아마도 단군 이래 최악의 정책으로 기록될 것입니다. 그러니 이명박정부는 자랑거리가 하나도 없는 최초의 정부가 되지 않겠습니까?

우리나라는 자본주의에서 시장만능주의가 가장 심한 나라입니다. 이 자리에 와 있는 장상환 선생이 말하기를 한국은 케인스적 복지국가 단계를 생략한 채 신자유주의가 들어왔다고 하셨는데, 참 적절한 지적이라고 봅니다. 레이건, 부시, 대처정부로 대표되는 외국의 신자유주의는 이전의 케인스주의적 복지국가가 지나친 면이 있어 그에 대한 반작용으로 생긴 신자유주의 반혁명입니다. 그런데 우리나라는 케인스주의적 복지국가 단계가 없었기 때문에 훨씬 더 비인간적이고 잔인하고 사람이 살기 어려운 시장만능주의로 왔습니다. 복지제도는 형식적으로 다 도입했으나 너무 부실해서 '형식적' 복지국가라고 말할 수 있습니다.

이것은 여러 가지 지표로 확인할 수 있습니다. 먼저 국가의 소득재분배 역할이 매우 미미하여 국가가 하는 역할이 거의 없다는 점입니다. 해방 후 한국은 재분배를 포기한, 국가가 직무를 유기해 온 국가라고 생각합니다. 두 번째 지표는 세계 최다에 속하는 자영업자들과 차별적 노동시장입니다. 차별적 노동시장을 말하자면 지금 우리나라는 세계 최고에 가까운 비정규직 비율을 가지고 있는데 거기다가 남녀차별, 학력차별 등을 포함하면 문제가 더 심각해집니다. 세계 최대의 자영업자 규모와 함께 보면 이는 결국 시장만능주의의 소산입니다. 국가가 자기 기능을 포기하고 자본의 편의대로 가는 자본주의 국가입니다.

며칠 전에 〈추적 60분〉이라는 텔레비전 프로그램에서 시간강사 문제를 길게 다루었는데, 정말 심각하기 짝이 없습니다. 고건 씨가 위원장을 맡은 사회통합위원회에서 이 문제를 다루고 있던데 이를 둘러싸고 내분이 벌어져 내부의 어느 위원장이 사표를 던지기도 하는 사태가 벌어지고 있습니다. 그걸 보면서 그리고 마침 여기서 강연을 하게 되면서 생각을 해봤는데, 이런 문제를 사회통합위원회 같은데다 맡기지 말고 우리 사회경제학회나 사회학회 내의 진보적인 학회가 힘을 합쳐서 해결했으면 합니다. 시간강사 문제, 더 나아가서 비정규직 문제까지 해결할 수 있으면 더 좋겠지요. 우리가 우선 좁혀서 시간강사 문제만이라도 분석하여 해결책을 제시해야 할 것으로 봅니다. 그냥 방치해서 안 되는 문제라고 생각합니다.

세 번째 지표가 과도한 경쟁주의와 성과주의입니다. 유치원생부터 선행학습을 해야 하고 초등학교부터 석차를 매기는 나라는 세계 어디에도 없을 거로 생각합니다. 언제부터 석차를 매기는지 조사 비교가 필요합니다. 말하자면 한국은 정글자본주의이고 태어날 때부터 경쟁에 내몰리게 되는 그런 희귀한 자본주의 사회입니다. 경제에서의 경쟁도 너무 지나치고 착취와 차별이 심합니다. 중소기업 차별을 거론하며 어떤 사람은 한국을 '갑'의 사회라고 했습니다. 을은 갑의 눈치를 봐야 하고 발언권이 없고 인간 취급을 받지 못한 채 오로지 갑이 지배하는 '갑의 사회'라고 칭했는데, 대기업과 중소기업의 관계를 보면 그 말이 맞습니다. 서울과 지방의 관계도 차별적입니다. 그 사례가 바로 세종시 사태에서 나타났는데 이건 서울중심주의, 서울패권주의였습니다. 결국 이명박, 정운찬의 사고방식이 바로 서울패권주의입니다.

경제만 그런 것이 아니고 교육도 그렇습니다. 우리나라 보수파들이 3불정책을 줄기차게 반대하는데 그 이유의 핵심이 뭐냐면 좀 더 경쟁해야 한다는 것입니다. 지금 한국입시생들이 내몰리는 경쟁이 부족한 것입니까? 지나칩니다. 살인적인 경쟁에 몰려서 자살학생들이 매년 나오는데 그것도 부족해서 더 경쟁시키자 하는 것이 3불정책 폐지론입니다. 또, "세계는 2등을 기억하지 않습니다"라는 삼성의 광고는 섬뜩하기까지 합니다. 유행처럼 이런 광고가 나왔는데 이런 것은 반인륜적인 것으로 고발되어야 합니다.

우리나라의 우파, 즉 보수파는 세계에 보기 드문 극우파이며 반공주의자들로서 우리나라의 지난 100년의 역사를 이들이 만들어 놓았습니다. 그리고는 세계에서 유례를 찾기 어려운 이런 사회에서 사람들은 끊임없이 자영업자로, 비정규직으로, 그리고 어릴 때부터 살인적인 경쟁에 내몰려 내 동료를 이기지 않으면 내가 손해를 본다는 식의 관계로 살아가고 있습니다.

대학도 법인화한다고 합니다. 사립대 교수들의 이야기를 들어보면 10년 전과 많이 다르다고 합니다. 너무나 지나친 경쟁주의와 성과주의에 내몰려서 모든 것을 지표화하고 점수화해서 보수를 차등지급하고 있습니다. 이런 나라가 세계에 있습니까? 유럽은 전혀 그렇지 않고, 이런 식으로 비슷하게 하는 미국에서도 이렇게까지 조악하고 비인간적으로 교수를 평가하지는 않습니다. 그것도 부족해서 이제 국립대마저도 사립대학과 비슷하게 하겠다는 것이 국립대 법인화입니다. 경쟁주의, 성과주의도 정도가 있는데 지나쳐도 너무 지나쳐 인간이 참고 견딜 수 있는 한계를 벗어났다고 생각합니다.

이번 6·2지방선거가 약간의 희망을 보여주고 있습니다. 복지의 불모지 같은 한국에서 그래도 이제는 개발보다는 복지가 먹힐 수도 있다는 최초의 희망을 준 선거였습니다. 그래서 복지자본주의, 케인스식 복지국가로 가는 것이 우리의 현단계라고 봅니다. 이를 위해 우리 한국자본주의가 정글자본주의 같은 속성을 타파하고 극복하도록 하는 것이 우리의 과제라고 봅니다. 이런 점에서 진보적인 경제학자들의 임무가 대단히 크다고 생각합니다.

무질서하고 혼란스럽게 말씀을 드렸는데 장시간 경청해주셔서 대단히 고맙습니다.

대안 모색과 민주주의적 전망

사회 : 황한식

토론 : 김형기 · 이정우 · 장상환

조원희 · 김윤자 · 김상조

【사회자 : 황한식 교수】

이 시간은 오늘 행사의 마지막 세션입니다. 대안 모색과 민주주의적 전망을 위한 집담회로, 모두 네 가지 주제를 다룹니다. 네 가지 주제는 차례로, 1) 세계경제의 전망 : 2008년 위기 이후 2) 한국경제의 단기 전망 : 2012년 어떻게 될까? 3) 복지사회의 이념적 기초 : 보편적 복지제도 4) 지방선거와 풀뿌리 민주주의 : 지방선거 평가로 다룰 것이며 마지막에 전략과 전망에 대한 이야기를 나누고자 합니다. 진행하는 순서는 조원희 교수께서 먼저 발표를 해주시고 주제별로 한 분씩 돌아가며 주요내용을 짚어가며 토론하는 방식으로 하겠습니다.

참여자를 소개합니다. 사회경제학회 회장님이신 김형기 교수님, 참여정부의 정책 입안자이셨던 이정우 교수님, 그리고 진보정책에 앞장서시는 장상환 교수님, 오늘 발표하실 조원희 교수님, 한신대 김윤자 교수님, 그리고 한성대 김상조 교수님이십니다.

김윤자 교수님은 이번 지방선거가 끝나고 기분이 좋았다고 하셨는데 지방선거 평가에서 의미 있는 이야기를 기대합니다. 그리고 김상조 교수님은 아까 아주 의미심장한 이야기와 함께 진보로부터도 보수로부터도 비판을 받는다고 하시던데 중간지대에 있다 하는 이야기도 하시더군요.

저도 진보냐 보수냐 하는 질문을 자주 받습니다. 한번은 서울 어느 모임에서 진보 반, 보수 반 모여서 토론회를 열었는데, 저를 참여시킵니다. 진보 쪽으로 불렀는지 보수 쪽으로 불렀는지 궁금해서 양쪽 대표에게 물었더니 양쪽이 합의해서 불렀지 진보도 보수도 아니라고 대답하더군요. 저의 정체성이 애매모호한 것이 아니라 독자적 정체성을 강조하려는 이야기였습니다. (모두 웃음)

그럼 조원희 교수님께서 먼저 발표를 해주시겠습니다.

주제 1. 세계경제의 전망 : 2008년 위기 이후

【조원희】

첫 발표를 하려고 의도한 것은 아니나 주어진 주제에 대해 원고를 가장 먼저 내다보니 저에게 이렇게 기회를 주신 것 같습니다. 오늘 토론의 4가지 주제는 정말 멋지다고 생각합니다. 완전히 유기적으로 연결된 문제라, 네 가지 주제에 대해 답하다 보면 우리나라의 모든 문제를 건드리게 된다고 봅니다.

먼저 첫 번째 주제 〈세계경제의 전망 : 2008년 위기 이후〉에 대해 말씀을 드리겠습니다. 저는 세계경제에 대해서 5~10년을 장기로 볼 때 장기 침체국면이 될 것으로 봅니다. 예전에는 장기라 하면 30년을 일컬었는데 지금은 많이 짧아졌죠. 이때 침체의 어휘를 주의해야 합니다. 저는 침체를 0% 내외의 경제성장률 가운데 높은 수준의 구조적인 실업이 계속되는 상태로 정의했습니다. 이러한 국면이 아직은 좀 더 있다가 올 것이라고 하지만, 생각보다 더 빨리 다가오고 있다고 봅니다. 이것은 바로 국가채무와 관련 있는데 각국이 경제위기라는 문제를 해결하기 위해서 사용한 국가 부채가 지나치게 팽창했고, 그 결과 시장의 신뢰를 잃고 있기 때문입니다.

지금 유로화에 대한 신뢰도가 상당히 떨어져 있습니다. 유럽은 특히 그리스 위기를 기점으로 해서 유로화에 관련된 문제가 터졌는데, 알고 보면 유럽 각국의 민간은행들이 특히 타국에 대해서 가지고 있던 채권들이 부실이 될지 모르는 잠재부실의 우려가 커지고 있습니다. 이것이 어떤 면에서 미국발 세계금융위기보다 규모가 더 클 수 있어서 사람들의 불안감을 불식시키지 못하고 있지요. 그래서 더 문제가 된다고 봅니다.

결국 경제가 살아나는 근본조건은 민간의 수요, 즉 소비와 투자가 살아나는 것인데 현재 세계 경제 국면에서는 이것을 절대 기대할 수 없다는 것입니다. 우선 그동안의 호황이 바로 자산 버블과 연관되는 민간소비에서 온 것이었죠. 그것을 금융시스템이 지탱해 왔는데, 바로 이 금융시스템이 붕괴하였기 때문에 다시 살릴 수 없다는 겁니다. 그러면 새로운 수요의 원천이 나와야 하는데 아직 나오지 않았습니다.

그럼 신흥국가에서라도 활발한 경제활동이 이루어질 것인가? 그들 자신이 이미 선진국의 시장에 많이 의존하고 있기 때문에 이 역시 기대하기 어렵습니다. 그리고 선진국은 소득분배구조가 지나치게 악화되어 있어서 새로운 것이 나올 수가 없어요. 게다가 지금 선진국들이 보수화되어가고 있거나 보수정당이 집권하고 있기 때문에 더욱더 기대할 수 없다고 봅니다.

중국에 관해서는, 만약 중국이 수출 대신에 내수에 집중하거나 외국에서 수입을 더 많이 하면 세계 경제의 큰 문제 중의 하나인 세계의 경제적 불균형을 해결하는 데는 도움이 되겠지만, 중국의 내수시장 규모는 아직 그렇게 크지 않아서 세계 경제의 수요를 확장시키는 데에는 큰 역할을 하지 못할 것이라는 겁니다. 또, 중국은 내수증대를 하려고 해도 소득분배가 지나치게 악화되어 있습니다. 그리고 1인당 소득이 4천 달러도 안 되는 저발전국에서 거대한 저축이 일어나는 것은 세계 경제발전사상 없었습니다.

중국은 그야말로 엄청난 착취구조로 되어 있습니다. 소득분배가 0.5가 넘으면 폭동이 일상화된다는 정도인데 중국의 경우 지니계수가 1이었다가 한 세대 만에 지니계수 0.47에 이를 정도로 소득분배가 악화되었습니다. 이 거대한 저축이 결국은 세계 거시경제 불균형의 원인이 됩니다. 국내의 과다저축으로 그 수요를 해외에서 찾을 수밖에 없게 되어 중국의 흑자는 타국 특히 미국의 경상수지 적자로 연결되기 때문입니다. 하지만 중국의 분배문제는 단기적으로는 쉽게 해결될 수 없어요. 결국, 전 세계적으로 장기적인 침체국면을 필연적으로 내포하는 것입니다.

그런데 단기적으로는 그리스나 스페인, 그리고 유럽의 은행 부실문제 등 여러 가지 문제를 국제 공조를 통해 잘 조정했을 때에만 장기침체 국면으로 접어들 수 있고, 거기에 접어들기만 하면 이것은 어떤 의미에서는 오히려 성공이라고 할 수 있습니다. 하지만 이조차도 힘든 여러 가지 어려운 혼란 상황이 오고 있습니다.

【김형기】

저는 우선 세계정세를 볼 때 금융이 주도하는 자본주의는 끝이 난 것이 아닌가 하고 생각합니다. 신자유주의에 대해서는 평가가 다를 수 있습니다만, 신자유주의 핵심은 금융주도경제인데 금융이 주도하는 경제는 끝났다고 봅니다. 세계 자본주의는 새로운 축적체제를 모색해야 하는 단계가 아닌가 생각합니다. 만약 자본주의가 새로운 발전모델을, 예컨대 그것이 그린뉴딜(green newdeal)을 거쳐서 새로운 그린 이코노미(green economy) 쪽으로 간다고 한다면 자본주의는 그 새로운 발전모델을 통해서 다시 한 번 상승국면을 탈 수 있을 것 같다고 봅니다. 그래서 장기 침체가 올지 안 올지를 자신 있게 말씀드리지는 못하겠습니다.

【이정우】

세계의 경제 전망, 굉장히 어려운 주제인데요. 저도 김형기 선생님과 비슷한 생각입니다. 금융주도하의 자본주의는 앞으로 크게 수정되지 않을까 생각합니다. 미국이 2000년대에 들어와서 왜 이렇게 금융에 집착했을까요? 그 배경은 1999년도 경에 닷컴 버블, 신경제라는 것이 붕괴하고 그것을 대체할 만한 일자리가 없었던 것이 아니었나 생각합니다. 제조업은 이미 그전부터 붕괴하고 있었고 일자리가 제3세계로 전부 다 이동하고 있었죠. 그래서 신경제로 1990년대 몇 년간 그런대로 호경기를 유지하고 일자리도 마련하고 했는데 그게 2000년경에 끝났고 다른 대체할 만한 일자리는 없었지요. 그러면서도 일자리를 전부 아시아 등으로 뺏기는 판국이 되니까 부시 정권으로서는 굉장히 다급하지 않았겠나 싶어요.

그래서 다급한 나머지 집착을 보인 것이 두 분야인데 하나가 금융이고 다른 하나가 부동산이었습니다. 결국 몇 년 뒤에 사고가 난 것이 이 두 가지가 결합한 서브프라임 모기지입니다. 금융과 부동산이 결합한 그 지점에서 대형사고가 터진 거죠.

경제학자는 아니지만 보수적인 미국 평론가인 케빈 필립스라고 하는 사람의 책을 읽다 보니, 금융주도 자본주의라는 것이 이번이 처음이 아니었더군요. 이 사람이 재미있는 책을 많이 쓰는데, 몇 년에 한 번씩 쓸 때마다 베스트셀러가 되었어요. 이 사람이 쓴 책을 보면 이런 이야기가 나옵니다. 세계 역사를 보면 역대 큰 문명들이 잘 나가다가 망하기 일보 직전에 징후가 나타나는 것이 금융의 성장이라고 합니다. 금융에 집중하다가 결국은 붕괴했다는 겁니다.

예를 들어서 16세기, 17세기 스페인과 네덜란드, 19세기 영국도 그랬다고 써놨어요. 물론 그 사람이 예측한 거는 아닌데, 2008년에도 그 구도에서 보면 상당히 맞습니다. 문명의 흥망성쇠 마지막 단계로 금융의 지나친 비대화가 나타나고 이후 몰락한다는 진단이죠. 파생상품 등이 도를 넘어갔고, 그것이 드디어 갈 데까지 가서 사고가 터졌기 때문에 다시 금융주도 자본주의가 계속되기는 아마 어렵지 않겠느냐고 봅니다. 대폭 축소되고 정상화되는 과정이 있어야 할 것으로 생각합니다.

그리고 장기침체가 올 것이라고 조원희 선생이 예상하는데, 저는 거기까지는 잘 모르겠습니다. 케인스적인 부양정책이 일국 단위로서는 한계가 있고, 국제공조의 틀도 마련되지 않아서 상당히 어려울 것 같습니다. 몇 년간 고생을 할 것 같다는 생각을 하지만 장기 침체까지 빠질지는 저도 판단이 잘 서지 않습니다.

【장상환】

지금의 세계 경제가 이전의 악화된 상황에 비하면 조금 개선되었지만, 공황의 요인을 아직도 해결하지 못하는 상태로 내부에 그대로 둔 채로 있습니다. 그 상태에서 금융위기를 완화하기 위해 재정을 투입하고 유럽은 유럽은행 등을 통해서 금융을 집중적으로 지원해서 폭발을 억제한 것인데 지금 그런 식으로 계속하기가 어렵습니다. 금융지원도 일시적인 것이기 때문에 자금도 회수해야 되고 또 재정위기가 커지는데 이 문제도 해결해야 되니까 결국 재정건전성 문제가 이슈가 되어 재정을 긴축하게 되면 다시 실물경제에 부담을 주게 됩니다. 그래서 세계적으로 지금 더블딥 이야기가 나오고 있다고 생각합니다. 많은 과잉 자본이 해소되지 않은 상태이기 때문에 경기 침체는 상당

기간 지속될 수밖에 없다고 봐야 할 것 같습니다.

2008년 대공황의 원인을 1929년과 비교해보면 독점의 심화, 금융의 과도한 발전, 소득양극화의 심화 같은 것들이 거의 비슷합니다. 그런데 1929년에는 국제적인 통화질서 같은 문제 때문에 정책대응이 상당히 어려워서 통화를 많이 푼다든지 하는 방법을 쓰기가 어려웠고 결국은 굉장히 깊은 침체를 겪었습니다. 그런데 이번에는 자금을 많이 풀어서 이게 깊이 내려가는 것을 막았죠. 그러나 문제 해결은 안 되어 있는 상태죠. 그래서 저는 침체가 계속되지 않을까 하고 내다봅니다. 이게 지금 세계적으로 이슈가 되는 더블딥이냐 아니냐 하는 논쟁의 내용이라 볼 수 있습니다.

【김윤자】

저는 기질적으로 낙관주의자여서 그렇기도 하지만 앞에서 말씀하셨던 분들과 다른 시각도 한번 검토해볼 필요가 있지 않나 싶어서 좀 다른 이야기를 하겠습니다. 저는 세계경제가 위기로 빠지는 것도 그 폭이 크고 빠른 것처럼, 회복하는 속도도 상당히 빨라졌다는 생각이 듭니다. 물론 그 회복이 단기적이고 인위적일 수는 있을지 모르겠습니다만, 신속한 회복능력을 갖추고 있고, 아무튼 드라마틱하게 위기로 빠져서 속수무책이 되어버리는 이전의 상황과는 상당히 달라진 것 같습니다.

물론 만족스럽지는 않지만, 예컨대 G7이 모여서 세계경제를 논의하던 그 단위로부터 형식상으로 만이라도 G20이 모여서 세계적인 경제적 의사결정을 하려고 시도해본다든지 하는 것들이 더디지만 진화된 모습이 아닌가 합니다. 그래서 그런 과정을 통하면서 일국적으로도 세계적으로도 규제 장치의 진화 같은 것이 나타나고 있죠. 이때 규제적인 장치라는 것은 시장 내적인 것도 있지만 시장 외적장치도 개발되고 있는 것이 아닌가 하는 생각이 듭니다.

【김상조】

　처음 이 프로그램을 만들 때에는 집담회에 제 이름이 없었는데 어제 보니 들어가 있더군요. 그래서 제 앞에 놓인 단이 다른 선생님과 달리 한 단계 낮은가 봅니다. (모두 웃음)

　저는 실천이든 운동이든 현실문제에서는 기본적으로 낙관적인 입장을 취하려고 합니다. 그만큼 우리 사회 또는 우리 대중이 가진 역동성을 믿기 때문입니다. 그러나 이론적으로는 최악의 상황을 가정한 비관주의에 기초하려고 합니다. 왜냐하면, 너무 낙관적 전망에 기초해서 모험주의에 빠지는 실수를 범하지 않고 항상 신중하고 합리적으로 행동하기 위해서입니다. 따라서 오늘 제시된 네 가지 문제에 대해서도 비관적으로 답을 할 수밖에 없습니다.

　세계경제가 내년에 어떻게 될 건가는 저도 잘 모르겠습니다만, 장기적으로 그렇게 빨리 회복할 것 같지는 않습니다. 오히려 장기적으로도 굉장히 불안정한 모습을 계속 보일 것 같다는 생각을 하는데 그 이유를 케인스의 표현을 빌려 말해보겠습니다. 대공황이 터지고 난 직후에 쓴 케인스의 글에 이런 표현이 있습니다. "지금의 세계경제의 혼란을 당장 쉽게 극복할 것 같지 않다. 이유는 헤게모니 문제인데, 영국은 헤게모니를 행사해서 새로운 질서를 구축하고자 하는, 또는 하고 싶은 의지는 있으나 능력이 없고, 미국은 능력은 있으나 의지가 없다. 그래서 세계경제의 새로운 질서가 조만간 달성되지 않을 것 같다." 이게 케인스의 전망이었는데, 정확하게 그 이후로도 거의 20년 가까이 혼란이 계속되었다고 할 수 있습니다.

　그런 면에서 본다면 지금의 상황 역시 똑같은 거 아닌가 하는 생각이 듭니다. G2라고 표현하든 G3이라고 표현하든, 미국과 중국, 그리고 유로존 이렇게 세 개의 축이 세계경제를 움직여가고 있다고 봅니다. 그렇다면 이 글로벌 금융위기 이후 세계경제가 어떻게 될 것인가에 대해서 그것을 주도하고자 하는 의지와 능력을 동시에 갖춘 주체는 어디에도 없으며 G3의 이해관계 충돌을 조절할 수 있는 매카니즘도 어디에도 존재하지 않습니다. 그런 의미에서 앞으로도 상당히 혼란스러운 과정이 장기적으로 지속될 수밖에 없는 것이 아닌가 생각합니다.

지금 우리는 국제적 불균형을 해소할 수 있는 국제통화기금(IMF)의 개혁이나 기축통화의 문제 또는 환율조정 문제에서 미국과 중국이 얼마만큼 충돌하는 입장에 있는지 잘 알고 있습니다. 그리고 금융개혁에 관해서는 미국·영국과 유로존 국가 사이에 얼마나 다른 이해관계를 가졌는지를 알 수가 있고, 이런 충돌을 조정할 수 있는 국제공조시스템이라는 것이 얼마나 취약한지를 확인하고 있기 때문에 이와 같은 장기적 불안정성이 계속될 것 같다는 생각을 합니다.

주제 2. 한국경제의 단기 전망 : 2012년 어떻게 될까?

【조원희】

한국경제가 2012년 이후에 어떻게 될 것인가? 경제에 대해서 2012년 이후라는 구분은 아무 의미가 없죠. 그러나 정치적으로는 매우 의미가 클 것입니다. 왜냐하면 2012년에 국회의원 총선과 대통령선거가 있는데 그 결과로 성립된 정권이 2017년까지 한국을 이끌 것이며, 2018년이면 한국이 그야말로 고령사회로 접어들고, 또 8년 정도 지나면 초고령사회가 되기 때문입니다. 그러므로 현 정권을 진보세력이 담당해서 10년 정도 준비를 해야 했는데, 그게 아니므로 2012년에라도 진보정권이 집권하여 이런 변화에 대응하는 준비를 해야 합니다. 성장중심체제를 안정중심체제로, 또는 지속가능한 안정성장체제로 이행시켜서 머리가 하얀 분들이 워낙 많은 이 사회를 안정된 사회로 만드는 일을 해야 합니다. 그런 점에서 다음 정권이 매우 중요하다 할 수 있죠.

그런데 지금 한국 사회는 그야말로 발전, 개발 중심입니다. 이전 모든 정권이 그랬고 이명박정권 들어와서는 완전히 더 불을 질렀다고 봅니다. 예를 들어 수도권에 5개 혹은 6개 넘는 100층 이상의 초고층 건물을 건축한다는 계획이 있어요. 지금 세계적인 경제위기 때문에 약간 주춤하고 있어 수정한다 어쩐다 하는 이야기가 신문에 나오긴 하지만 전 세계에 2~3개밖에 없는 초고층 건물을 수도권에는 5~6개씩이나 지으려 하고, 또 부산에도 그런 계획이 있던데, 단지 수도권이나 부산만 있겠습니까? 50층짜리로 보면 엄청나게 많습니다. 이것은 정말 잘못된 것입니다. 그야말로 발전 중심으로 마지막 불꽃을 피우듯이 과도하고 위험하게 진행하고 있습니다.

그리고 저축이라는 걸 봐도 그렇습니다. 우리 국민이 나이가 들어가면서 전부 주택 등 부동산에 돈을 부어가며 노후준비를 합니다. 그러다 보니 부채도 과도하게 늘어가게 되죠. 앞으로는 주택 수요가 감소하여 집값이 떨어질 텐데 말입니다. 이것을 축구에 비하자면 수비는 하지 않고 공격만 하는 이상한 축구라고 볼 수 있습니다.

한국은 가장 빠른 노령화 사회이지만 가장 준비가 안 된 사회라고 봅니다. 한국은 바로 이 국면에서 분배를 개선하고 일자리를 만들어야 합니다. 제조업이 되었든 서비스업이 되었든 중소기업에서 일자리가 많이 나와야 합니다. 다만, 제조업에서 큰 수의 일자리가 나올지는 의문입니다. 아무래도 서비스업을 더욱 육성해야겠죠. 그리고 분배를 개선하고 복지를 강화하면 사회적 일자리도 만들 수 있습니다. 이런 것들이 바로 역동적 복지국가 전략입니다. 이것이 제가 최근에 관계하는 복지국가 소사이어티와 같은 단체에서 이야기하는 것인데 지금 많은 관심을 가지고 이야기하는 발전전략이 바로 이 '역동적 복지국가 전략'과 대체로 일치한다고 저는 생각합니다.

【김형기】

한국 경제는 양극화가 심해지고 있지만 뜻밖에 빨리 회복되고 있지 않나 싶습니다. 분석한 것을 보게 되면 중국을 비롯해 급부상하는 경제권으로의 수출 확대 그리고 원화의 평가절하 또는 환율상승이 주요한 요인이라는 평가가 나오고 있습니다. 그렇지만, 한국경제의 이 역동성을 어떻게 봐야 할지는 아직 잘 모르겠습니다. 제가 최근에 세계정치경제학회에 갔을 때에도 외국 학자들이 상당히 궁금해 하더군요. 한국경제가 어떻게 그렇게 빨리 회복하고 있느냐고요. 우리 사회경제학회가 그동안 이 질문에 대해서 분명한 답을 내지 못했습니다. 오늘 이 토론회에서 한국경제의 역동성을 어떻게 볼 수 있을까에 대해서 여러 가지 이야기가 나왔지만, 단순히 역동성을 부정하거나 피상적인 현상 인정에 머물지 않고, 앞으로 본격적으로 분석 평가해 봐야겠다는 생각을 해봅니다. 우선 물론 이명박정부가 세계에서 가장 높은 경기부양정책(stimulus package)을 실시한 것이 급속한 경기회복의 동력이 되었다는 평가는 있지요. 그래서 정부가 푼돈의 효과가 없어지면 다시 침체가 오지 않을까하는 이른바 더블 딥 불황을 예측하는 사람들도 있지만, 수출이 확대되고 있어서 당장은 그런 경기침체가 올 것 같지 않고 상승국면을 탈 수 있겠다는 생각을 하게 됩니다.

【이정우】

한국경제가 일시적으로 부양정책을 통해서 경기가 살아나는 효과가 나타나는 것도 있지만 또 하나의 면도 보아야 합니다. 지난 몇 년간 저투자 저성장이 있었습니다. 그것은 어떻게 보면 참는 과정이었고 그 뿌리로 거슬러 올라가 보면 참여정부 시절의 경제정책이 있습니다. 김대중정부 때 IMF 사태로부터 좀 빨리 졸업하기 위해서 무리를 많이 한 적이 있는데, 그게 당시의 카드사태, 부동산거품, 벤처 거품 같은 것들이 거의 동시에 일어났습니다. 그것이 어마어마한 충격을 가져왔지요. 이후에 참여정부가 그 경험을 크게 참고했습니다. 그런 거품을 일으키는 것에 주의해서 거품을 안 일으키려고 상당히 노력했습니다. 그래서 참여정부 5년 동안 인위적 경기부양을 하지 않겠다고 노무현 대통령이 거듭거듭 발표를 했었지요. 그런 점이 역대 한국정부의 경제정책에서는 찾아보기 어려운 점이라 생각합니다.

제가 참여정부에 일하고 있었기 때문에 자화자찬이나 아전인수식 해석이 될지도 모르겠지만 제가 볼 때 역대정부의 경제정책이라는 것이 너무 단기적이고 그때그때 경기 살리는 데 급급했습니다. 그 주요 수단이 부동산이었습니다. 불 지르면 바로 불이 확 번지는 것처럼 경기를 살리는 데 제일 좋은 수단이 부동산이었습니다. 너무 애용했고 너무 남용했어요. 그러나 지난 참여정부에서는 몇 년간 부동산을 통한 단기적 경기부양책을 쓰지 않았던 점이 오히려 이명박정부에는 보약이 되지 않았나 하는 생각을 합니다. 지금 5% 성장이라느니 5.8%라는 예측 수치가 나오고 있는데, 저는 앞으로 그런 것이 몇 년간은 계속 될 수도 있지 않나 하고 생각해봅니다. 그런 점에서 보면 이명박 대통령은 앞의 정부를 잘 만난 셈이죠. 물론 이명박 대통령은 그런 생각을 전혀 하지 않겠지만 그런 면이 있다고 봅니다.

【장상환】

　외환위기 이후에 재벌들이 앞으로 위기를 겪었을 때 자신들이 도산할 우려가 있다는 사실 때문에 자금을 확보해서 부채를 낮추려는 노력을 치열하게 했습니다. 물론 그 대신 중소기업 노동자들에게 부담을 많이 준 것은 사실이죠. 그런 것들이 이번의 위기를 대기업들이 견딜 수 있게 한 요인이었다고 생각합니다. 그리고 정부의 엄청난 재정 지원 그리고 세계적으로는 소득이 감소되니까 상대적으로 가격이 저렴하면서 품질은 괜찮은 그런 상품이 먹힐 틈새시장을 우리 한국기업들이 차지하게 되면서 위기를 좀 벗어났다고 생각합니다.

　그러면 앞으로 그런 기회가 계속 오겠느냐? 그건 아니라고 생각해요. 지금 벌써 삼성전자가 위기를 느끼고 또 엘지전자가 수지가 악화되고 있는 상황에서 그런 좋은 조건들이 계속될 수 없다는 것이죠. 우리나라도 대공황의 3개 조건을 그대로 가지고 있기 때문에 경기가 완전히 회복되었다고 볼 수가 없습니다. 최근에 동행지수 순환변동치를 보면 2008년 1월에 103.7에서 2009년 1월에 93.7로 내려갔다가 2010년 5월 현재 101.4로 아직 2008년 1월 수준을 회복하지 못한 그런 상황입니다.

【김윤자】

　여러분이 기억하시겠지만 2년 전 대선 때 이명박정부가 탄생하게 된 중요한 배경이 있었습니다. 물론 그것도 당시의 여론이 의도적으로 많이 과장한 측면이 있었지만, 경제를 살려달라는 식으로 몰아갔습니다. 양극화는 진행되었는지 모르겠지만, 당시 경제가 죽었는지 저는 다시 묻지 않을 수 없습니다. 당시 경제성적표가 죽은 경제를 살려내라는 구호가 나올 만한 수준은 아니었다고 생각하는데, 보수 언론들이 그런 담론을 만들어낸 측면이 있습니다.

　그러나 그 후 국민이 그동안 이명박식 경제의 호된 경험을 한 것이 아닌가. 그러면서 지속가능하고 미래세대를 고려한 경제성장방식에 대해 생각을 하게 된 것이 아닌가. 그것이 이번 지방선거에서 교육과 복지에 관심을 두게 된 배경이 아닌가 하는 생각을 합니다.

【김상조】

　저는 한국경제 문제도 역시 비관적입니다. 아까 두 번째 세션에서 재벌, 중소기업문제, 노동시장 문제는 다 언급이 되었기 때문에 생략하고, 오늘 학술대회에서 언급되지 않은 부분, 특히 금융문제에 관련해서 말한다면, 저는 두 가지 위험성이 있다고 봅니다.

　첫째, 최근에 와서 가계부채나 정부부채 문제가 많이 언급되고 있습니다만, 사실은 가계부채와 정부부채만이 문제가 아닙니다. 어떤 종류의 통계자료를 가지고 확인해 봐도 대－중소기업을 망라한 기업부문의 부채부담이 절대적 기준에서든 상대적 기준에서든 외환위기 직전 못지않고 그 결과 한국 경제는 이미 모든 부문에서 과잉부채 문제를 안고 있어서 이것을 줄이는 디레버리징 과정이 불가피한 상황입니다. 그렇기 때문에 내외부의 조그만 충격에도 굉장히 취약할 수밖에 없습니다.

　두 번째는 이런 내외부의 문제를 전달하고 증폭시키는 부문인 외환시장의 문제입니다. 외환시장은 외부에서 발생한 충격이 내부로 전달되는 통로이자 내부의 문제를 상징적으로 드러내는 부문이라고 할 수 있습니다. 그런데 한국은 지금 그 어떤 부문보다도 외환시장에 대한 통제력을 상실해버렸기 때문에 외환시장이 한국경제의 불안정성을 증폭시키는 역할을 할 가능성이 큽니다. 최근에 정부가 외국은행 국내지점에 대한 외화유동성 규제장치를 강화했지만 사실은 별 내용이 없습니다. 그리고 역외선물환시장(NDF시장)을 통한 환율의 불안정화

가능성에 대해서도 말만 하고 있지 사실 통제할 수단도 별로 없습니다. 그런데 이러한 이머징 마켓의 외환시장이 가지고 오는 불안정성 문제에 관해서는 중국이든 미국이든 유럽연합국가든 아무도 관심이 없어요. 이 문제를 자기문제로 인식하지 않기 때문입니다.

그래서 한국경제가 가지는 이런 과잉부채의 문제와 외환시장의 불안정성 문제는 상당히 이어질 수밖에 없기 때문에 한국경제도 불안정하다고 생각합니다.

주제 3. 복지사회의 이념적 기초 : 보편적 복지제도

【조원희】

복지국가의 이념은 기본적으로 연대의 정신입니다. 무료급식 담론, 제가 요즘 관심을 두고 관계하는 〈건강보험하나로〉 운동 같은 것을 보면 그 기본 정신은 연대입니다. 또, 연대를 통해 삶의 불안을 해결하는 운동이면서 동시에 경제발전전략이고 경제를 연착륙(soft landing)하는 전략, 고령화 사회에 대비하는 등 모든 것을 내포한 종합적인 전략입니다.

김상조 교수가 언급했는데, 한국의 사회적 과제는 보편복지를 구현한다는 사회민주주의적인 것도 있지만 '진보적 자유주의 과제'도 역시 있다고 봅니다. 한국에서 연대를 저해하는 것이 무엇인지 살펴본다면, 중소기업이냐 대기업이냐 하는 소속집단에 따른 노동자의 지위 격차, 또 중소기업과 대기업 문제, 지역 간의 문제 등이라 할 수 있습니다. 이런 것들이 걸림돌이고 문제가 됩니다. 일종의 자유주의적 과제입니다.

결론을 도식적으로 말씀드리면 이렇습니다. 지금 1인 가구를 전체로 하여 지니계수로 평가한다면 0.39쯤 되는데 이걸 0.3 이하로 떨어뜨려야 하는데 지금 국면에서 절반은 자유주의적 과제에서 달성될 것이고 나머지 절반은 사회민주주의적인 복지로 달성된다고 봅니다. 그래서 현 국면에서 한국의 진보는 진보적 자유주의와 사회민주주의가 연합하는 것이 맞습니다.

【김형기】

　양극화의 심화에 따라 복지문제가 제기될 것 같아요. 그렇게 되면 우리가 진보적 입장에서 대안을 제시할 때에 제 생각에는 오늘 이 역동적 복지국가라는 복지 담론이 매우 중요하다는 점을 인정하고 그것이 강화되기를 기대해 봅니다. 그러나 동시에 성장 담론이 있어야 합니다. 진보가 국민을 설득할 수 있는 성장 담론을 가지고 있지 않다면 저는 실패할 것으로 생각합니다. 왜냐하면, 제가 듣기로는 박근혜 전 대표도 복지 담론을 준비하고 있다니까요. 그랬을 때 복지 담론만으로 진보 흐름이 확대될 수 있을지 그런 생각도 해봐야 할 것 같습니다.

【장상환】

　앞으로 우리 사회가 나아가야 할 방향은 역시 복지국가 형태라고 생각합니다. 우리 사회는 케인즈 복지국가를 건너뛰었는데, 건너뛸 수 없는 것을 건너뛰었기 때문에 어떤 식으로든지 실행할 수밖에 없다는 생각이 듭니다. 사실 고도성장만 지속이 되면 복지는 잔여적인 복지로 해결될 수 있죠. 그러나 이런 만성적인 불황기 상태에서는 개인이 교육이나 주거, 건강, 노후, 실업 같은 문제를 다 해결할 수 없기 때문에 결국은 정부나 사회가 해결해줘야 하죠.

　그런데 외환위기 이후 양극화가 심화되면서 사람들이 복지는 필요로 하지만 우리가 요구한다고 해서 과연 확보할 수 있느냐 하는 점에 자신감이 없었습니다. 그리하여 당장은 시장의 부름에 호응하였습니다. 그래서 애들을 대학에 많이 보내고 보험을 많이 들고 그런 식으로 많이 대체해왔는데, 이게 한계에 도달해서 복지를 본격적으로 요구하는 그런 상황에 접어들었다고 생각합니다. 특히 30~40대가 아주 민감하게 느끼고 있는데 이번 선거에서 여실히 드러났지 않았습니까? 그래서 복지는 이제 핵심 아젠다가 되었기 때문에 진전이 될 수밖에 없습니다.

김유선 박사도 말씀하셨지만, 복지 문제는 결국은 임금의 양극화에 따라서 생기는 문제를 부분적으로 완화하는 역할을 합니다. 그런데 시장에서의 임금 양극화가 워낙 심하기 때문에 여기에 대해서 정부에서 노력하지 않으면 안 되거든요. 이것을 저는 지방자치단체가 해야 될 일이라고 생각해요. 예를 들면 지방자치단체가 고용한 공무원들에 대해 비정규직을 정규직으로 전환한다든지 임금을 높인다든지 해서 임금의 격차를 좁히는 겁니다. 역시 정부의 노력에 의해서만 임금격차를 좁힐 수 있습니다. 시장에만 맡겨서는 대기업의 독점력 때문에 절대 안 됩니다. 우리가 간과해서는 안 되는 매우 중요한 부분이며, 민주당 같은 쪽과 상당히 마찰을 일으킬 수 있는 부분이라고 생각합니다.

【김상조】

제가 복지 문제에 대해서는 아는 것이 없기 때문에 드릴 말씀이 별로 없습니다만, 복지 제도로 우리 사회의 문제를 다 풀 수는 없다고 봅니다. 기본적으로 노동시장의 성과를 통해서 고용과 소득의 문제를 해결한 다음에, 거기서 해결되지 못한 문제가 복지제도에 의해서 보완이 되어야 한다고 봅니다. 그런 의미에서 보편적 복지라는 슬로건은 타당하다고 보지만, 그것만으로는 성공할 수 없다고 생각합니다.

즉 노동시장에서 고용과 소득의 문제가 일차적으로 해결될 수 있는 시스템에 대한 대안을 우리가 제시할 수 있어야 한다는 것입니다.

반복되는 말씀입니다만 대기업들의 선도적 투자에 의해서 그 성장의 과실이 중소기업과 서민으로까지 흘러넘친다는 박정희식 개발독재의 적하효과(trickle-down effect)를 대체할 수 있는 기본적 모델에 대한 신뢰를 대중들에게 전달하고 그것과 결부하여 복지제도가 마련되어야 한다는 것이 저의 생각입니다.

주제 4. 지방선거와 풀뿌리 민주주의 : 지방선거 평가

【조원희】

풀뿌리 민주주의인 지방선거에서 복지 담론이 나타난 것을 정말 대단하다고 평가합니다. 이것이 바로 한국사회가 나아갈 길이라는 사실을 보여주었습니다. 지금 사람들이 복지에 관심을 둔 것도 사실은 부동산에 관심이 없어서가 아닙니다. 한국 사람들은 유전적으로 부동산에 관심이 많습니다. 아예 유전자에 그런 정보가 들어 있어 보일 정도입니다. 그런데 세계 경제가 침체하면서 더 이상은 부동산 개발해봐야 이익이 없는 게 현실이 된 거죠. 그렇게 되니까 이젠 살 길이 없는데 그러면 어떻게 하느냐. 그러니까 "복지! 이게 살길이구나" 하면서 이번의 지방선거 결과가 나오게 된 겁니다.

세계경제가 침체인 국면은 어떤 측면에서는 좋은 국면이기도 합니다. 이 국면을 이용해서 그 길 말고 다른 길로 살아야 한다는 것을 지금부터 2012년까지 진보적인 정치가 보여줘야 하지 않습니까? 수도권에서는 저나 이정우 교수께서 관계하는 시민회의 같은 곳에서 진보대통합을 많이 강조합니다. 즉 진보적 자유주의, 사회민주주의와 같은 이른바 복지세력들이 뭉쳐서 새로운 진보적인 정치라든가 정당을 형성해서 나아가야 한다는 이야기이지요.

앞으로 이런 방향으로 나가려면 지방정부를 통해 이번에 집권한 진보세력들은 공동정권을 구성하든지 해서 모범사례를 보여야 합니다. 진보가 집권하니 이렇게 달라지는구나 하는 것을 2년 정도의 여유시간 동안에 보이라는 거죠. 지금 보여줘야 합니다. 이게 중요합니다.

【김형기】

최근의 지방선거 결과는 새로운 가능성을 주는 것 같습니다. 특히 기초단체장 선거에서 여당에서 야당으로 권력이동이 나타난 것은 2년 후의 대선과 관련해서 매우 중요한 가능성을 부여하고 있습니다. 이런 점에서 얼마 전부터 진보 쪽에서 '지역이 희망이다'라는 담론을 제시하고 있는데, 진정하게 지역을 새롭게 생각해야 할 것 같습니다.

지역에서 진보를 새롭게 확대해 나갈 때, 특히 제가 있는 보수성향의 대구와 같은 지역에서 어떻게 진보가 새로운 가능성을 찾을 수 있을까요? 좁은 스펙트럼을 갖는 편협한 진보적 시각으로서는 우리가 세력을 확장하기 어렵다고 봅니다. 좀 더 폭넓은 그리고 새로운 각도에서 우리의 스펙트럼을 넓혀야만 지역선거에서 앞으로 2년 후를 대비할 수 있지 않을까 생각합니다.

【이정우】

이번 선거 결과 그리고 앞으로 나아갈 방향을 생각할 때, 저는 한국 국민이 역동적인 면이 있다는 점에 주목합니다. 평소 제가 생각하기에는 한국은 문제도 굉장히 많이 가지고 있지만 동시에 문제를 빨리 그리고 잘 풀어가는 능력도 뛰어나다고 봅니다. 그건 우리 민족의 능력을 보여주는 것입니다. 그래서 다른 나라 같으면 10년, 20년을 해도 해결 못할 것을 우리는 1년 만에 해결하기도 하거든요. 그래서 문제도 제일 많고 또 해결도 굉장히 잘하는 나라라고 봅니다.

저는 이번 6월 지방선거에서 복지가 이렇게 빨리 국민에게 파고들고 개발이라는 쟁점을 압도하며, 나아가 개발공약을 거의 쏙 들어가버리게 만든 걸 보면서 이런 생각을 했습니다. "야~ 한국이 복지국가 같은 것은 안 될 것처럼 보였는데, 성장주도로만 갈 것 같았는데…….뜻밖에 복지국가로 가는 것도 가능하구나." 이런 희망을 발견했습니다.

다만, 조원희 선생님도 강조했듯이 앞으로 2년이 굉장히 중요합니다. 예산규모나 소득규모를 볼 때 지방정부는, 즉 어느 도나 시를 맡은 수장은 다른 나라로 치면 작은 나라를 하나 맡은 셈입니다. 그래서 지방정부 운영을 아주 잘해야 합니다. 2년이라는 기간이 바로 진보의 기회이기도 하고 진보의 위기이기도 합니다. 2년은 짧은 시간입니다. 어영부영할 시간도 없고 준비할 시간도 거의 없습니다. 바로 해야 하는데, 2년 만에 공을 차서 골을 못 넣으면 몰매를 치며 '진보는 역시 안 된다'라고 할 겁니다. 그래서 2년 뒤의 선거인 총선, 대선에서 대패할 수도 있는, 대단히 큰 위험을 안고 있다고 생각합니다. 그런데 2년 만에 골 넣기가 굉장히 어렵거든요. 따라서 이건 진보의 기회이기도 하지만, 엄청난 위기 상황이 아닌가, 그렇게 생각합니다.

【장상환】

지금은 민주당이 야당인데, 과거에 집권여당이었을 때 제가 전라도 지역에 가서 민주당이 집권했는데 달라진 게 있느냐고 물어보니, 하나도 달라진 게 없다고 했습니다. 오히려 기득권이 하나 더 생겨서 더 시달린다는 이야기를 들었어요. 그런데 이게 시대가 바뀌기 때문에 야당이 그런 요구에 부응하는 것으로 해석하는 게 맞다고 생각해요.

그래서 야당은 또 경기가 좋아지면 태도가 달라질 수도 있고 성장과 분배 사이에서 중점을 분배에 계속 둘지, 이것도 미지수이기 때문에 역시 진보적인 세력의 역할이 굉장히 중요하다고 봅니다.

그래서 이번에 지방정부를 구성할 때 진보적 세력이 일정 역할을 해야 한다고 봅니다. 예를 들어 지금 경남도 같은 경우에는 민주노동당도 참여하는 등 공동정부를 구성한다고 하지요. 물론 이런 각자의 요구를 잘 조절하는 게 만만치 않을 것이라고 봅니다. 그런데 저는 당의 포지션보다는 결국 대중들의 요구, 이것을 어떻게 지방정치에 투입할 것인가 하는 것이 핵심이라고 생각해요. 그래서 그 형식에는 참여예산제와 같은 것도 도입해야 되겠습니다만 5개 중요한 복지 영역 분야마다 위원회에 시민단체 등을 참여시키게 하는 등의 방안을 통해서 대중의 요구를 끊임없이 투입시키는 것이 핵심이라고 생각합니다.

다들 지금 모델을, 모범을 창출하자고 하는데 쉽지 않을 거예요. 왜냐하면, 재원이 한정되어 있기 때문입니다. 특히 '개발'을 하게 되면 중앙정부에서 돈이 내려오는데, 개발 안 하면 그렇다고 해서 그 돈을 복지 쪽으로 돌릴 수 있느냐? 돌릴 수 있는 돈은 얼마 안 됩니다. 그래서 실행에 옮기기가 쉽지 않습니다. 제도의 개혁, 중앙정부의 세제 개혁 같은 것들을 사회적 의제로 만들어서 압박하는 것이 앞으로 2년 동안 해야 하는 일이 아닌가, 그것을 총선과 대선을 통해서 관철시키는 그런 전략이 필요하다 하는 생각을 합니다.

그리고 최근 우리나라 야당을 어떻게 개편할 것인가를 두고 미국 민주당 모델을 도입해서 범야가 다 모여야 한다는 주장도 나오는데, 그것은 굉장히 위험합니다. 미국은 양당체제가 가지는 문제 때문에 노동자와 서민들의 목소리가 제대로 반영되기가 어렵습니다. 그래서 진보적인 정당이 필요한 겁니다. 그런데 현재 존재하는 민주노동당과 진보신당이 그렇게 큰 힘을 갖고 있지 않고, 양자가 가진 차이 때문에 양자 간의 협상으로는 하나의 진보적 정당으로 합쳐지기 쉽지 않을 것 같습니다. 그래서 저는 여기에도 시민의 요구와 힘이 투입되어야 한다고 생각하죠. 뭔가 변화가 올 것이라는 생각이 듭니다. 시민사회 단체라든지 계층별, 요구별 단체들이 많습니다. 그런 쪽에서 그동안 정당에 대해서는 중용을 지키면서 요구하는, 그런 역할을 했는데, 이제 가속화하려면 역시 정치적 아젠다를 만들어서 하는 것이 중요하기 때문에 이쪽에서 진보적인 정당을 만드는 데 힘을 많이 싣는 것이 핵심적인 과제라고 봅니다.

【김윤자】

이번 지방선거에서 북풍이 먹히지 않았다든지 로또선거 운운했던 보수언론의 국민을 좀 무시하는 태도가 잘 맞지 않았다는 이야기가 있습니다. 더불어서 성급한 이야기인지 모르겠는데, 저는 보수언론의 의제설정능력이 퇴화한 것이 아닌가 하는 생각도 합니다. 종편 채널을 무기로 해서 언론을 길들인 측면도 있습니다만, 보수언론이 가진 속성상 스스로 자가발전하면서 여론을 증폭시키고 의도적으로 굴절시킨 측면도 있는데, 일시적일지는 모르겠으나 결과적으로는 보수언론의 의제설정능력이 망신스러울 만큼 무너졌다는 것이 드러났습니다.

여론조사 역시 다 빗나갔습니다. 이는 뭘 말하는 걸까요? 미네르바 사건에서 상징적으로 드러나듯이 여론을 억압한 대가로 기득권층 또는 정권 측에서 부메랑 효과를 톡톡히 경험한 것입니다. 여론 조사할 때 야당성향의 사람들이 대답을 안 하거나 거짓답변을 한다는 것이죠. 혹시 잘못 답변했다가는 나한테 뭔가 불이익이 생기지 않을까 하는 자기 조심 때문이지요. 그러다 보니 결과적으로는 정확한 여론을 읽지 못한 조사결과를 얻어 완전히 빗나가버린 부메랑을 맞았다는 겁니다.

어제 저는 김상곤 경기도 교육감 취임식에 참석했는데요. 황지우 시인이 와서 축시를 낭독했습니다. 내용이 일제고사로 아이들을 일렬종대로 세우는 기존교육의 잔인함에 대한 이야기였습니다. 나중에 참석자 중에서 상당히 감수성이 풍부한 어른들은 시를 들으면서 눈물이 나올 뻔했다고 말하는 분도 있긴 했습니다. 하지만 참석했던 학생들 자리에서는 바로 반응이 나왔습니다. 황지우 시인이 시를 읽어나가는 와중에 특히 바로 학생들이 앉은 좌석에서 탄식과 환호성이 나오는 거예요. 일렬종대로 아이들을 세우는 이런 학교에서 벗어나서 학생들이 빨간 풍선 노란 풍선 파란 풍선을 띄우는 이런 학교로 나아가자는 풍선을 띄우는 학교라는 제목의 시였는데 학생들의 반응을 보고 저는 굉장히 놀랐습니다.

그리고 축사를 하신 선생님 한 분이 참석하신 학부모들에게 이런 당부를 하더군요. "진보적인 개혁적인 교육감이 당선되었는데 여러분이 도와줄 일은 조급해하지 않는 것이다. 교육이나 복지는 삽질과 달라서 하루아침에 해낼 수 있는 것이 아니니 차분히 기다려주는 것이 여러분이 도와주는 길이다." 2년 안에 진보가 뭔가를 보여줘야 하는데 서두르다가 오히려 실패할 수도 있거든요. 사실은 실수하지 않는 것이 참 중요하지 않을까 생각합니다. 뚜벅뚜벅 가다 보면 진보가 조급하지 않게 뭔가를 보여줄 수 있는 기회가 있겠지요.

예산에 대해서는 그동안 워낙 불필요한 전시성 예산에 들어간 부분들이 많아서 그런 부분만 바로잡는다면 따로 예산 증액하지 않아도 진보적인 지자체 당선자들이 보여줄 것은 적지 않다고 믿습니다.

【김상조】

이번의 선거결과를 보면서 역시 한국사회에서는 내일을 전망해서는 안 되겠구나 하는 것을 다시 한 번 느꼈습니다. 그리고 민주당 이하의 야당 움직임을 보니, 결과적으로 민주당은 사실 아무런 정책적 이슈를 만들지 못한 상태에서 반사적으로만 승리했고, 민주노동당은 후보단일화를 통해서 실리를 얻었으나 과연 민주노동당이 한국사회의 미래에 대해 어떤 비전을 제시할 수 있는가에 대해 실패했고, 진보신당은 선명성은 보여줬으나 그 결과로 노회찬과 심상정이라는 두 명의 대표적인 인물에 치명적인 타격을 가하는 결과만을 얻어 최대의 피해자가 되었다는 생각이 들었습니다.

그래서 지방선거 결과 그 자체는 놀라운 것이지만, 그 과정을 보면 우리가 야당진영의 능력을 신뢰하기는 어렵고 앞으로도 계속 험난할 것 같다고 생각합니다. 앞의 주제에 이어 4가지 전부에 대해서 비관적인 전망으로 저의 말씀을 마칩니다.

주제 5. 전략과 전망

【사회자】

이번에는 주로 전망을 중심으로 이야기를 나누었으면 좋겠습니다. 진보적이든 민주적이든 바르게 살아보려는 사람들에게 핵심적인 전략은 무엇이 될지를 한두 가지 짚어주면 좋겠습니다.

일본에서 1960년대 말에서 1970년대 중반까지 혁신자치체 실험이 있었는데 5~6년 정도 하다가 중간에 보수로 다시 회귀했지 않습니까? 당시에 혁신이나 진보 쪽은 복지나 분배를 굉장히 강조했고 실지로 지자체가 복지와 분배를 중심으로 운영했습니다. 그런데 대부분의 혁신지자체가 재정위기를 맞게 되었는데 그 상황이 실제적인 문제가 되어 결국 표가 다 떨어지는 결과를 맞았습니다. 그때 얻은 중요한 교훈은 경제발전전략 없는 복지프로젝트는 상당히 어렵다는 것이었습니다. 김형기 교수님이 잠시 언급하신 것처럼 지금 진보와 복지를 이야기할 때 경제발전전략과 복지·분배의 전략의 관계를 확실하게 정리하는 것이 중요할 것으로 생각합니다.

또 올해 들어 한나라당이나 민주당 혹은 진보적인 정당이나 진보적 시민사회단체들이 늘 강조하던 것은 민생의 문제였습니다. 민생문제라 하면 일자리, 교육, 생활복지 문제이죠. 특히 지난 6월 지방선거를 염두에 두고 중앙정부나 중앙집권적 정당 등의 간부들이 입만 열면 민생경제와 생활자치를 강조했습니다. 중앙집권적 정당이나 중앙정부가 알아서 다 해결해 주겠다는 식의 이야기였는데, 참 아이러니하게도 민생문제를 풀어 민생경제를 실현할 수 있고 생활자치제를 실현할 수 있는 핵심적인 고리는 지방자치입니다. 그런데 민생문제나 생활자치를 그렇게 강조하면서 지방자치를 어떻게 바로 세울 것인가에 대한 이야기는 전혀 없음을 느꼈습니다. 지방자치를 통하지 않고 어떻게 사람들이 일상적인 민생의 문제를 풀어갈 수 있을까요?

지방자치의 핵심은 지방분권과 시민자치 2가지인데 그것을 위해서 우리 진보진영이나 정당에서 어떻게 할지에 대한 이야기는 하지 않고 민생문제만 계속 이야기한다는 것은, 좀 심하게 말해서 '사기'라고 생각합니다. 중앙정부의 역할이 없다거나 적다는 것이 아니라 문제의 핵심은 지금의 중앙집권적 국가가 할 수 있는 역할에 한계가 있다는 겁니다. 따라서 지방자치단체가 상당 부분을 담당해 갈 필요가 있다고 봅니다.

이번 지방선거결과를 볼 때 저는 엄청나게 큰 변화를 가져온 것으로 생각합니다. 그리고 그 변화의 핵심은 지방권력 내부에 일정한 경쟁체제 또는 다른 말로 세력균형이 형성되었다는 겁니다. 그래서 중앙권력과 지방권력 사이에 종래와 다른 새로운 관계가 생길 수 있고,

그리고 중앙권력 내부에서의 관계에 변화가 생길 수 있다는 거죠. 이런 면에서 이번 지방선거결과는 정말 중요한 의미가 있다고 봅니다.

핵심적으로 보통사람들이 형식적 주권자에서 실질적 주권자가 될 수 있는 통로 채널 그것이 바로 지방자치 아니겠습니까? 시민의 입장, 풀뿌리의 입장, 주민의 입장 그리고 국민 한 사람의 입장에서 생각해 볼 때, 권력체제에서 경쟁 내지는 세력 균형이 이루어지고 있다는 것은 지역민들, 보통사람들 그리고 시민사회의 힘들이 진출할 수 있는 좀 더 유리한 조건이 형성된 것입니다. 이런 유리한 조건을 어떻게 주체적으로 만들어 갈 것인지, 구체적으로 어떤 방식으로 주체적 역량을 강화해 나갈 것인지 그리고 혁신적으로 진출할 것인지 하는 것들이 중요하다고 평소 고민했습니다.

마지막 주제에 지방선거 평가도 있고 해서 이런 말씀을 드렸습니다. 이제 실질적인 전망, 즉 전략적으로 해야 할 과제에 대해 짧게 이야기해 주십시오.

【김형기】

논쟁적으로 문제를 제기하겠습니다. 저는 앞으로 상당기간 동안 진보의 독자적 정치세력화를 통해서 민주세력이 집권할 수 있다고 보지는 않습니다. 이때 진보는 현재 존재하는 민주노동당이나 진보신당 같은 그런 세력과 비전을 말하는데 현재 그들이 견지하고 있는 노선이나 전략으로는 대중의 폭 넓은 지지를 획득할 수 없다고 생각합니다. 물론 민주당이 취약한 것은 사실이나, 우리 정치경제학 쪽에서 바라는 근본진보는 아직은 의제로 올리기는 솔직히 어렵습니다. 아까 미국식 민주당이야기가 나왔습니다만, 솔직히 말씀드리자면 좀 더 중도진보적인 입장을 견지해서 지금의 야당이 집권하고 그 야당과 진보세력이 공동정부를 구성해서 근본진보를 향한 제도개혁을 강화하고 진보세력을 형성해 가야 합니다. 그런 전략이 현실적이라고 말할 수 있죠. 그렇지 않고 지금과 같은 비전과 시각을 가진 채 계속해서 진보 이야기만 하면 도토리 키재기입니다. 도토리 5개 모아봐야 또 도토리지 결코 밤이 되지 않는다는 말입니다.

복지국가도 마찬가집니다. 지금 우리나라 사회지출 수준이 경제협력개발기구 국가 중 최하 수준인데 이걸 당장 스웨덴 수준으로 만들 수는 없습니다. 약간 바꾸는 정도가 현실적이지, 우리가 보편적 복지를 지향하기는 하지만 당장 실현되기를 기대할 수 없다는 게 솔직한 심정입니다. 보편적 복지국가를 실현하기 위해 우선은 성장발전전략과 함께 복지기반을 강화하는 식으로 접근하지 않으면 또 현실에서 벗어난 당위적 이야기를 할 수 밖에 없습니다. 그래서 지역단위에서든 전국단위에서든 진보 세력의 비전과 전략을 세울 때, 성장전략과 함께 복지전략을 제시해야 현실성이 있는 정치세력으로 인정받을 수 있을 것입니다.

아까 김상조 교수님도 말씀하셨지만 실제로 노동시장에서 고용, 일자리 등에 좀 더 집중해야 하는데, 이런 것들은 산업정책과 밀접하게 연계하여 연구해야 한다고 봅니다. 대－중소기업간의 문제도 상당히 중요합니다. 한 가지 더 말씀드린다면, 한국의 복지를 바라보는 진보쪽의 생각은 아직도 중앙집권적이라고 할 수 있습니다. 아직도 중앙정부가 주도하여 실업급부금과 같은 현금을 급부하는 복지국가(welfare state) 개념만 있을 뿐, 지방정부가 주도하여 육아, 양로, 교육, 의료 등과 같은 사회서비스를 현물급부하는 복지 공동체(welfare community) 개념으로 나아가고 있지 못합니다. 지역단위에서 어떻게 복지공동체를 구현할지에 대한 개념이 없다는 거죠.

요약해서 말씀드리면 현실적인 정치노선으로 중도진보의 강화와 복지공동체(welfare community)가 앞으로 우리의 과제가 되어야 한다고 생각합니다. 그 속에서 중도진보와 근본진보 간의 공동정부 구성과 같은 연합이 필요하다는 것입니다.

【김윤자】

이 자리에는 경제학자들이 모였기 때문에 발전전략이나 성장전략에 대한 구상보다는 어떤 발전 동력을 원하느냐가 논의할 문제라고 생각합니다. 삽질 경제냐 아니면 교육서비스산업이나 교육투자냐 하는 성장동력에 대한 이야기에서 의견의 차이가 있지 않겠습니까? 저는 이런 점에 대해 토론했으면 좋겠습니다.

【이정우】

제가 이야기하려던 것을 김윤자 선생님이 말씀하셨네요. 저는 복지가 그냥 분배만은 아니라고 생각합니다. 복지라는 것은 분배이기도 하지만 동시에 성장전략이기도 하고 일자리가 되기도 합니다. 어떤 분이 분배 중에서도 소득보장보다는 정부의 사회서비스에 대한 공공지출 측면에서 한국이 매우 취약하여 살기가 너무 어렵다고 하셨는데 그것은 아주 정확한 지적입니다.

소득을 보장하면 서구에서 볼 수 있는 부작용인 복지병 같은 것이 나타날 수 있죠. 그러나 우리가 사회서비스 쪽을 강화한다면, 예를 들어 보육이나 교육, 의료 같은 것을 무상화하면 크게 부작용이 없고 인간의 기본적인 욕구도 충족시키고 거기에 대한 강한 수요도 있을 겁니다. 이런 사회서비스는 생산성 향상을 가져올 수 있고 일자리도 만들 수 있기 때문에 여러 마리의 토끼를 동시에 잡으면서 별로 부작용도 없는 전략이 될 겁니다. 우리나라가 워낙 사회서비스 쪽에 약하기 때문에 아직 당분간은 아무리 역점을 가하고 예산을 더 크게 늘리더라도 복지병 걱정은 안 해도 될 거로 생각합니다.

아까 시간이 부족해서 말씀을 못 드렸는데 한 가지 더 말씀드릴 것은 우리나라의 신자유주의가 대단히 천박하고 비인간적인 성격이 강하다는 점입니다. 이는 우리나라가 우익 반공국가이기에 발원한 것으로 보입니다. 다른 나라에서는 볼 수 없는 지나친 경쟁주의와 성과주의를 배격해야 합니다. 왜 우리나라 사람들이 이렇게 자꾸 자살을 하는가? 우리나라는 경찰들까지 성과주의라고 하여 점수 매기고 있거든요. 모든 것을 점수화하고 이렇게까지 경쟁으로 내모는 나라는 없다고 봅니다. 우리가 이런 상황을 강하게 반박하고 바꿔나가야 합니다.

3불 정책이 단적인 예입니다. 대학에서 교수들 간의 경쟁도 필요하고 대학생들이 더 공부하고 경쟁하는 것도 필요하다고 봅니다. 그러나 고3 학생들을 더 경쟁시키겠다 하는 3불 정책 폐지는 정말 살인적입니다. 다만 한 가지 걱정은 전교조가 교원평가를 너무 오랫동안 반대하다가 결국은 수세에 몰리고 마지막에는 그걸 받아들이면서 욕은 욕대로 먹고 수구집단으로 몰렸단 말이죠. 그래서 정당한 평가나 성과주의는 받아들이고, 정말 지나치고 받아들여서는 안 될 성과주의는 우리 진보학자들이 구분하고 가려서 "이건 정말 말이 안 된다"라고 강하게 비판하고 나가야 합니다.

그리고 진보정당의 문제는 사실 대단히 어려운 이야기입니다. 저는 한국의 현재단계에서는 너무 급진적인 정당은 힘들다고 봅니다. 이번 6·2지방선거 결과에서 보듯이 보수적이고 애매모호한 민주당과 진보신당, 민노당 이렇게 합치거나 어쩌면 민주당 정도만 가도 상당한 성공이 아닌가 생각합니다. 정당이 합치면 더 좋겠지만, 연합 정도라도 하면 상당한 성과가 있을 겁니다. 거기에 대해 밑바닥으로부터 강한 요구가 있다고 봅니다. 지금 제가 있는 대구가 보수의 본산이고 보수의 아성이죠. 만일 그런 대구에서조차 이런 진보정당의 연합과 같은 움직임이 나타난다면 의외의 지지가 생길 수 있기 때문에 저는 그런 쪽으로 좀 눈여겨봐야 한다고 생각합니다.

【장상환】

저는 복지문제에 이렇게 접근합니다. 우리나라 복지의 실현방식은 유럽의 민관협력사업(PPP : Public−Private Partnership) 방식처럼 민간을 끌어들이는 방식이 대부분입니다. 예를 들어 민간탁아소에 아이를 맡기면 탁아비를 지원하는 탁아소나, 장기요양보험처럼 서비스를 제공하는 기관이 민간기관인 형태입니다. 그러다 보니 서비스 질도 떨어지고 종사하는 사람들의 일자리도 굉장히 불안정하고 임금도 낮아서 젊은 사람들이 그런 곳으로 가지 않고 있습니다. 그래서 전체적인 복지지출을 크게 늘리는 것도 중요하지만 방식이 현물거래방식이 되어야 합니다. 이번에 지방정부가 무슨 일을 할 때 기득권 세력과 크게 부딪힐 수 있는 부분입니다. 종교기관이나 복지와 관련된 기관도 있을 겁니다. 그러나 지방정부가 직접 이렇게 현물지급을 시행하고 공공기관을 통해서 협의하도록 하는 것이 엄청나게 중요한 과제라고 생각해요. 이게 젊은 사람들의 일자리 문제도 해결하고 서비스 질도 높여서 사람들이 만족을 느끼도록 하는 첩경입니다.

학교 급식도 무상급식이라 하더라도 위탁급식으로 하면 아무래도 문제가 됩니다. 학교 급식 지원센터를 통하여 구매, 공급하는 식으로 하여 탈시장화하는 것이 굉장히 중요한 과제입니다. 그렇게 모범이 창출되는 게 굉장히 파급력이 클 것으로 생각합니다.

우리 국민이 5가지 불안요소에 대해서 엄청나게 큰 비용을 지불하고 있습니다. 국민 대부분이 자녀를 대학에 보내기 때문에 4년 동안 대학 등록금을 내려고 1억에 가까운 임금을 포기해야 합니다. 그리고 소득의 12%라는 큰 비중의 돈을 보험금으로 넣고 있어요. 또 실업자를 해결하기 위해서 집에서 끌어안고 있어요. 이것을 충분히 해결할 수 있는데 말입니다. 이러한 문제들을 어떻게 잘 해결하느냐 이것이 중요하다고 생각합니다.

【조원희】

세계경제에 대해서 상당히 좋게 보시는데 절대 아닙니다. 또 금융 주도는 안 될 거 같다고도 말씀하시는데, 금융의 엄청난 거품으로 수요가 창출되는 겁니다. 그런데 금융이 주저앉았는데 수요가 어디서 나온단 말입니까? 그걸 잘 보셔야 합니다.

그럼 한국은 어떠냐? 한국이 과거 10년 전에는 위기의 중심에 섰다가 지금은 세계 어느 나라보다 가장 잘 나가는 것처럼 보이지요. 기본적으로 그건 수출 때문인데 지난 10년 동안도 수출의존도가 엄청나게 증대했잖습니까. 세계적인 금융위기 와중에 수출이 잘되니 우리 경제가 잘 되는 거 같이 보이죠? 물론 대기업의 수출경쟁력은 있습니다. 하지만 중소기업을 쥐어짰습니다. 그리고 환율이 좋았습니다. 또 한국과 중국관계에서 볼 때 중국 특수가 있었죠. 중국이 그동안 내수를 강제적으로 엄청나게 진작시켰지 않습니까.

그럼, 수출이 안 되면 한국은 어떻게 됩니까? 우리는 아무런 안전장치(safety net)가 없는 경제라는 것을 알아야 합니다. 안전장치가 없어서 조금만 문제가 생겨도 터져버립니다. 그리고 하청문제가 있습니다. 일자리가 없습니다. 실제로 18%가 실업입니다. 그리고 주택가격이 폭락하면 모든 것이 끝장입니다. 대기업만 수출이 잘 되는 것입니다. 또, 한국이 늙어가고 있어요. 그야말로 우리는 연착륙(soft landing)해야 합니다. 그래서 여러 가지 요인을 고려해야 합니다.

복지에 대해서는 저도 한 3~4년 이상 연구했고 최근에 복지국가소사이어티에서 『역동적인 복지국가혁명』이라는 책을 냈고 『역동적 복지국가의 논리와 전략』이라는 책도 냈습니다. 우리 사회경제학회에서도 좀 많이 읽어 주시고요. (모두 웃음) 잔여적 복지라는 것은 그야말로 복지정책에 불과합니다. 보편적 복지는 성장정책이자 사회발전전략으로, 모든 발전전략을 담고 있습니다. 구조조정도 다 복지정책에 포함되어 있고 생산성도 높이고 일자리 창출도 하는 것입니다.

최근 정치와 관련해서 제가 듣기로는 중앙에서 여러 진보정당의 통합은 불가능하다고 합니다. 그럼 어떻게 하느냐, 제3의 지대에서 하나의 적극적 다수를 중심으로 해서 새로운 것이 나와야 한다는 이야기를 들었습니다.

【사회자】

서울에 있는 사람들끼리는 소통이 잘 되는지 모르겠습니다. 오랜만에 만나서 그런지 각자 '경제발전 전략이 없는 복지 프로그램은 곤란하다'라는 명제에 대해 서로 생각하는 것이 같은지 다른지를 아직 모르는 것 같습니다. 그래서 소통이 안 된다고 말하기도 하는 겁니다. 말하자면 상대를 존중하면서 듣는 경청을 하지 않기 때문에, 또 경청할 기회가 없어서 그런 거 아니겠습니까? 오늘 이런 자리야말로 경청할 좋은 기회라는 생각을 합니다. 대구나 부산은 보수적이라고 이야기하는데 보수와 진보가 무엇인지 깊이 있게 이야기할 필요가 있다고 봅니다. 우리 대한민국에서 진보와 보수는 엘리트주의자 입장에서 보면 진보와 보수이지만 풀뿌리 입장에서 본 것과는 거리가 있지 않겠습니까? 그런 이야기는 앞으로 또 나누기로 하고, 오늘은 큰 화두를 두고 의미 있는 소중한 소통을 함께한 자리였습니다. 모두 수고하셨습니다.

찾아보기

ㄱ

감독규율 171
감세효과 62
감시 기제 34, 36
건강보험하나로 269
결합재무제표 135
경기 침체 260
경기부양정책 265
경로의존성 162
경쟁주의 251
경제력 집중 41, 134
고령사회 263
고용 없는 성장 47
공공기관 선진화 26
공공기관의 운영에 관한 법률 22
공공부문 개혁 38
공공부문 구조조정 32
공동정부 275, 280
공정한 사회 46
교육투자 282
구조조정 163
국가경쟁력 120

국가재정법 65, 73
국가재정운용계획 66, 72
국가채무 71
국립대 법인화 253
국민기초생활보장제도 115
국민연금 116
국세감면율 75
국제적 불균형 263
권위주의 청산 250
규모의 경제 33
규제완화 243
글로벌 아웃소싱 208, 211
금융계열사 143
금융규제 법안 244
금융실명제 250
금융주도경제 258
기업규모별 양극화 150
기업부문의 부채부담 268
기업사회주의 155
기업집단 132

ㄴ

낙수효과 189
내부적 조직 179
넓은 세원·낮은 세율 59
노동소득분배율 142
노동시장 유연화 95, 104
노동시장의 불완전성 207
노동시장의 성과 271
노동유연화 102
노사정위원회 102
능동적 복지 120

ㄷ

더블 딥 265
독과점적 시장구조 214
독점론적 접근 185

ㄹ

런던 어프로치 164

ㅁ

무상급식 48, 284
무상화 282
물가연동제 57
물적 생산성 191
미국의 보수주의 246
미네르바 사건 276

민간경영기법 25
민관협력사업 284
민생 5대 불안 46
민생문제 279
민영화 20, 29
민영화의 비가역성 38

ㅂ

발렌베리 그룹 153
범4대 재벌 139
범위의 경제 33
법인격 부인의 법리 178
법치주의 176
벤처 버블 206
보수주의적 복지국가 98
보편적 복지 45, 47, 286
복지 공동체 281
복지거점 44
복지국가 270
복지담론 46
복지병 282
복지의 시장화 119, 121
복지자본주의 253
복지체제 93
부가가치 생산성 192
부자감세 249
분단 노동시장 214
분할-지배전략 189
비과세감면제도 74, 80, 83
비과세감면조치 56
비정규직 94, 105, 217
비정형근로 219

빈곤율 111

ㅅ

사민주의 96
사민주의 복지국가 98
사법규율 173
사전적 규제 176
사회보험 112
사회서비스 122, 282
사회서비스 일자리 121
사회양극화 41
사회의 보편적 이익 42
사회임금 94, 113
사회적 일자리 264
사회적 협약 99
사후적 규율 176
산업간 연관관계 148
산업연관표 149
삼성공화국 132
상업화 20
상용직 224
새로운 뉴딜 244
생산성 199
생산의 불균등성 193
생산적 복지 100, 115
생산적 복지체제 93
서브프라임 금융위기 54
서브프라임 모기지 259
서울 G20 회의 245
서울패권주의 252
성과주의 251
성별 고용형태별 임금격차 229

성장 담론 270
소유구조 163
수입유발계 149
수직적 형평성 57
수평적 네트워크 215
수평적 형평성 57
시민사회의 참여와 감시 42
시장규율 169
시장만능주의 246
시장의 실패 206
시카고학파 242
신자유주의 21, 86, 96, 123
신자유주의 동맹 247
신자유주의의 5대 동맹 세력 247

ㅇ

앵글로─아메리칸 모델 162
양극화 109
양극화 성장체제 188
에버치─존슨효과 33
역동적 복지국가 265, 285
역외선물환시장 268
연결재무제표 135
연성예산제약 34
외환시장 268
외환위기 23
워크아웃 163
워크아웃 기업 164
유인 기제 34, 37
이사회 165
이윤 분배과정에서의 불균등성 193
이윤율 194

이중경제 181
이중구조론 접근 187
인센티브 175
일국적 케인스주의의 한계 245
일몰종료 81, 82
일반균형적 89
일용직 223
일자리 120, 122
일제고사 277
임금격차 106, 111
임금불평등 228
임시일용직 219
임시투자세액공제 60

ㅈ

자본장비율 191
자유주의적 복지국가 98
잔여적 복지 286
장기 침체국면 256
장기적 불안정 263
재벌 131
재벌개혁 134
재벌체제의 민주적 개혁 42
재정 52
재정 효율성 담론 118
재정건전성 53, 65, 260
재정규모 46
재정수지 69
저금리 정책 243
저임금계층 230, 232
저투자 저성장 266
적극적 노동시장 98

적극적인 재정정책 245
적하효과 272
정글자본주의 251
정부의 실패 203
제도적 상호보완성 162
조세감면 76
조세부담률 53
조세정책 55
조세지출 74, 78
주인-대리인 문제 87
주주대표소송 174
주주자본주의 모델 162
줄푸세 248
중기재정계획 64
중기재정운용계획 51
중도실용 73, 249
중도진보 281
중소기업 고용비중 209
중소기업의 노동생산성 182
중소기업의 성장 둔화 183
중소기업정책 204
지방자치 279
지방자치단체 271
지방정부 274
지배구조 133, 160
지속가능한 균형발전 48
지속가능한 안정성장체제 264
진보대통합 272
진보적 자유주의 269
진보정당 283

ㅊ

차별적 노동시장　251
최저임금 미달　233

ㅋ

케인스주의적 복지국가　97, 250

ㅌ

통합적인 접근　125
특경가법상 배임·횡령죄　157

ㅍ

폰지게임　86

ㅎ

하도급 분업생산구조　209
하이만　124
한국경제의 역동　265
합리적 기대가설　243
혁신자치체 실험　278
협조적 거래관계　213
효율　33

기타

2·6사회협약　102
30대 재벌　136
3불정책　252
4대강 사업　31
5가지 불안요소　284
5대 재벌　137
6·2지방선거　253
97년체제　24

A~Z

R&D지출　141
X-비효율　33

필자소개

(원고게재순)

- **김윤자** · 한신대학교 국제경제학과 교수
- **나아정** · 국회 기획재정위원회 조사관
- **박승준** · 국회예산정책처 경제분석실 재정정책분석팀 분석관
- **정지은** · 국회예산정책처 경제분석실 세제분석팀 분석관
- **홍인기** · 대구대학교 경제학과 교수
- **제갈현숙** · 사회공공연구소 연구위원 · 한신대학교 외래교수
- **김상조** · 한성대학교 무역학과 교수
- **홍장표** · 부경대학교 경제학부 교수
- **김유선** · 한국노동사회연구소 소장
- **이정우** · 경북대학교 경제통상학부 교수
- **황한식** · 부산대학교 경제학부 교수
- **김형기** · 경북대학교 경제통상학부 교수
- **장상환** · 경상대학교 경제학과 교수
- **조원희** · 국민대학교 경제학과 교수

한국사회경제학회

회장 김형기(경북대학교)

부회장 김균(고려대학교)

운영위원장 성낙선(한신대학교)

연구위원장 안현효(대구대학교)

편집위원장 김진일(국민대학교)